U0540979

SAM WALKER

THE 执行层领导力
CAPTAIN
THE HIDDEN FORCE THAT CREATES THE WORLD'S GREATEST TEAMS
CLASS

[美] 萨姆·沃克 著
王娟 译

九州出版社
JIUZHOUPRESS

致希尔薇

我的自尊要求 —— 我自己 —— 实现团队的成功。

—— 比尔·拉塞尔

序　言

第一次在职业运动员更衣室里，走进位于镜子背后的密室时，我刚满 25 岁。大学卡其裤后兜里塞着笔记本，脖子上挂了张记者证。也许你觉得我看起来像是并不知道要去的是什么地方似的，那是因为我确实不知道。也许这就是命运的安排，这个更衣室属于迈克尔·乔丹（Michael Jordan）所在的芝加哥公牛队（Chicago Bulls）。

这发生在 1995 年 3 月的一个傍晚，从那天开始，我陆续见证了汤姆·布雷迪（Tom Brady）的爱国者队首次赢得超级碗（Super Bowl）冠军，访谈过正在冲击欧洲足球冠军的巴塞罗那足球俱乐部（FC Barcelona），观看过参加环法自行车赛（Tour de France）的自行车手们向冯杜山（Mont Ventoux）山顶冲刺。在纽约洋基队（New York Yankees）庆祝他们连续第三次赢得世界职业棒球大赛（World Series）冠军时，我也在场，还被他们用49美金的香槟浇了一身。

对于一名记者来说，这一切确实都和听起来一样吸引人。冠军团队不仅是精彩比赛的保证，还能在媒体上争取到更大的版面，更别说还可以向别人显摆"是的，当时我就在那儿"。

然而，在光鲜背后，对我来说，记者这份工作一直存在一个问题。每次看到一群兴高采烈的运动员拿着奖杯时，我都会产生一种让自己感到惊讶的强烈情绪。我感到嫉妒。

上小学时，每个夏天，我都在一个叫作伯恩斯公园投弹手（Burns Park Bomber）的街区棒球队打二垒。总体来看，这支队伍没什么耀眼的表现。我们的投球像模像样，击球也有效，我们的教练不太爱说话，戴一副宽框眼镜，训练的时候嘴里总叼着一支烟。我们通常可以赢50%的比赛，而且表现得不错，正好可以赢得吃DQ（Dairy Queen）这个令人垂涎的赛后奖励。

然而，1981年夏天，情况发生了变化。那些过去总是击不中球的"捡球员"们开始有了称职的表现。当需要安打时，他们就会击出安打，而我们的投手也可以投出足够数量的好球让我们保持领先。似乎我们所有人都摆脱了11岁身体的束缚：我们在棒球场上心怀敬畏，虽然这些小球员和我们长得一模一样，但是技术水平却突飞猛进，球队变成了一支强大的队伍。

我们在这个赛季获得了12∶0的成绩。

很多年以后，我才意识到这段辉煌的经历永远改变了我的期望。它让我体验到了在一支优秀队伍里参加比赛的感受，也让我认为这种体验以后不断会有，这是上天赋予我的权利。然而，随着岁月的流逝，我痛苦地发现，事实并非如此，1981年的投弹手棒球队是我效力过的唯一一支冠军球队。

当我开始写关于各种不同运动项目的文章、突然被派去报道世界上最好的球队时，1981年那个夏天的记忆会不断地在我脑海里涌现，失望和渴望的情绪逐渐占据我心底的小小空间。如果我们一生的执念真的源自童年时代看似平凡的事件，我认为这段记忆就是我执念的根源。我渴望成为伟大团队的一员。

在场下，和这些精英队伍在一起时，我总是一门心思地观察他们。我研究他们如何交谈，注意他们的言谈举止和肢体语言，观察他们的赛前仪式。当他们提到自己合作的成功之道时，我会记在我的笔记本上。无论什么运动项目，我总是听到他们给出一些同样的解释——我们努力练习，我们为彼此而战，我们从不放弃，我们有一个杰出的教练，我们总在紧要关头化险为夷。最重要的是，这些团队千篇一律的商业化说辞，以及他们的成员在谈到胜利时表现出的漫不经心，让我感到震惊。他们就像是机器里的零部件，这台机器的每一个齿轮和链条都精确地按照预期方式运转。"你做好自己的工作，这样你身边的每个人就都能做好他们的工作，"汤姆·布雷迪曾经说过，"这也并非什么秘密。"

2004年，我请了假去写一本书，内容是关于参加美国最激烈的比赛——梦幻棒球专家大赛的。我的策略是，通过和真正的大联盟球队日夜相伴收集内幕消息。我最密切关注的是波士顿红袜队（Boston Red Sox）。

红袜队[①]历史悠久而辉煌，然而自从1918年最后一次赢得世界职业棒球大赛之后，就一直经历着失败和心碎。二月份春训见到他们时，我并没有发现本赛季局势会发生变化的任何蛛丝马迹。尽管红袜队里也有明星球员，但大部分队员都是不合群或者被淘汰的球员。这些人长得歪瓜裂枣，不修边幅，热衷派对聚会。他们总用一些标新立异的技巧，但其他球队却并不待见他们。我发现他们在场下表现得很耿直、滑稽，有时候会有点喜怒无常，最要命的是，他们毫无组织纪律性。他们这样只会让自己被人们看作是"二傻子"。

当波士顿红袜队落后于他们的对手——传统强队纽约洋基队9.5个胜场时，我一点也不惊讶。我相信我的第一印象是正确的，红袜队和我所认识的强队没有任何相似之处，他们不可能夺冠。

然而，在八月初，和我曾经所在的少年棒球队一样，红袜队好像被施了魔法。比赛时，"二傻子"们开始变得自信、凶猛，他们沉着冷静、坚定团结，这一切都是春训时我从未见过的。他们让红袜队重回积分榜前列并出人意料地进入了季后赛，接着，他们在美联冠军系列赛（American League Championship Series）中遇到了洋基队。

但他们很快就输掉了前三场比赛。在第四场比赛之前，博彩

---

① 美国联盟八支创始球队之一。——译者注

公司把红袜队的获胜赔率上调至 120 倍。他们只差三分就会被淘汰出局。

但是红袜队并没有因此而放弃。他们不仅通过加时赛赢得了第四场比赛，而且之后又三次击败洋基队，完成了棒球史上最富戏剧性的季后赛逆转。在接下来的世界职业棒球大赛中，他们以四比零横扫圣路易斯红雀队（St. Louis Cardinals）。

波士顿人经历了体育史上时间最长的冠军空窗期，对他们来说，这次红袜队的夺冠就像是一次拯救。300 万人涌上街头，参加夺冠游行。体育界甚至有观点认为，红袜队应该跻身史上最伟大的球队。

这支球队在七月时就已经不被看好，但是，球员们却齐心协力让球队变得张弛有度、技艺高超。我不会把红袜队称为王朝球队——因为三年之后他们才赢得第二个冠军——莫名其妙地，他们突然就被一种魔力笼罩，让他们打出了杰出球队的水平，就像我观察的所有其他伟大的球队一样。我想知道原因，但一直没弄明白的是，这件事为什么会发生。这到底是由什么所引发的呢？

2005 年春天，我开始为《华尔街日报》（The Wall Street Journal）撰写一篇分析报道，我想用的标题是"精英团队的秘密生活"（The Secret Lives of Elite Teams）。当时的计划很简单：用一个客观的公式找出体育史上最有成就的十个王朝球队，然后追溯他们涅槃重生、"走向"伟大那一刻的情况，看看是否存在相似之处。也许这些球队都聘请了一位鼓舞人心的教练，或者都挑选了一名出色的球员，又或者都制定了一系列创新的战略。

但这篇文章从未发表，原因并不是我的兴趣减退不想写了。实际上是因为我发现了相反的问题。我挖掘得越深，这个主题就变得更复杂也更有趣。事实证明，仅仅是如何定义"团队"这个概念这项重大任务，就要花好几周来做基础研究。

当我输入这句话时，我已经做了将近11年这类的调研工作。我研究过20世纪80年代以来1 200多支球队的成就，涉及全球37个主要体育项目。我翻阅过成百上千的相关书籍、文章、纪录片、科学论文和统计分析。我追踪过的采访对象遍布世界各地，包括奥克兰、巴塞罗那、波士顿、芝加哥、哈瓦那、伦敦、洛杉矶、马德里、墨尔本、蒙特利尔、莫斯科、纽约、巴黎、珀斯、里约热内卢以及这些城市附近的几十个小村庄。

刚开始的时候，我从来没有想到可以得出一个显著的结论。我以为这些精英队伍之间会有很多相同之处，但事实并非如此。最后，我震惊地发现，在推动他们成功方面，这些世界上最优秀的运动队并没有很多共同特征，而是只有唯一一个。这是我之前完全没有预料到的。

本书结合了我毕生所观看过的体育赛事、20年和世界级球队打交道的经历以及我对于"卓越团队背后的核心驱动力"进行长期调查的结果。书中会有很多获胜的案例，也会谈到很多传奇人物，但并不是要讲述一个团队的成功故事，也不是为卓越明星或者教练写传记。书中只讲了一个理念，尽管书中所选用的素材来自体育界，但是这个简单而强大的理念却可以应用到包括商业、政治、科学和艺术在内的很多其他领域。

这个理念是，如果要成就一个卓越的团队，领导者的性格是最关键的因素。

目 录
contents

序 言 i

第一部分
伟大及其起源
神奇团队的诞生 001

第 1 章 | 狮群首领
　　找到世界上最伟大的球队　　015

第 2 章 | 队长理论
　　"胶水人"的重要性　　039

第 3 章 | 人才、金钱和文化
　　替代性理论　　065

第 4 章 | 教练重要吗？
　　文斯·隆巴迪效应　　087

第二部分

队　长

成为精英领导者的七种方法　111

第 5 章｜全力以赴

　　顽强及其带来的好处　117

第 6 章｜明智的犯规

　　找到规则的弹性范围　141

第七章｜挑水工

　　幕后领导的隐藏艺术　167

第 8 章｜肢体接触和安慰

　　实用性沟通　193

第 9 章｜精心策划的行为

　　非语言表达的力量　213

第 10 章｜更衣室表演

　　敢于挺身而出　231

第 11 章｜切断开关

　　调节情绪　255

第三部分

背道而驰

领导的失误和误解　285

第 12 章｜虚假的偶像

　　有缺陷的队长及深受爱戴的原因　291

第 13 章｜队长制度的寒冬

　　领导力的式微及重振领导力的方法　319

后　记　339

附　录　345

致　谢　373

第一部分

伟大及其起源

神奇团队的诞生

那是一个寒风凛冽的周三下午，再过一个月就是圣诞节了。伦敦西北部的温布利体育场（Wembley Stadium）附近，一群球迷正沉静而坚定地列队走向体育场大门。女士们穿着长款羊毛大衣和矮跟鞋。男士们系着领带，穿着大衣，衣领竖起。他们有的戴着平顶帽，有的戴着软毡帽。还有几位拎着公文包，估计是跷班过来的。

这些球迷应该对自己支持的英格兰队有相当的信心。因为在过去的30年中，这支队伍的战绩极为耀眼——取得了19-0-2的主场成绩，平均每场比分为4∶1。事实上，八年多的时间里，英格兰队一直保持着主场不败的纪录。

赛前体育场外的这段记录，来自一部很老的8毫米家庭电影。这是我找到的唯一的影像资料。虽然影片没有声音、聚焦不稳定，而且时长也只有52秒。但是它的色彩却异常鲜艳，真实地记录了世界纪录即将被改写前的最后时刻。

当天有一场英格兰对阵匈牙利的友谊赛，人们认为，在这场比赛中，匈牙利队应该会比其他队表现出更强的斗志。毕竟他们风头正盛，而且球风勇猛凶狠。不仅在前一年夺得了夏季奥运会金牌，而且创下了连续23场不败的纪录，尽管这跟对手不怎么强有一定关系。

从来不知道什么是低调的英格兰媒体，则把这场比赛称为"世纪之战"，大肆宣扬。这种说法的主要漏洞在于客队的出身。因为这支队伍并非来自传统的世界足球大国，而是血腥的匈牙利。

对于匈牙利国家队的队员们来说，虽然他们的生活条件比国内民众要优越很多，但还是无法逃脱政治的毒害和影响。比如，国家征召顶级球员们入伍，在很大程度上，是为了阻止他们叛逃；球员们去客场比赛，秘密警察会随行并监控他们的行为活动；有些球员甚至因为疑似怀有"危险"想法而受到猜疑。

除了1952年的奥运金牌之外，匈牙利队的最好成绩出现在1938年的世界杯，它在决赛中被意大利击败，获得亚军。但由于世界上大部分顶级职业球员没有参加过奥运会，而很多顶级球队也因故没有参加1938年的世界杯，所以英国民众对匈牙利队的这两项成绩不以为意。即使击败过奥地利、保加利亚以及阿尔巴尼亚这些邻国，英国民众也并不认为匈牙利能与英格兰队匹敌。

他们普遍认为，匈牙利这支大陆球队虽然看起来还不错，但是缺乏力量和冲击力。当英格兰在主场和他们对阵时，依然是英格兰队必胜。

博彩公司 William Hill 不顾伦敦媒体的劝告，把匈牙利队设为输家,给出的赔率高得惊人,达到500∶1。

"对阵这样一个刚进入欧洲足球界的小国家,英格兰队〔应该〕会以2∶0、3∶0、4∶0,或者5∶1的压倒性优势取胜。"20岁的英格兰队球迷博比·罗布森(Bobby Robson)说,他后来成了英格兰队的主教练。"我们认为英格兰队会完胜这支球队。英格兰队在温布利主场必胜:因为英格兰队老早就是宗师了,他们还只能算是小学生。"

英格兰队球员穿着传统的褶皱白领上衣,袖子卷到肘部,悠闲地走进球场,颇有王者风范,就好像他们上午只是去修剪了下树篱。1953年,英格兰业已走出阴霾。战后定量配给制已经结束,年轻的新女王在六月份加冕,剑桥大学的研究人员发现了DNA的结构,由英国皇家地理学会(Royal Geographical Society)组织的一群探险家成功登顶珠穆朗玛峰①。

当匈牙利球员走出更衣室,从地下通道鱼贯而出时,他们看起来并不可怕。个子明显比英国人小得多,修身的樱桃红上衣紧贴着身体,这让他们看起来更不起眼。他们短裤的裤腿比英格兰队的要短,布达佩斯的鞋匠为他们手工制作的低帮鞋,看起来更像是乐福鞋而不是正常的足球鞋。他们球衣后背的数字也很可笑,因为这些数字和队员在场上的位置完全不相符。看到匈牙利队走进球场时,英格兰队的比利·赖特(Billy Wright)对着一位队友窃笑道,匈牙利队"连合适的装备都没有"。

---

① 这是人类首次登上珠穆朗玛峰。——译者注

如果在英国，球迷看匈牙利队的球衣是个笑话，那么最好笑的则是费伦茨·普斯卡什（Ferenc Puskás）——这支球队26岁的队长和最佳得分手。普斯卡什身高1.7米，他小腿粗壮、大腿肥厚，走路时两腿相互摩擦，短裤尴尬地挤在裤裆处。在此后的职业生涯中，他会不断与自己的体重作斗争——他一度飙升至90公斤。在匈牙利他被称为Öcsi（小弟弟），但英国人管他叫"小胖子"。更令人惊讶的是，普斯卡什在比赛中也有短板。他讨厌顶球，从来没有学会用右脚射门，甚至是运球。

在英国电视转播的开场画面中，匈牙利队的队员们紧张到身体抽搐。在等待裁判吹哨时，他们似乎已经准备好了要从他们的小鞋子中跳出来。就在开球之前，普斯卡什做了件奇怪的事情。他用左脚勾起比赛用球，在两队球员的注视下，用脚和膝盖把球颠了几秒钟。虽然匈牙利球员经常在赛前用颠球消除紧张情绪，但是英国人并不熟悉这种行为。他的这种行为还为即将发生的事情带来了一丝希望。"现在，正在进行的是一个控球表演。"在普斯卡什表演他的绝技时，英国播音员肯尼斯·沃斯滕霍姆（Kenneth Wolstenholme）解说道，"如果匈牙利队都是这种表演的水平，我认为如果要牵制这些不败的匈牙利人，我们会遇到非常大的困难"。

当我做好各种准备，要开始观看比赛时，我想起了一位足球历史学家曾经告诉过我——如果要欣赏自己即将见证的重要时刻，最好的方法是手里拿一个秒表。所以在裁判吹响哨子的那一刻，我按了"开始计时"。

一开场，匈牙利队就带来了四次连续的精准传球，其中包括一个漂亮的脚后跟传球，在英格兰半场的右侧边路行进，最后被一名后卫将球踢出界外。我看了一眼秒表，12秒。在两记界外球之后，匈牙利队重新获得控球权并再次向前推进。英格兰队的后卫再次截球，但匈牙利人似乎加快了速度，在中场附近重新拿到球。这时候是34秒。

径直冲向离他最近的英国后卫哈里·约翰斯顿（Harry Johnston），希代古蒂没有改变步伐，他将一条腿收回身后，做出准备射门的动作，这让约翰斯顿本能地腾空而起，绷紧身体准备封堵射门。然而，希代古蒂却敏捷地恢复了步伐，从他身边疾驰而过。大家并不认为他是球队的前锋，根据足球正统观念，希代古蒂不应该试图得分。如果他按照规矩来，像英国人希望的那样，那他就会一直在球场上寻找稍纵即逝的传球机会。相反地，他不断前进，好像他是前锋似的。

当我的秒表指到39秒时，最有可能压制住匈牙利队进攻的是英国球员吉米·迪金森（Jimmy Dickinson）。但是迪金森看起来并不像是一个有谋划的人，他看上去不知所措。纠结于到底是应该抢截希代古蒂脚下的球，还是专注于封堵传球路线，他愣住了。希代古蒂找到了一个缓冲空间，他从点球区顶部清楚地看到了球门。刹那间，他向球门的左上角方向踢出一球，引发一阵尖叫。

英格兰门将吉尔·梅里克（Gil Merrick）一瘸一拐地冲了过

来，但球已经撞到了后面的球网。当希代古蒂跳起来庆祝时，我按下了秒表上的按钮。面对所向披靡的英格兰队，匈牙利队首次进球只用了43.2秒。

沃斯滕霍姆是一名典型的冷静型赛事评论员，但他也无法抑制自己的惊讶。"进球了！"他喊道。随后是一阵寂静，从两秒到三秒，再到五秒。赛场上，英国的后卫们相互厌恶地怒视着对方。"天呐！"沃斯滕霍姆终于说道，"如果今天下午我们看到的比赛都是这样的，那么英格兰队将陷入可怕的困境。"

那天在温布利体育场的最后比分是6∶3，匈牙利6，英格兰3——这听起来并不像场上形势那么糟糕，因为整场比赛，匈牙利射门35次，而英格兰只有5次。比赛结束后，英国球迷们被他们看到的一切惊呆了，他们为匈牙利人喝彩，甚至出现在维多利亚车站目送匈牙利队登上火车。第二天早上，《泰晤士报》的一篇社论将英国人的失败称为"阿金库尔反转"[①]。无论以哪种标准来看，这都是一个时代的结束。根据英国博彩公司的说法，匈牙利对英格兰这场比赛500∶1的赔率，仍然是迄今为止赔率最高的体育投注之一。

当英国人开始重新回顾这场比赛时，非常明显的是，他们对匈牙利人做出的所有假设都是错误的。如果球员们的身材看起来矮小得可笑，那是因为球员的选拔者看重速度。他们的低帮鞋就是针对这个要求设计的，可以允许更大幅度的横向运动。他们混

[①]　英法百年战争中著名的以少胜多的战役。——译者注

乱的球衣号码是一个蓄意的计谋，让英国球员猜不到谁打什么位置。这根本就不是足球，真的，这展现的是高级战略思维。

匈牙利队的战术虽然令人眼花缭乱，但这只是他们成功的一部分因素。在那个写云密布的周三下午，面对十万名怀有敌意的观众，参加这场他们有生以来经历过的规模最大的比赛，匈牙利队克服了极大的焦虑。相比之下，作为英格兰最好的球队，英格兰队的球员个子更高大、身体更强壮、经验更丰富，他们在赛场上表现出的优雅令人惊讶。正如所有运动员会告诉你的一样，神经干扰首先要进行的是精细的运动控制。当一加仑肾上腺素在你血液中流动时，每一次一脚传球的难度都会增加数百倍。但是匈牙利人并没有崩溃。从普斯卡什的颠球表演开始，一直到终场哨声响起，他们的表现都极为精准。

匈牙利人很快就证明了他们的胜利并非侥幸。几个月后，英国人在布达佩斯获得了一个自我救赎的机会。但这次，他们未能如愿，匈牙利队再次以 7∶1 大胜英格兰队。

那年夏天，1954 年世界杯在瑞士举行，匈牙利继续着他们的狂飙突进，在小组赛阶段，他们让人难以置信的以 8∶3 狂胜西德队，然后 4∶2 击败强大的巴西队，这场比赛被足球分析人士称为史上打得最艰苦的比赛之一。

世界杯不会以匈牙利人希望的方式结束。在决赛中，一个丑陋的事件[①]让这支被称为"黄金一代"的匈牙利队尽管开始以

---

① 此处指的应该是西德队员注射脱氧麻黄碱（pervitin）。——译者注

2∶0的比分领先，最后却输给了两周前被他们轻松击败的西德队。然而，就在那次战败之后，匈牙利人又创造了持续一年半的不败纪录。总的来说，从1950年6月至1956年2月，这支球队总共参加了53场比赛，其中包括国际友谊赛，只输了两次。[①]当被问及对匈牙利队的评价时，英国球员斯坦利·马修斯（Stanley Matthews）认为他们的历史地位毋庸置疑。"他们的表现非常精彩，他们采用的战术我们以前从未见过，"他说，"他们是最棒的。"

在体育运动中，所有能够取得这种霸主地位的团队，如果要维持住这种地位，都会经历异常困难的阶段。在商界，你可以秘密开发创新的新产品和新技术，而体育界则不同，体育运动不允许团队隐藏他们的技术。他们可以在训练中磨练技术，但是必须在比赛中展示它们，这样就完全暴露给了对手，然后对手可以反复回看，直到找到你的漏洞。

此外，体育比赛被限制在尺寸固定的场地上，并且通常有时间限制。在这种受限制的加压环境中，几分之一秒的时间或小于一英寸的差距就能决定最终结果。一个人犯下的一个小错误可能会抵消整个团队一小时的完美表现。

由于差距如此之小，公平地说，一支球队敢于挑战世界上最强大的队伍而且还能取得多次胜利，是非常了不起的。但是我

---

① 很多历史学家都忽略了其中一场输给苏联的比赛，因为他们怀疑这支球队输球是由于政治原因。

们如何看待一支连续六年几乎每场比赛都赢的球队呢？无论是1906年向前抛球被引入高校足球，20世纪70年代早期威尔士人约翰·道斯（John Dawes）开创了英式橄榄球的攻击风格，还是乔·蒙坦纳（Joe Montana）在1982年NFC冠军赛中给德怀特·克拉克（Dwight Clark）的精准传球，把一场比赛、一个赛季、一支球队，甚至一局比赛称为永远改变一项运动的催化剂，已经成了媒体烂大街的报道惯例。但是，在国际足球领域，这种转变的催化剂确实存在。永远地改变了这项运动进程的神圣记录是拍摄下1953年温布利体育场的那些模糊的录像画面。匈牙利人开辟空间的能力帮助他们击破英国的防守，也将继续影响所有其他王朝球队的战术：1958年至1970年的巴西队，20世纪60年代苏格兰俱乐部球队凯尔特人（Celtic），20世纪70年代的荷兰王朝，以及21世纪第一个十年里耀眼的巴塞罗那队。

在匈牙利队横空出世之前，大家认为足球队是一群个体的集合，每个个体应该根据特定命令做不同的事情。例如，一名左边锋应该在左侧边线上司职防守，而前锋的职责则是一直向前冲，同时眼睛盯着球门——要恰到好处。匈牙利这支黄金球队打破了这一观念。他们没有遵守僵化的规则，他们在场上是流动的，球员们总是根据具体情况变换位置、改变部署。

从匈牙利队员的体能，或者他们贫穷、压抑的祖国，完全看不出来他们有成为一支伟大球队的潜能，更不用说他们会取得空前绝后的战绩。他们的与众不同在于没有采用各司其职的方式来比赛，这迫使球员放下自我，从不太可能的特性中诱导出上佳的表现。"想象一下你见过的最好的球队，"杰克·塞维尔（Jackie Sewell）说道，在温布利的那场比赛中，英格兰队的三个进球中有一个是他踢入的，"即使没有强过他们，匈牙利队也至少是跟他们一个级别的。他们是一群个体，单独看他们每个人都不起眼，但团结在一起——他们就变得强大，拥有了神奇的力量。感到困惑的不仅仅是我们。每个人都是这样。"

当时，对匈牙利队的辉煌有两个浪漫的解释。这个国家的领导人认为这证明了不强调个人的集权体系可以征服世界。该队的教练古斯兹瓦夫·塞贝斯（Gusztáv Sebes），是一名坚定的政党拥护者，他称之为"特色足球"。与此同时，反对者则认为这标志着即使身处压迫之下，匈牙利人民也能释放出无法抑制的创造力。如果确实有某些体制或者国家的潜在因素促成了那场有着漂亮战术的足球赛，那些实现条件从那以后再也没有出现过。自1960年以来，匈牙利一直在辛苦维持着国际足联排名前五十名的位置。1970年以后，他们仅获得过三次世界杯的参赛资格。事实是，这两种解释都站不住脚。1956年，从"黄金球队"的这些球员被遣散的那一刻开始，匈牙利队的伟大和他们一同消失了。

历史上有好几十支足球队被称为"王朝球队"。然而，当我审视匈牙利队六年的连胜纪录时，发现在同类群体中它显得与众不同，怪异到自成一派。

当经济学家偶然发现一些不寻常且难以解释的事件时，他们通常会将其称为"黑天鹅"。在硅谷这个孕育无限可能的地方,一家诞生在创始人家中地下室的科技公司,可以获得数十亿美元估值,被称为独角兽公司。这种思维在整个科学领域都占据着主导地位。当研究人员收集测试对象的样本时,他们所做的第一步是消除异常值。这背后的逻辑是,这些异常值会带来夸大的结果,不能用于揭示任何普遍的、有实际意义的真相。在科学领域,除非可复制,否则,试图弄明白陡然变得卓越的原因是毫无意义的。

那么,这样就很容易了,给匈牙利贴上"独角兽"的标签,然后扔进同样的弃牌堆里。有人可能会说这支球队的成功,源于一些事件的综合作用,而他们的霸主地位则是随机产生的意外。

虽然"黄金球队"可能是一个异常值,但国际足球只是世界上数十项团队运动中的一项。在所有这些运动项目中,在过去的几十年里,至少有一支球队创造了轻松击败其他所有球队的纪录。我想知道,如果从20世纪第一个草创的专业协会开始,仔细研究每支队伍的历史,然后把他们的表现绘制在散点图上,再把那些表现最出色的队伍圈出来。如果这些杰出团队中像匈牙利队这样的异类有五个,或者十个,甚至三十个,那么,看看他们有哪些共同点难道不是很有趣么?

本书分为三部分。第一部分解释了我如何制定标准,在史上所有球队的前1%中挑选出排名前10%的队伍,以及归纳他们之间相似性的步骤。第二部分通过这些神奇团队的案例以及关于科学研究的调查,来探究他们之间的唯一共性,以及为什么这个共性能让他们走向伟大。第三部分总结了为什么如此多的团队会做出错误的决定,导致自己创新能力受阻、无法保持成功文化,以及如何避免这些错误。

第 1 章

狮群首领

找到世界上最伟大的球队

在酒吧里，想和一名体育迷展开辩论，最好最快的方式莫过于拿出一份世界上最伟大球队的名单。一旦你这样做了，老天都会帮你。你会度过一个漫长的夜晚。这种争论的唯一可取之处是，当最后结束时，你会醉到记不住它。

我从来没有把自己不成熟的观点写下来过，但我知道其他人这么做过。所以，通过在全球收集所有这类榜单，我开始了我的研究，从知名报纸一直到最粗糙的网站，然后再从这些名单中总结共性。这样，我找到了大约 90 支队伍。

我把所有榜单摊开放到餐桌上，用黄色荧光笔标出这些球队，然后我马上意识到，这种体育版的专家明显经验不足。有一些榜单没有提供方法论——他们得出的结论竟然是基于办公室里几个人的集体意见。另外一些提供数据的榜单又通常在统计上不准确。

最常见的程序错误是所谓的"选择偏见",它长期干扰着各种民意调查、问卷调查和科学实验。如果研究人员选择数量不够多或者随机性不够高的研究样本代表整体趋势,就会出现这种情况。一个明显的迹象是,这些榜单中的绝大部分都有可疑的地域倾向。例如,英格兰的榜单上到处都是利物浦(Liverpool)和曼联(Manchester United)这样的足球俱乐部,而澳新地区的榜单则被橄榄球、板球和澳式足球所占据。这说明这些榜单制作者的视野太局限了。大部分的时候,他们甚至没有考虑过自己国家以外的球队。

另一个问题是,同样的候选队伍一直不断出现。比如,在美国,1927年的纽约洋基队,1972年的迈阿密海豚队(Miami Dolphins),20世纪90年代的芝加哥公牛队和21世纪前十年的新英格兰爱国者队(New England Patriots)几乎在每一个榜单上都出现过。唯一的区别在于他们的排名顺序。这表明,我的分析师同行们,可能已经有了"选择偏见",允许自己倾向于由其他人已经选定的候选人。

我意识到,要创建一个真正的榜单,我就得忽略所有的其他因素,消除所有干扰因素,不让自己做任何假设,一切重新开始。这个榜单要包括来自世界上所有国家以及史上所有主要运动项目的每一支队伍。

我的第一步是,找到全球各种比赛的可靠历史记录,包括所有团队运动项目或者国际运动联盟、协会、联合会或者年度锦标赛,然后挑出每一支获得过冠军、拿过奖杯或者取得过辉煌连胜纪录的球队。这个过程花了好几个月才完成，我得到了一张列有好几千支候选球队的表格。

为了给我的研究设定一些参数，并将球队的数量删减到更便于管理的规模，我准备通过回答三个基本问题进行筛选。

问题1：
一个团队的构成要素有哪些

我餐桌上的大多数榜单都忽略了一个极其重要的问题：首先是什么构成了一个团队？像冰上舞蹈这样的运动，两个人一组在评委面前表演，往往和橄榄球这样的运动有着相同的地位，而橄榄球是由各十五名运动员的两支队伍进行面对面的对抗比赛。奥运会拳击队的队员独自一人进入拳击台，排球运动员则是一群人一起并肩作战，它们都被归到了同一类。

在字典里"团队"的定义非常基础，指的是一起协作完成同一项任务的所有共同体。用牛或马来举例的话，两个及以上都可以算作一群（一个团队），但是传统观点对于一个团队的人数却没有什么规定。两个人应该算团队还是合作伙伴关系呢？三个人构成的是团队还是三人组呢？

为了解决这个问题，我做了个决定——符合以下三个标准的一组运动员，才能被定义为真正意义上的团队：

A. 成员数大于等于五名

我们可以肯定的是，团队规模越小，其结果就越依赖于每个人的表现。例如，如果一个团队有两名成员，那么，每个人的贡献率应该占到结果的 50% 左右。如果一名运动员表现出色，或者表现极差，那么结果就很有可能由其中一个人决定。

在选出来的团队中，集体表现要比任何成员的个人贡献更重要，根据这个标准，我剔除了所有的双人项目团队：网球双打、双人雪橇、奥运会沙滩排球、双人滑冰和冰上舞蹈。我还去掉了冰壶这个三人项目。只有马球是四人项目，但它被去掉是由于另一个原因（见问题 2，A 部分）。最后，我放进榜单里人数最少的项目是篮球，每队五名队员，理论上每个位置的球员平均贡献率应该占球队整体表现的 20% 左右。

B. 成员与对手有互动

很大程度上，一个团队的神秘魔力在于面对对手团队的攻击意图时，其成员的实时反应能力。很显然，在橄榄球、足球、篮球、水球和冰球这些运动项目中，同步性非常重要，不管是进攻还是防守，运动员在整场比赛中都在不停地与对手进行交锋。但是有些运动项目却并不需要和对手进行直接接触。这类运动是需要被剔除的，比如赛艇、自行车团体、花样游泳这种由裁判主观判断决定结果的项目，以及像跑步和游泳接力这样的计时项目。

C. 成员需要共同协作

在一些所谓的团体项目中，如奥林匹克摔跤、拳击、体操和滑雪，运动员们穿着同样的服装一起出场，但比赛的时候却是单独出现。在莱德杯（Ryder Cup）和戴维斯杯（Davis Cup）这样的高尔夫和网球团体比赛中,球员们的成绩计入总分,但比赛形式还是单人竞技。由于这些团队的运动员从来没有和他们的队友进行同场协作,所以我把它们也剔除了。

根据这条规则,棒球和板球这两大体育项目应该被排除在我的榜单之外。在棒球比赛里,投手和捕手在整个比赛过程中都会互相沟通,而守场员经常协作传球——但仅此而已。在板球比赛中,直接沟通就更少了。在阻止球越过边界线的时候,一名队员可以将球传给队友,而截杀通常是由一名队员在门柱将球传给另一名队员完成,然而,球员们做的最重要的事情,无论是击球、接球、传球或是投球,通常都是他们独自完成的,没有接受来自队友的任何直接帮助。所以,如果说队员之间直接的身体接触是成功的关键,那也是站不住脚的。

然而棒球和板球有一个区别于其他运动项目的共同特点,那就是队友的协调性。例如,在板球比赛中,击球员和副击球员必须密切关注对方。外野手的位置和击球手采用的策略都需要协调配合,要由具有全局视野的协作计划进行调配和安排。不同于棒球的投手和捕手,投球手和桩门接球员并不参加传球,但是他们有时会一起商量策略,针对不同的击球员制订不同的投球计划。在这两项运动中,整体协调工作和快速的精神调整,比队员之间的场上协作更为重要。最后,我决定将这两个项目保留在榜单中。

问题 2：
如何区分优劣？

第一个问题帮我把候选团队名单缩短了大约 1/3，但还是有数千个团队需要分析。我的下一项工作是找出一些标准，来判断一个团队的成就是否属于最高级别。

如果体育运动中"伟大"的门槛仅仅是在很长一段时间内赢得很多比赛，那么，一个多次获得奥运会冠军的团队和街头的啤酒社团飞盘队就没有什么区别了。为了确保纳入榜单的是获得过最高荣誉的团队，我采用了下面三条规则：

A. 参与的是"重要"运动项目

如果一个团队从事的是名不见经传的区域性运动，粉丝数量一般，而且人才储备相对有限，那么它就不能被称为神奇团队。这一规则让我很轻松地砍掉了一些团队，其中大部分参与的是非奥运会团体项目，如巴西足排、苏格兰拔河、芬兰式棒球、日本推倒棒子和美国职业曲棍球。

另一组非奥运会项目规模相对较小，但更难判断。其中包括澳式足球、爱尔兰板棍球、盖尔式足球、阿根廷马球以及英联邦国家的篮网球。

虽然它们没有风靡全球，但不管是从观众兴趣还是参与度来看，他们都在某些地区拥有大量的追随者。然而问题是，热爱这些运动的国家并不是很大。为了确定保留哪些运动项目，我参考了电视收视率。如果一项运动的顶级赛事吸引的观众达不到数百万，那它就要被砍掉。唯一一项达到这个要求的运动是澳式足球。

最后六次删减是最难办的。像手球、女子足球、排球、曲棍球、水球和橄榄球这些运动，他们的国家队——你在奥运会或世界杯上看到的那些受欢迎的著名球队——有资格被纳入我的榜单。但是这些项目的职业队参加的是各自国家的国内联赛，相对来说，这些赛事不怎么知名，他们的球迷一般较少，队里的人才也不多。所以这类球队被剔除了。

B. 对手是世界顶级强队

体育界有句老话，要想成为最强者，你必须打败最强者。虽然在我名单上的许多球队经常招募他们领域的一流选手，但是有1000多支队伍所面临的竞争水平和与其他更富有、更有名气的区域联赛相比，真是相形见绌。

要在名单中剔除这些级别较低的联赛，我选择了加拿大足球、俄罗斯和瑞典的职业冰球，以及所有欧洲国内男女职业篮球联赛等。根据这个规则，美国大学校际团体运动也被去掉了，因为他们后备人才的来源仅限于在校学生，而且比赛质量低于职业联赛或奥运会水平。

C. 霸主地位延续多年

只要目睹过阿根廷的世纪进球——1986年世界杯1/4决赛中的"上帝之手"，或者2008年超级碗上大卫·特里（David Tyree's）全凭运气的"头盔接球"让纽约巨人队（New York Giants）赢得冠军，任何人都会知道运气在体育运动中起着至关重要的作用。没有一点运气是不可能获得总冠军的。虽然有点运气是必要的，但是运气太好又会掩盖球队的真实水平，让它名过其实。

统计学家承认运气的作用，多年来他们也困惑于如何解释运气对赛事结果的影响程度，竭力找到一个公式解决这个问题。基于一支球队的进球数或得分数以及对手的进球数，他们计算出了这支球队的历史平均成绩，可以用来判断其表现是否超出或者低于正常水平。这些统计数据很有说服力，可以证明一支队伍的表现是不寻常的——但是他们依旧不能证明这个结果是运气还是其他异常因素导致的。

关于运气，我们可以做的第一个假设是，一些球队可能把他们的成绩归功于极佳的运气。同时，我们还可以假设，尽管运气不好，但还是有少数球队赢得了多个冠军。

回归均值法则告诉我们，如果你等待的时间足够长，任何过热的表现水平，无论好坏，都有可能消退。例如，如果一支NBA球队连续投进10球，概率定律表明，在投进200球之后，其命中率应该和联盟平均水平持平——约为45%。最可靠的假设是，运气是随机分布的，它的影响力会随着时间的推移而逐渐消失。

我毫不怀疑，超级好运能让一支球队获得冠军，甚至有可能获得两个冠军。但是从那时起，概率定律就要开始发挥作用了。例如，扔硬币连续三次扔出正面的概率是12.5%。连续扔出四个正面的概率只有6.25%。

为了校正运气带来的影响，让我的研究聚焦在一支球队能否通过才能和团队合作获得持续胜利，我大致根据扔硬币的概率设了一个下限。进入我名单的球队，必须至少连续四个赛季进入精英级别的比赛。很多不符合这个标准的球队都是"一年奇迹"队，比如在2003—2004赛季英超联赛（Premier League）中保持不败的阿森纳（Arsenal）"无敌"足球队，以及只赢得过1985年这一届超级碗冠军的芝加哥熊队（Chicago Bears）。被去掉的球队还有，1946—1948年澳大利亚男子板球常胜队唐布拉德（Don Brad），2001—2003年赢得橄榄球世界杯冠军的英格兰队，1961—1964年国家冰球联盟（National Hockey League）三连冠多伦多红叶队（Toronto Maple Leafs），1999—2002年美国职业篮球联赛（National Basketball Association，简称NBA）总冠军洛杉矶湖人队（Los Angeles Lakers），以及2006—2009年的英超冠军曼联，所有这些球队胜利都止步在第三赛季。这个标准总共帮我淘汰掉了3 000多支队伍。

问题3：
神奇的标准是什么

实际应用了问题1和问题2之后，我的名单里只剩下了122支队伍，这一组球队我称它们为"决胜者"[①]。所有这些候选队伍都战绩显赫，是当之无愧的精英球队。我的下一个任务是将神奇球队和普通王朝球队区分开来。

---

① "决胜者"完整名单请见附录。

要评判全球分属于不同联盟、协会、杯赛和联合会的所有球队，最大的难题是，它们的比赛形式和得分机制往往大不相同。有些球队每年只参加几场比赛，而另一些球队则会参加无穷无尽的常规赛以及漫长的季后赛。要找到一种公平的统计方法，真是太难了。

我考虑的第一个指标是获胜率。许多著名的球队，包括20世纪50年代的匈牙利队，在这个指标下都表现得很好。但这个指标也有一些不足。它不能说明一支球队对手的实力。也更有利于比赛场次少的球队。例如，美国职业棒球大联盟（Major League Baseball）的每支球队在每个赛季都要打162场比赛，其中最好球队的获胜率会稳定在60%以上的小范围内，而一支顶尖的奥运排球队一年只打几十场比赛，它的获胜率可能接近85%。

获胜率的另一个问题是，它并不总是具有相关性。对于像美国职业橄榄球大联盟（National Football League，简称NFL）里的球队来说，他们的目标不是获胜总场数，甚至不是赢得分区冠军。而是通过赢得足够场次的比赛获得参加季后赛的资格，从而争夺总冠军。例如，如果一支NFL球队赢得了超级碗，没有人会在意它是否只是以8胜8负的成绩结束了常规赛。

判断一支球队的获胜率，有一个更公平的方式，那就是看获胜率和平均值之间的标准差，这个值衡量的是和竞争对手相比，这支球队的战绩有多好。它比原始的获胜率更有意义，但不能反映对手水平这个因素带来的影响。按照这个标准，一支赢了很多弱队的球队，即使输掉所有最重要的比赛，也仍然有可能会胜出。

下一组统计数据让我完全不用操心球队的成绩记录。主要通过球队的基本表现指标衡量一支球队是否成功，比如，这支球队比对手多得了多少分、多进了多少球或多得分多少次。一些统计学家会把这些指标中的一部分纳入"实力评级"，用于褒奖团队的整体效率，而不考虑他们的比赛成绩如何。这个概念有两个问题：首先，它无法反映出对阵强队和对阵弱队之间的差异；其次，如果一支球队在整个赛季都在数据上领先于所有球队，但却没能赢得总冠军，那么，真的会有球队在意它的实力评级吗？

关于各种平均值、比率、百分比和系数的更深层次的问题是，它们都不能全面说明每支队伍所取得的成绩。事实上，有一种说法是，如果一支球队赢得了很多奖杯，但是统计数字上却没有反映出来，它成功的耀眼程度也丝毫不输于那些有着漂亮统计数字的球队。最终，让一支神奇团队脱颖而出的并不是它赢的姿势多耀眼，而是它确实是赢了。

用来衡量一支球队获胜能力的最佳统计方法是埃洛等级分系统（Elo rating system），尤其是在重要比赛中，该系统于1997年由加州的一名软件工程师鲍勃·润扬（Bob Runyan）首次应用于体育比赛中。作为世界杯足球赛的资深球迷，润扬一直想知道，如果可以跨越时间对历史上所有球队的表现进行公平比较，哪些球队的得分会是最高的。他当时已经厌倦了这项运动的管理机构——国际足球联合会（FIFA）设立的官方球队评级体系，因为在所有国际足联认可的比赛中，不管比赛的重要性如何，只要球队获胜，就会得到 3 分，如果平局，得 1 分。他发现这种统计方法极其不严密。

作为一名国际象棋爱好者，润扬非常熟悉马凯特大学物理学教授阿帕德·埃洛（Arpad Elo）在 1960 年设计的一套评估系统。该公式根据每场比赛的结果、对手水平加权以及比赛重要性加权统计分数，从而对精英国际象棋大师进行排名。例如，一位大师如果在重大比赛中战胜一位等级分很高的大师，那么就可以增加更多的积分，相比之下，在一场表演赛中，毫无悬念地战胜一位实力较弱的对手，得到的积分就没那么多了。"我记得当我看到国际足联的排名时，我发现他们真的很差，而国际象棋用的排名方式确实很好。"润扬告诉我。

在收集了所有他能找到的比赛记录后，润扬编写了一个程序，用埃洛等级分系统对每支球队进行评估。调整完权重后，他看到了最终结果。正如他所猜想的那样，名单上有很多来自英格兰、西班牙、巴西和德国的著名球队。但是匈牙利队以相当大的优势得到了最高分，时间大约在 1954 年。

自从润扬公布了他的研究之后，埃洛等级分系统就受到了最具前瞻性的体育统计学家们的追捧，他们已经将其应用于几十个运动项目的球队排名，包括橄榄球、板球等。尽管这个指标远不够完美（它要求编译程序对比赛的重要性做出一些主观判断），但在一些情况下，我还是要依靠它帮我做一些选择。

然而，最后我决定把统计方法放在次要位置。虽然我知道埃洛等级分系统和其他一些方法有时候可能会很有用，但我不能完全依赖于任何一个指标。我认为，如果要在 122 支终选队伍中找出真正的神奇球队，必须采用更全面的方法。

为了确定名单的获胜者，我想到了两个简单的要求，只要真的是史上最好的球队，就一定能符合。

要求 1：
有足够的机会证明自己

所有这些进入终选的队伍，无论从事的是什么运动，他们全部都是卓越的王朝球队。然而，一支球队的竞争能力在某些方面是不可控的。比如它所处的时代，所在联盟的形式，甚至偶然的政治干扰：这些都会减少球队证明其霸主地位的机会，从而削弱它的成就。

由于客观原因，许多进入终选的球队，活跃在团体体育赛事的早期阶段，那时候他们很少有机会参加正式的跨国比赛。有一些体育项目，比如，水球和曲棍球，除奥运会以外，几乎没有别的赛事。在其他情况下，一些世界顶级球队根本没有去参加所有的重大赛事。例如，20 世纪 30 年代，意大利国家足球队连续赢得两届世界杯冠军时，许多世界上最好的球队都没有参加这一比赛。所以，意大利国家足球队和其他几支终选球队一样，带着他们真实能力的未解之谜离开了我的名单。

1930年至1935年，英格兰的阿森纳和意大利的尤文图斯（Juventus）是他们各自国家职业足球联赛中的绝对王者。这两家足球俱乐部是另一个问题的典型代表。由于他们的巅峰时期处于欧洲冠军杯等国际俱乐部比赛诞生之前，所以，当时的他们从未在球场上相遇过。因此，这两支队伍都不能被称为史上最伟大的球队。

在这项研究中，最令人悲伤的发现是，由于政治原因，球队的连胜被打断、终止，或者是遭到轻视。1937年至1945年，黑人国家棒球联盟（Negro National League）的霍姆斯特德灰人队（Homestead Grays）在9个赛季里赢得了8个冠军，获胜率为68%，但是，当时严格的种族隔离政策不允许他们和各大联赛中领先的白人球队进行较量。冷战时期也有一个著名的受害者。1977年至1983年，苏联男子排球队连续两次获得世界杯冠军，连续四次获得欧洲杯冠军。1980年，这支队伍在莫斯科奥运会上获得了他们的唯一一枚金牌，但是，当时许多国家联合抵制了这一赛事。仅仅这个事实就阻止了它成为无可争议的神奇球队。这个要求帮我在122名决胜者中又淘汰了28名。

要求2：
成绩无可匹敌

要成为历史上最伟大的球队，必须在相当长的一段时间里都表现出色或者有一个集中爆发期，这些可以用累计获胜或者夺冠次数判定，而且成绩要超过这项运动的所有其他球队。换句话说，这支球队的成绩是要无可匹敌的。

有一些体育项目，比如国际冰球和女子排球，早期确实没有比赛。成绩最好的队伍遥遥领先。在一些案例中，同一运动项目的两支球队以不同的方式都获得了出类拔萃的成绩，我只能把他们都留在名单里（例如，匈牙利队和另一支男子足球队都很突出，他们都战胜了世界上的所有强队，连续两次获得世界杯冠军）。在包括板球和橄榄球在内的少数几个运动项目中，获得荣誉最多的冠军球队，成绩差距非常小，这让我无法确定哪支球队是有史以来最好的。

因微弱差异未能达到这一要求的球队名单，囊括了王朝球队的谋杀者阵容。他们包括：迈克尔·乔丹所在的20世纪90年代的芝加哥公牛队；不同年代的纽约洋基队；包括AC米兰（AC Milan）、利物浦和皇家马德里（Real Madrid）在内的职业足球队；以及德国足球、巴西排球和荷兰女子曲棍球等几个具有重大历史意义的国际王朝球队。最困难、也是最具争议的删减包括来自澳大利亚和西印度群岛杰出的板球队，以及两个著名的美国职业橄榄球大联盟球队——1981—1995年的旧金山淘金者队（San Francisco 49ers）和2001—2017年汤姆·布雷迪所在的新英格兰爱国者队(如欲了解被删除球队的完整解释，请参阅附录）。

总的来说，这一分析方法帮助了我在94名决胜者球队中淘汰了66名。

职业足球简介

最让我烧脑的是，要从 36 支终选队伍中选出一支全球最好的俱乐部足球队。因为所有足球强国都有自己的国内职业联赛，他们设置的年度奖项各不相同，使得这项运动的信息杂乱无序到令人抓狂。来自英格兰、德国、西班牙和意大利顶级联赛的球队通常最受关注，而葡萄牙、苏格兰和乌拉圭这些小国家的俱乐部有时也能达到同样的关注度。有几个联赛的形式，特别是阿根廷足球甲级联赛（Primera División），在历史上一直很混乱，以至于一支球队很少能在一个赛季中成为无可争议的冠军。最糟糕的是，不同国家的俱乐部球队并不会进行定期的比赛，这样就很难判断一个球队到底是真正的出类拔萃，还是矮子里拔出来的将军。

多年来，像欧洲冠军联赛（Europe's Champions League）、南美解放者杯（South America's Copa Libertadores）和洲际杯（Intercontinental Cup）这样的国际比赛增加了球队进行跨国比赛的机会。但是，我们仍然很难知道，在英格兰足球超级联赛、西班牙足球甲级联赛（La Liga）、意大利足球甲级联赛（Serie A），甚至德国甲级联赛（Bundesliga）里是否能找到最好的比赛标准。

进入终选的职业足球队共有 36 支，他们大部分都被淘汰出了最后的顶级梯队，原因是不符合我上面提到的那两个要求：他们要么缺乏足够的机会证明自己，要么成绩不够突出。但是在这两个要求的基础之上，结合各球队的获胜率、连胜次数、总冠军数以及埃洛等级分进行筛选之后，仍然有 13 支职业俱乐部足球队留在了我的名单里。他们全部都是国内联赛中的王者，在国际舞台上也同样地位尊崇，其中，很多球队可以自豪地说，他们是自己国家史上最好的职业球队。

为了缩减这份名单，我仔细研究了这 13 支球队参加的国内联赛的整体水平，以及在各自的王朝时期他们是否获得了"全胜"，并且没有经历重大失败。同时，这 13 支球队中有一些球队在几场比赛中相遇过，我把这几场比赛的结果也作为重要因素纳入了我的考虑范围。

在剩下的 13 支职业足球终选球队中，这次筛选淘汰了 12 支，以下按时间顺序将它们列出：皇家马德里（西班牙）1956—1960 年，佩纳罗尔（Peñarol，乌拉圭）1958—1962 年，本菲卡（Benfica，葡萄牙）1960—1965 年，桑托斯（Santos，巴西）1961—1965 年，国际米兰（Internazionale，意大利）1962—1967 年，凯尔特人（苏格兰）1965—1974 年，阿贾克斯（Ajax，荷兰）1969—1973 年，拜仁慕尼黑（Bayern Munich，德国）1971—1976 年，利物浦（英格兰）1975—1984 年，AC 米兰（意大利）1987—1996 年，马赛（Olympique de Marseille，法国）1988—1993 年，曼联（英格兰）1995—2001 年。

经过这些削减之后，仅有一支职业足球队被保留了下来。

世界上最顶尖的球队

根据上文提到的所有八个不同的问题、测试、子测试、规则和要求，我对体育史上的每支队伍都进行了评估，只有16支队伍通过。他们代表了精英中的精英，他们属于我称之为"第一梯队"的群体。其他106支"决胜者"队伍未能达到其中一项或多项标准，被归为"第二梯队"[①]。

位列"第二梯队"并不丢人，在这里止步的许多球队和"第一梯队"之间的距离其实并不大。可以说，他们和"第一梯队"一样卓越，而且，正如我后来发现的那样，他们具备"第一梯队"的大部分特点。我想再次非常明确地说明一下：我做这样的排序，并不是为了结束这世界上最活跃的体育争论[②]。也不会自认为我的推断就是这个问题的最终结论。我唯一的目的是要创造出最纯净的实验室样本——经过验证的神奇团队，几乎没有任何瑕疵，我可以放心地用他们来探索我真正想要解答的问题：历史上那些霸主球队有哪些共同点？

毋庸置疑，"第一梯队"里的16支队伍都非常杰出。他们取得的巨大成功，在某些方面有着空前的历史意义，他们完全不需要任何资格证明。他们共同代表着卓越运动的典范——他们是吼声最响亮的狮群首领。

以下是按照时间顺序排列的名单：

科林伍德喜鹊队（Collingwood Magpies），澳式足球（1927—

---

① 第二梯队球队完整列表请参见附录。
② 即谁是史上最伟大的足球队。——译者注

1930）：这支来自墨尔本的澳式足球队被称为"进球机器"，曾在澳式足球联赛（Australian Football League）的前身——维多利亚足球联赛（Victorian Football League）中创纪录地连续四次获得总冠军。喜鹊队以防守严密而著称，他们的胜率为88%，平均每场得分超过对手33分，1929年战绩为18胜0负。

纽约洋基队，<u>美国职业棒球大联盟</u>（1949—1953）：其他几个年代的洋基队（20世纪20年代、20世纪30年代末和20世纪90年代末）更富盛名、更加星光熠熠，但这支球队是棒球史上唯一一支连续五次赢得世界职业棒球大赛冠军的球队。

匈牙利队，<u>国际男子足球</u>（1950—1955）：匈牙利"黄金一代球队"，也被称为"无敌的马扎尔人"，从1950年5月开始，他们在53场比赛中仅有两次失利。在这段时间里，匈牙利平均每场进球4.2个，和对手的总比分为222∶59。匈牙利队在1954年创下的埃洛等级分纪录一直保持了60年，直到2014年被德国人打破。

蒙特利尔加拿大人队（Montreal Canadiens），<u>国家冰球联盟</u>（1955—1960）：国家冰球联盟历史上唯一一支连续五次赢得斯坦利杯（Stanley Cups）的球队，他们保持不败的比赛占到比赛总场次的74%，比联盟平均进球数多出400多个。

波士顿凯尔特人队，<u>美国国家篮球协会</u>（1956—1969）：凯尔特人队在13个赛季中赢得了11个NBA总冠军，这是前所未有的，其中包括一个八连冠，这一成绩让所有其他NBA王朝球队无法企及。

巴西队，国际男子足球（1958—1962）：他们连续两次获得世界杯冠军，在5个赛季中的3个赛季保持不败，并且在56场比赛中均以3:1或以上的比分击败对手，在国际足球埃洛评级中获得了史上排名第三的高分。他们的6场失利中有5场是无足轻重的比赛，而且当时他们派出的是二队。

匹兹堡钢人队（Pittsburgh Steelers），美国职业橄榄球大联盟（1974—1980）：这支球队连续六次进入季后赛，在六个赛季中赢得了四次超级碗冠军，无人能与之匹敌。在1980年赛季中，他们取得了80胜22平1负的成绩，并在美国职业橄榄球大联盟埃洛评级中创下了史上排名第二的高分。

苏联队，国际男子冰球（1980—1984）：在1980年冬季奥运会上羞辱地败于美国之后[①]，苏联队强势回归，在之后四年多的国际比赛中，对战顶尖球队获得了94胜4平9负的成绩。他们连续三次获得世界锦标赛（World Championships）冠军，1984年以58:6的总比分横扫所有对手，获得冬奥会冠军。

新西兰全黑队（New Zealand All Blacks），国际橄榄球（1986—1990）：这支全黑队为进入"第一梯队"的两个年代球队中的第一名。他们曾在三年里，连续在49场国际橄榄球比赛中保持不败纪录，其中包括连续23场国际测试赛，他们平均每场净胜

[①] 当时美国冰球队由于受到不能派出职业球员的限制，仅能派出一批学生军，美苏冰球比赛被称为不平衡的"男人对男孩的战斗"。——译者注

27分。在1987年的世界杯上，全黑队笑傲球场，比赛总分高达298分，仅失52分。

古巴队，<u>国际女子排球</u>（1991—2000）：古巴，这个加勒比海群岛国家，曾连续10年在所有重大的国际女子排球赛事中夺冠，古巴女子排球队共获得三枚奥运会金牌，连续赢得四届世界杯，还连续两次赢得过世界锦标赛冠军。她们在奥运会上的战绩是18胜3负，在世界杯上31胜1负，在世锦赛上从未输过一场比赛。

澳大利亚队，<u>国际女子曲棍球</u>（1993—2000）：这支球队赢得了两枚奥运会金牌，创造了冠军杯（Champions Trophy）四连冠的成绩，还连续两次赢得过世界杯冠军。在此期间，她们只输掉了11%的比赛，共进球785个，而对手进球仅220个。

美国队，<u>国际女子足球</u>（1996—1999）：这支队伍的霸主地位在历史上无出其右者，她们赢得过奥运会冠军和世界杯冠军，历史成绩为84胜6平6负，还曾保持过31场比赛不败，进失球比约为5∶1，她们仅有一次在重大赛事中失利。

圣安东尼奥马刺队（San Antonio Spurs），<u>美国职业男子篮球联赛</u>（1997—2016）：这支球队的5次NBA总冠军（包括连续5个赛季中的3次）并不是历史上最多的。但是他们连续19个赛季进入季后赛，创下了NBA历史上最高的长期胜率（71%），而且在分区排名中从未低于过第二名，这样的稳定表现令人十分惊讶。

巴塞罗那队，<u>职业足球</u>（2008—2013）：在这段时间里的五个赛季中，巴塞罗那队共赢得了15个冠军：四个西班牙甲级联赛冠军、两个欧洲冠军联赛（Champions Leagues）冠军（连续五个赛季进入半决赛）、两个国际足联俱乐部世界杯（FIFA Club World Cup）冠军、两个欧洲超级杯（UEFA Super Cup）冠军、两个国王杯（Copa del Rey）冠军、三个西班牙超级杯（Spanish Supercopa）冠军。在联赛中他们获胜或平局的比赛占到比赛总场次的92%，这是历史上最好的纪录之一，进失球比为3.5∶1。他们在2011年的埃洛等级分是历史上俱乐部球队的最高得分。

法国队，国际男子手球（2008—2015）：在此期间的四次世界手球锦标赛中，法国手球队赢得了三次冠军，他们还获得了两次欧洲冠军，并成为该项运动中首支连续赢得奥运会冠军的球队。在2008年至2011年——他们的巅峰时期，法国手球队在42场精英赛中只输了一场，并且成为首支同时包揽三项顶级赛事冠军的男子球队。

新西兰全黑队，国际橄榄球（2011—2015）：这是进入我的名单的第二支全黑队，他们是第一支连续两次赢得世界杯冠军的橄榄球队。从2011年到2015年世界杯结束，他们的平均得分比对手高出19分，总成绩为55胜3平2负，其中包括20次和22次国际测试赛中的连胜——仅次于1986—1990年全黑队的23次不败纪录。他们在贝勒蒂斯罗杯（Bledisloe Cup）以8胜1平1负的成绩击败澳大利亚队，在此期间的四次橄榄球锦标赛（Rugby Championship，也被称为三国赛Tri-Nations）中三次赢得冠军。

拿着我列出的 16 支神奇球队名单,我转向了本书要解答的终极问题:如果有的话,这些精英团队有什么共同点?它们能否揭示伟大的 DNA?

第 2 章

队长理论

"胶水人"的重要性

1957 年，波士顿

NBA 总决赛进行到第七场比赛，距离比赛结束大约还有 40 秒时，杰克·科尔曼（Jack Coleman）所在的圣路易斯老鹰队（St. Louis Hawks）以一分之差落后于波士顿凯尔特人队，此时，科尔曼在中场突然接到了一个传球。这可以说是篮球场上最让人意想不到的礼物了。

科尔曼转身冲向凯尔特人的篮筐，一路上竟奇迹般地畅通无阻。在他身边没有出现任何一名凯尔特人队的球员。在体育场里，没有人能想到会出现这样的一幕，而他的这一努力将备受争议，对比赛结果也不会有决定性的影响。

在之前的 47 分 20 秒里，这两支球队进行了一场跌宕起伏、胜负难测的篮球赛，一会儿热血激昂，一会儿冷静和缓，一会儿又出现猛烈地反攻。在老波士顿花园球馆（Boston Garden）里饱受煎熬的观众们——他们有些人是半夜带上帐篷去排队买的票——抽了大量的香烟，以至于球场顶部的大梁都被笼罩在油腻的米黄色烟雾中。

当科尔曼越过三秒区弧顶，跳起，伸出手臂，上篮，大多数凯尔特人球员都站在那里静静地看着，他们屏住呼吸，等待着接下来肯定会发生的事情：一场绝望的救赎之战。

但就在球离开科尔曼的指尖之时，一个穿着白色衣服的巨大身影从后面围住了他，并且猛击向球，这一系列动作干净利落，随后球撞到了篮板上，弹回球场，然后被凯尔特人的一名球员拿到。尽管科尔曼已胜券在握，不知怎地，某种天意的力量还是让凯尔特人赢得了比赛。

这场比赛没有留下任何的视频资料——当时的电视台还没有意识到录制现场体育比赛的意义——但当时已经有了无线电广播，在广播直播中，以声音沙哑著称的波士顿播音员约翰尼·莫斯特（Johnny Most）激动得不能自已。"拉塞尔拦住了球！拉塞尔拦住了球！"莫斯特喊道，"他真是从天而降！"

比尔·拉塞尔（Bill Russell），23岁，波士顿的新秀中锋，身高约2.08米，在NBA的大个子们中他并不是最高的。他瘦骨嶙峋，看起来似乎完全无法控制自己的四肢。上大学时，他曾两次获得美国大学体育协会（National Collegiate Athletic Association，简称NCAA）的冠军，并帮助美国队在1956年奥运会上赢得了一枚金牌，但是波士顿的球迷们仍然对他不是太熟悉。他们一直没有真正了解他的能力——直到这个时候。

拉塞尔在拦截科尔曼时做出的表演，被称作"科尔曼火锅"（Coleman Play），一直到 50 多年后，仍然被视为 NBA 历史上最漂亮的防守之一，不仅仅是因为当时形势严峻——决赛已经进行到了第七场，而且几十秒之后比赛即将结束——也是因为这一奇迹几乎不可能实现。科尔曼接球的位置距离波士顿篮下约 14 米。他接球的时候是在跑动的，大概只需三秒就能抵达。拉塞尔开始追赶科尔曼的地方（在对手篮下）应该距离波士顿篮下有约 28 米远。我计算了一下，为了赶上科尔曼，拉塞尔从静止状态加速到了平均每秒 9.4 米——或每小时 33.8 千米。为了得到一些结论，我查了下之前一年的奥运会男子百米决赛成绩。获胜成绩是 10.62 秒。如果拉塞尔以同样的平均速度跑完 100 米，他的成绩将是 10.58 秒，可以以微弱的优势赢得奥运金牌。鲍勃·库西（Bob Cousy）是当时凯尔特人队的明星球员兼队长，他表示，这是"我在篮球场上见过的最令人难以置信的体能表现"。

在拉塞尔激情的鼓舞之下，经过接下来的两节加时赛，波士顿以 125∶123 的比分赢得他们的首个 NBA 总冠军。在接下来的 12 个赛季中，这支球队会利用这种绝不言败的精神再赢得 10 个 NBA 总冠军，其中还包括一个八连冠。在连胜期间，他们会在季后赛的不同阶段，再打 9 场这样一决生死的第七场比赛，并且赢下所有比赛。

开始着手挑选体育史上最好的球队时，我就知道，如果决胜者队伍之间的差距极其微小，那么，会有许多艰难的判断在等着我。我也知道有一些决定会很简单，都不需要过多的思考。所有决定里最简单的，莫过于将 NBA 的波士顿凯尔特人队（1956—1969）留在我的名单里。

在"第一梯队"的球队里，凯尔特人队在较长时间内赢得的冠军数量最多，这让我觉得他们非常卓越，应该从他们这支球队开始总结。如果所有这些优秀的球队都有一个共同点，那么凯尔特人队肯定会有。

我先查了下比赛数据，看看他们在哪些方面比较有优势。很明显，凯尔特人队在得分方面表现非常出色，但和我预期的不太一样。不管是每场比赛的得分数、对手得分数，还是平均胜率，凯尔特人队在 NBA 里都并不算领先。他们在这 13 个赛季的常规赛胜率（70.5%）和季后赛胜率（64.9%）都名列前茅，但是低于其他 NBA 王朝球队。根据 538（Five ThirtyEight）汇总的常规赛埃洛等级分，他们获得总冠军的 11 个赛季，只有一个赛季进入了 NBA 历史上的前五十名。

更为奇怪的是，根据统计学家用来计算个人球员贡献值的高阶数据，凯尔特人队里从来没有任何一名球员能跻身史上最佳的行列。在他们取得一系列总冠军期间，也没有任何一名球员的个人得分在 NBA 中名列前茅。他们共在 11 个赛季中获得过总冠军，在其中 7 个赛季里，没有球员进入个人得分榜前十。然后，我马上放下了这些统计数据，开始寻求其他解释。

凯尔特人队取得成功，一部分功劳的确要归功于组建这支球队的教练——"红衣主教"里德·奥尔巴赫（Red Auerbach），他脾气暴躁、人脉广布，总叼着一支雪茄。在接手凯尔特人队之前，奥尔巴赫执教过两支职业球队，胜率为63%，人们认为他在其中起到了巨大的推动作用。但是，直到1957年凯尔特人的连胜开始之前，奥尔巴赫执教的球队从未获得过总冠军，而且，此前他率领的凯尔特人队在季后赛中也战绩不佳。没有证据表明奥尔巴赫突然就变成了一个战术天才——"第一梯队"的凯尔特人队发动进攻时，他允许球员在场上即兴发挥。1966年，奥尔巴赫的影响力受到了一次巨大的冲击，他辞去了主教练的职务，转而出任球队总经理，专心负责球队的管理工作。之后，在没有奥尔巴赫的情况下，凯尔特人队又赢得了两个总冠军。

沃尔特·布朗（Walter Brown）是凯尔特人队的老板，他深受爱戴而且颇具远见，奥尔巴赫就是他签下的，即使是这位王朝缔造者，也没能完整地见证这支球队历经13个赛季完成的杰作。因为1964年他就去世了。

所有这一切都令人困惑。如果凯尔特人队突然变得伟大不是由于统计优势、超级球星、集结了一群能力非凡的球员，或是持续的出色指导和管理，那么到底是因为什么呢？

不可能是因为凯尔特人队运气好。在很长一段时间里，他们都表现出色、卓尔不群，这仅凭运气是无法支撑的。对我来说，唯一合理的解释是，就像20世纪50年代的匈牙利队一样，在某种程度上，这支球队也是整体的力量大于各部分力量之和。尽管听起来有点玄妙，但在球员之间肯定存在一种不太常见的联结，能够诱导出各自的出色表现，而在其他环境下，这种水平他们是无法达到的。

"团队的化学反应"这个词被人们频繁使用，甚至在体育名人堂的陈词滥调中都占据了一席之地。但不管怎样，我都不明白这个词代表着什么。它指的是一群运动员一起打球的时间长短，还是球员们预测队友下一个动作的准确度？能用来判断优势抵消劣势的程度？或者反映的是团队成员有多喜欢对方以及他们相处得有多融洽？

化学反应背后的基本思想是，团队里的人际关系将对团队整体表现产生影响。这一观点认为，在化学反应良好的团队中，成员们将团队视为一个家庭，并有着更高的个人忠诚度，而这种忠诚度会在竞争中发挥积极的作用。传奇人物橄榄球教练文斯·隆巴迪（Vince Lombardi）就是这一观点的支持者，20世纪60年代，他曾带领绿湾包装工队（Green Bay Packers）五次夺得NFL冠军。"个人对团队成就的承诺，"他曾经说过，"是团队合作的动力，是公司运转的动力、社会发展的动力以及文明进步的动力"。

这肯定有些道理。我所见过的许多伟大的球队，无论是在球场上比赛还是穿着短裤坐在一起打扑克时，队员们都具有高度的团队精神。当科学家们调查了其他领域的团队之后，比如商业或军事，他们注意到，一个团队认为自己团结积极的程度越高，它在许多方面的表现就会越好——从实现销售目标到信息分享，再到培养战场上的个人勇敢行为。但这种凝聚力从何而来？另外，凝聚力是像凯尔特人这样的球队成功的原因吗？还是只是成功的副产品？

"第一梯队"中的大多数球队都有核心球员，他们一起经历过连胜，极大地增强了自己在赛场上的协调能力。然而，这种人员的稳定性并不局限于"第一梯队"——很多其他球队的人员也很稳定，只是他们的成绩没有"第一梯队"的球队那么优秀。此外，在我的研究中，每一支顶尖球队之间似乎都有着紧密的关联性，比如，他们的队员有着相似的出身，都建立起了终生的友谊，而有的球队有时会因内部纷争而分裂。但是，在这里面，我没有发现明显的规律。

说到凯尔特人队，关于"他们的成功来自团队的化学反应"这个观点，还有另一个问题。凯尔特人队的霸主地位持续了很多年，从这个王朝的开始到结束，队员差不多全部都换了个遍。这表明团队的内部力量也发生了变化。

然而，有两名凯尔特人球员的职业生涯恰好与连胜重叠，其中之一就是比尔·拉塞尔。

在1956年拉塞尔加盟之前，凯尔特人从未赢得过NBA总冠军。在拉塞尔的新秀赛季——他在NBA总决赛的第七场比赛中阻止科尔曼上篮的那一年——情况发生了变化。12年后，在赢得第 11 个总冠军后，拉塞尔退役，留下他的队友们独自应对。随即，凯尔特人队迅速崩溃，在 20 年内首次失利。这些事件发生的时间太不可思议了，于是我开始接受一个激进的想法。我怀疑拉塞尔本人就是凯尔特人走向伟大的催化剂。

尽管关于"科尔曼火锅"的描述五花八门，有的还相互矛盾，但毫无疑问的是，这是一场令人震惊的体能表演。但是关于这一时刻的另一种解读也非常吸引眼球：那是对欲望的至高无上的表达。在决定追赶科尔曼之前的几秒钟，23 岁的拉塞尔，在他人生中最重要的一场比赛里，刚刚尝试灌篮失败，如果成功，会让他所在的球队领先对手 3 分。他离得太远了，和他所在的位置相比，第五排的球迷都更有可能阻止科尔曼。拉塞尔将想法付诸行动并不是因为所有人都希望他那样去做，而是因为他不忍心看到自己的球队输掉比赛。

随着对拉塞尔深入的研究，我发现他在团队中的作用显得越来越重要。1963 年，鲍勃·库西退休时，拉塞尔被任命为队长。三年后，奥尔巴赫辞去教练一职，拉塞尔被任命为球员兼教练，凯尔特人队从此成为拉塞尔个性的延伸。拉塞尔不仅引爆了凯尔特人的夺冠爆发期，他还是球队的指定领袖。

一时兴起，我决定列出这 16 支球队的主要球员领袖名单，看看他们中是否有人的职业生涯和球队的卓越表现在时间上重合。以下是他们的名字：

悉德·考文垂（Syd Coventry），科林伍德喜鹊队

尤吉·贝拉（Yogi Berra），纽约洋基队①

费伦茨·普斯卡什（Ferenc Puskás），匈牙利足球队

莫里斯·理查德（Maurice Richard），蒙特利尔加拿大人队②

比尔·拉塞尔（Bill Russell），波士顿凯尔特人队③

希尔德拉多·贝里尼（Hilderaldo Bellini），巴西队④

杰克·兰伯特（Jack Lambert），匹兹堡钢人队⑤

瓦列里·瓦西里耶夫（Valeri Vasiliev），苏联队⑥

韦恩·谢尔福德（Wayne Shelford），新西兰全黑队⑦

米雷亚·路易斯（Mireya Luis），古巴队

莱切尔·豪克斯（Rechelle Hawkes），澳大利亚队⑧

卡拉·奥维贝克（Carla Overbeck），美国队⑨

蒂姆·邓肯（Tim Duncan），圣安东尼奥马刺队⑩

卡尔斯·普约尔（Carles Puyol），巴塞罗那队

---

① 在贝拉的任期内，洋基队没有指定正式的队长。
② 理查德在该队五连冠的第二个赛季接任队长。
③ 1963 年，长期担任队长的鲍勃·库西退役后，拉塞尔接任凯尔特人队队长。
④ 在 1962 年世界杯前夕，巴西队用毛罗·拉莫斯（Mauro Ramos）替换了贝里尼。
⑤ 1977 年，兰伯特成为钢人队防守队长。萨姆·戴维斯（Sam Davis）是进攻队长。
⑥ 瓦西里耶夫于 1983 年离开苏联国家队，由斯拉瓦·费蒂索夫（Slava Fetisov）接任队长。
⑦ 1987 年世界杯之后，谢尔福德接替大卫·柯克（David Kirk）成为队长。
⑧ 1993 年豪克斯成为队长，1995 年任联合队长，之后是轮值队长。
⑨ 在部分比赛中，奥维贝克与朱莉·福迪（Julie Foudy）共同担任队长。
⑩ 2003 年，大卫·罗宾逊（David Robinson）退役后，蒂姆·邓肯成了马刺队的队长，和几名联合队长搭档。

杰罗姆·费尔南德斯（Jérôme Fernandez），法国队[1]

里奇·麦考（Richie McCaw），新西兰全黑队[2]

这个小汇总的结果让我不禁感到惊愕。凯尔特人队的卓越表现发生的时间，在某种程度上，与某一球员的加盟和离开时间一致，然而凯尔特人并不是唯一一支具有这个特征的球队。事实上，这16支球队全部具有这样的特点。在一种神秘规律的作用下，这名球员曾经是，或者终将成为队长。

例如，从悉德·考文垂取代时任队长的那一年开始，科林伍德队赢得了一系列的冠军头衔，而苏联冰球队的光辉岁月始于瓦列里·瓦西里耶夫被指定为队长时。澳大利亚女子曲棍球队的莱切尔·豪克斯和古巴女子排球队的米雷亚·路易斯担任队长的时间，也与她们所在球队表现卓越的时期完全重合。还有蒙特利尔加拿大人队、全黑队（1987—1990）以及20世纪90年代末的美国女子足球队，在长期担任队长的队员离开后，他们最辉煌的成就随之终结。

队长通常会佩戴袖标或者衣服上会绣上字母C。根据球队和体育项目的不同，队长有时是由队友选举出来，或者由教练选定。在极少数情况下是论资排辈的。有些美式橄榄球队会为每一场比赛选择不同的队长，而有些球队根本不指定队长。板球运动的传

---

[1] 2008年奥运会之后，奥利维尔·吉罗特（Olivier Girault）退役，费尔南德斯成为法国队队长。
[2] 在麦考受伤期间，基兰·里德（Kieran Read）曾短期担任过队长。

统是队长在赛场上掌控比赛——负责选择投球手、设定击球顺序、安排外野手的位置等。在一些体育项目中，成为队长会有小幅加薪，但在极大程度上，这是一种荣誉，同时，也伴随着一些额外的责任。

这项工作的关键在于人际关系。队长是掌控更衣室的人，他不仅要以同伴的身份和队友交谈，在场上和场下给他们提供建议，激发他们的积极性，考察他们的能力；还要保护他们免受伤害，解决纠纷与争端，推行各种规范；在必要时还要激发队员们的恐惧，最重要的是通过语言和行动来为比赛定调。全黑队（1986—1990）的肖恩·菲茨帕特里克（Sean Fitzpatrick）曾经这样评价他的队长韦恩·"巴克"·谢尔福德："他是你可以为之赴汤蹈火的人，因为他自己就是那种人。"

当被问及团队凝聚力的秘诀时，棒球教练们喜欢用"胶水"这个词。这个特殊的用法在字典里没有词条，它是用于描述将团队融合在一起的一种无形特质。在棒球运动中，球队每年的比赛时间长达八个月，从春季训练到季后赛，他们打的比赛有将近200场，团结至关重要。估计胶水可以防止团队分化成小团体或者被自我意识弄得四分五裂。这是我想到的这个词的另一种用法。棒球教练们把那些致力于球队团结的个人球员称为"胶水人"。

2015年，传奇的英格兰曼联前主教练亚历克斯·弗格森（Alex Ferguson）出版过一本关于领导力的书，他在书中也表达了同样的观点，即一名有影响力的球员可以让整支球队变得团结。

一旦比赛开始，教练不再影响比赛结果。"在球场上，负责确保 11 名球员团结一致的人是球队队长，"他写道，"我猜测有些人认为这是一个象征性的虚职，但事实远非如此。"弗格森补充说，从公司的角度来看，向球队传达教练想法的队长，就相当于管理一个部门的经理，"这个人负责确保本组织的工作日程得以实施"。

弗格森并不是唯一一名提出这一观点的著名教练。美国大学体育协会第一区史上赢得比赛最多的篮球教练，杜克大学（Duke University）的迈克·沙舍夫斯基（Mike Krzyzewski）曾经写道："虽然球员和教练都至关重要，但是伟大的秘密在于其他因素，有了出色的队员之后，唯一一个最为重要的因素是内部领导力。这不是来自教练，而是某个人或球队里的成员，他为自己设定了比团队正常标准更高的标准。"

毫无疑问，比尔·拉塞尔有着崇高的标准。从在球场上不知疲倦、急迫的表现，到赛前经常紧张到在更衣室里呕吐，他似乎从未放松过。可以说，他就是棒球教练们经常提到的那种"胶水人"。但是，拉塞尔或其他任何一名球员也可以带来一种神秘的感染力，让一支球队发挥出超过天资的水平吗？

所有这一切都指向了我从未认真考虑过的一个想法：是否有可能，让一支球队进入史上前 0.001% 队伍名单的因素，是球员中的领袖？

在我的整个研究过程中，这个想法出现的太早了，而且它非常简单，让我感到无所适从。我的研究才刚刚开始，我不相信世界上最伟大球队的秘密会这么容易就被发现。除此之外，我无法理解一个团队的一名成员如何能让团队取得那么高的成就，并且能保持这么长的时间。我想起了H. L. 门肯（H. L. Mencken）曾经写过的一句话："人类的所有问题总会有一个众所周知的解释——看似简洁，实则错误。"

我知道没有一种经过验证的方法可以用来衡量一名队长的影响力。为了让"第一梯队"的成功和"队长理论"挂钩，我必须找出这些男女队长的一些共同特点，无论他们从事什么运动。只有当他们的性情禀性、个性怪癖和惯用手段符合某种可辨别的模式时，这个理论才站得住脚。

然而，在我开始这个研究之前，我遇到了队长理论的另一个更直接的障碍。对威廉·费尔顿·拉塞尔（William Felton Russell）[①]的性格了解越多，似乎越会觉得他不符合我心目中伟大领袖的标准。

坦白说，他似乎不像是块当队长的料。

拉塞尔的麻烦开始于球场上，尽管他赢得了比任何人都多的NBA总冠军，通过压迫式防守，他在职业生涯中抢下了21 620个篮板球，创下了当时的纪录，并在获得名人堂提名的第一年就入选名人堂——尽管他的得分并不高。他的职业生涯场均得分为15.1分，在凯尔特人队里他的这项指标从未领先过。在那个年代，大多数球队都是由中锋负责进攻，这让拉塞尔显得极不寻常。他没有更多地承担得分的职责，而是把这个至关重要的角色让给了

---

① 比尔·拉塞尔的全名。——译者注

队友。

尽管拉塞尔拥有罕见的速度、耐力和弹跳力，但他并不是一个不容错过的人选。高中时的他，看起来很不协调，基本功也很糟糕，当时唯一想要他的学校只有连健身房都没有的旧金山大学。即使拉塞尔已经率领他的大学队友取得了 55 场连胜和两个不可思议的 NCAA 冠军，但一些 NBA 球探仍然不太认可这位中锋，因为他运球技术不怎么样，也不是一名天才射手。

拉塞尔在球场上的杰出之处在于，他为队友创造得分机会的奉献精神。在 20 世纪 50 年代，篮球后卫被教导的是永远不要离开他们的防区。拉塞尔不仅在空中拦截投篮，他还拦截那些被大多数人认为是不可阻挡的投篮。他把精力集中在预测篮板球、阻碍行进路线、拦截传球以及掩护队友上。根据现代防守指标，拉塞尔的职业生涯"防守胜利贡献值"是 NBA 历史上最好的——要高出第二名 23%。

然而，拉塞尔的防守意识并没有停止在赛场上，还渗透进了他与公众互动的方式中。拉塞尔一次又一次地在采访中发表粗鲁无礼的评论，有时还带有挑衅的意味，这让他饱受抨击。"我不欠他们什么。"他曾这样谈论球迷。在家乡经历的种族歧视让拉塞尔感到惊骇，他曾说："我为凯尔特人效力，而不是波士顿。"拉塞尔退役后，凯尔特人队计划让他的球衣号码退役，他要求这个仪式私下举行，只允许他的队友在场，否则他拒绝参加。"我从来不是为了球迷而比赛的，"他解释道，"我是为自己和我的球队而战。"

那时候，人们喜欢运动员们留短寸头而且不关心政治，拉塞尔是 NBA 里唯一一名留着山羊胡子的球员，明显违反了 NBA 不留胡子的规定——1959 年专门为他颁布的禁令。他后来逐步发展到穿披风、尼赫鲁外套、长袍和凉鞋，戴着彩色念珠，在格林威治村（Greenwich Village）的咖啡馆附近晃荡，听抗议音乐。拉塞尔成了一位不知疲倦、直言不讳的民权倡导者。

1975 年，他的对立性格表现得最为明显的事情发生了，当时他入选了名人堂。他在一份简短的声明中表示，他不会参加这个仪式，也不会认为自己是其成员。"由于我不想讨论的个人原因，我不想成为其中一员。"他说。

没有人能想出拒绝名人堂的合理理由。许多人怀疑拉塞尔的拒绝是一种抗议行为，是为了支持所有没有入选的黑人天才球员，尽管他并没有这么说。不管怎样，波士顿的体育记者们并不关心这些。虽然他们承认拉塞尔是一名特别的篮球运动员，但他们认为他自私、傲慢、忘恩负义而且心胸狭窄。

我了解了很多关于他的评价，总结如下：拉塞尔的投篮和控球能力都不合格；他没得过多少分；他对球迷太不友好了，NBA 的惯例让他大为恼怒，他对公共关系一点也不在乎。"他真的不是很友好，"前对手埃尔文·海耶斯（Elvin Hayes）说，"如果你不认识他，你可能会说，'伙计，他是世界上最讨厌的家伙'。"

所有这些都不能表明拉塞尔是一名领导者，更别说是职业篮球（如果不是整个体育界）史上最成功的队长。但事实是，拉塞尔的成绩是最好的，还有得分后卫萨姆·琼斯（Sam Jones）的战绩也不错，凯尔特人队仅有两名球员完整地经历了这支神奇球队的卓越表现期，萨姆·琼斯是其中一名。

我不知道如何协调这些矛盾的信息。当我第一次遇到比尔·拉塞尔这种神秘性格时，不知不觉中我已经40多岁了，但却从没仔细考虑过人世间一个很基本的问题：如果得知你将进入人生中最艰难的战斗，你会选择谁来带领你？

我们大多数人的脑海中都会浮现出一幅褪色的老照片，上面有着伟大领袖的样子。通常一个有魅力的人会拥有强大的力量、出色的技能、超群的智慧、丰富的个人魅力、高超的交际手段以及沉着冷静的性格。要发现这些人应该不难。在我们的想象中，他们健谈、善于表达、富有魅力却意志坚定、强硬却亲切而且尊重权威。我们期待领袖，尤其是体育界的领袖，满怀激情地追求他们的目标，但绝不偏离体育精神和公平竞争的原则。我们相信，正如斯坦福大学的社会心理学家黛博拉·格林菲尔德（Deborah Gruenfeld）所说，权力属于那种"兼具我们其他人所不具备的超凡魅力和无情野心的人"。

乍一看，带领这些"第一梯队"球队的男女队长们，并没有达到这个标准。他们的才华水平和名望高低各不相同。有些人家喻户晓；其他人则不然。事实上，我对他们了解得越多，他们的形象就越偏离我的预期。

1986 年，法国南特

11 月，一个晴朗而寒冷的下午，新西兰全黑队抵达南特，对战法国国家橄榄球队，比赛的举行地点是名字起得很矛盾的博若瓦体育场（Stade de la Beaujoire），或称"美丽比赛体育场"。在斜射的秋日阳光下，体育场的白色混凝土墩台看上去就像是被太阳晒得褪了色的尸骨。

早在开球前就赶到现场的球迷们情绪激愤，挥舞着旗帜，高喊着"马赛！"1987 年橄榄球世界杯比赛之前，这两支球队约好了一次系列赛，共两场比赛。一周之前，他们在图卢兹（Toulouse）进行了其中的第一场比赛。

这两支球队都被看好进入世界杯决赛。在图卢兹，新西兰人把法国人打得落花流水，他们疯狂地奔跑，主宰了并列争球，以 19∶7 的比分赢得了比赛。法国队球迷在场外狂嘘法国队。

在比赛前涌入球场的地下通道时，法国球员毫不掩饰自己的复仇欲望。其中两个人开始互相撞头，另一个人用头撞在水泥墙上，一直到额头上粘满了血。他们的眼神看起来很疯狂——有些人说他们的眼睛像乒乓球那么大。"我敢肯定他们用了某种东西，"新西兰的巴克·谢尔福德（Buck Shelford）说，"而且不是什么橙汁。"

尽管谢尔福德已经 28 岁了，而且还是新西兰国内联赛中的常客，但在国际橄榄球界依然籍籍无名。谢尔福德出生在以温泉和间歇泉闻名的罗托鲁阿（Rotorua）乡村，是新西兰土著毛利人部落的成员。他有着深色的头发，细长的眼睛，颧骨突出，下巴线条硬朗，看上去确实像橄榄球队长。即使处于被动的时候，他的脸也能传达出力量、目标和命令——或者毛利人所说的法力。

尽管许多橄榄球记者都不喜欢谢尔福德——他们认为他个子不够高，作为8号位速度不够——一年前他才挣扎着进入国家队。图卢兹的那场比赛是他在全黑队的首秀，他充分利用了这个机会，肆意擒抱，无所畏惧地在跑动中挤开法国球员，甚至在下半场冲过得分线，获得决定性的达阵得分。

谢尔福德和那天在体育场的所有人都知道法国人会来找他复仇。在历史上的这个时期，橄榄球的规则和惯例还没能得以规范，运动员不像现在这么文明。结果，比赛就像电视直播里人们看到的一样，充满骇人听闻的暴力。而说到折断手指、挖眼睛和拧睾丸这些阴险做法时，法国人举世无双。"这是世界上最肮脏的国家。"谢尔福德说。

比赛开场后大约15分钟，在一次擒抱尝试后，谢尔福德躺在了地上，这时，他第一次体验到了法国人的肮脏手段——他被人一脚踢在脸上。谢尔福德感到嘴里满是温热的血液，他赶紧转动舌头来查看受伤情况。他几乎掉了三颗牙。他吐出牙的碎片，摇了摇头。干得好，他想。但是他没有下场。

五分钟后，另一名法国队员埃里克·查姆普（Éric Champ），出其不意地在谢尔福德头部侧面打了一拳，试图激怒他、诱他打架。"每次自由密集争球时，他们都会对我们拳打脚踢。"谢尔福德回忆说。接近中场休息时，双方比分是3:3，但有几名全黑队的队员受伤了——其中最严重的是钩球员肖恩·菲茨帕特里克，他的头被抓了一下，眼睛上方留下了一条七八厘米长的深伤口。菲茨帕特里克告诉我，法国人"让我确定了自己身在何处"。

中场休息之前，在一次自由密集争球的防守中，谢尔福德抓住一名法国球员手中的球，把球拍掉。就在那时，他看见一名叫作让-皮埃尔·加卢埃-伦皮鲁（Jean-Pierre Garuet-Lempirou）的法国队支柱前锋向他一头扎了过来，完全呈水平方向。他一下子撞到了谢尔福德前额的正中位置。"他把我撞晕了，"谢尔福德回忆道，"过了两分钟我才醒过来。"谢尔福德恢复意识之后，他的队友乔克·霍布斯（Jock Hobbs）告诉他，他还得上场，因为替补席上已经没有人能替换他了。其他人都受伤了。

谢尔福德无意下场。

中场休息之后，看到谢尔福德重新回到球场，法国队愤怒了，他们认为是时候给他们的阴谋诡计加码了。大约十分钟后，法国队队长丹尼尔·杜布罗卡（Daniel Dubroca）持球摔倒在地，谢尔福德俯身，伸手抓住球，把球拍掉。这时，杜布罗卡——这位法国最强悍的球员，看到了一个永远终结谢尔福德的机会。

"他一脚踢到了我的要害部位。"谢尔福德说。在草坪上四处搜寻了一会儿之后，谢尔福德坐了起来，试图调整呼吸。最后，他抓起一个水瓶，用他自己的话说，"塞到旧衬裤下面一点的位置"，这样来麻痹疼痛。"天哪，真是疼死了。"他说。

再一次，他回到赛场上。

到这时，谢尔福德已经掉了三颗牙，头上挨了一记重拳，被打到昏迷，睾丸被踢。法国队已经进了两个点球，几分钟后，他们通过连续两次达阵得分取得了领先，将比分改写为 16∶3。全黑队的队员们都是一瘸一拐的，观众在咆哮，裁判似乎无力制止不断升级的暴力。然而，情况变得越糟糕，谢尔福德就表现得越有魄力——奔跑、传球、拦截和骚动，仿佛他认为自己可以单枪匹马赢得比赛。这场"大屠杀"逼迫他更加努力地比赛。

在比赛的最后几分钟，谢尔福德的头部再次受到一击，这次是来自一名法国球员的前臂攻击。他避过了上一次攻击，但最后还是没能逃过这一击。一名队友向裁判挥手示意，想让谢尔福德下场。"我不知道自己身在何处，"他说，"我知道自己脑震荡了。我真的不知道自己在哪里跑。"最后，法国队以 16∶3 取胜，这场血腥、野蛮的比赛被称为南特之战，在橄榄球史上的地位比较存疑。在第二天的媒体回顾中，星期日发行的《泰晤士报》称这场比赛为"大屠杀"。

比赛结束之后，新西兰队的更衣室变得非常安静，大家都无精打采。全黑队并不经常输球，也没人见过他们在体能上处于如此的劣势。由于脑震荡，谢尔福德仍然头昏眼花，他从凳子上站起来，换下球衣。当他脱下内裤时，更衣室的阴霾被打破了，一名队友指着谢尔福德的腹股沟叫了起来。"天哪，看那个！"

谢尔福德不只是被法国队的队长踢中了睾丸，他被尖物刺伤了，脚边有一小摊血。他的大腿被染成了红色，上面有一些结块的脂肪组织。最糟糕的是，他的阴囊撕裂了，一个睾丸从裂口里掉了出来，悬在他的两膝之间晃动。队医急忙过来，他叫谢尔福德穿上裤子，到楼上的一间诊室去找他。队医在他的伤口上缝了16针。"他们把所有的东西都收拾好了，一切功能正常，"谢尔福德后来说，"我不知道睾丸居然这么大。"

这件事将让巴克·谢尔福德一夜之间成了民间英雄。从那时起，任何一份橄榄球史上最强悍球员的名单中，如果靠谱的话，都会有他的名字。虽然他不是一名卓越的运动员，但他毫不妥协的比赛风格让他成为球队不可或缺的一员，也一直鼓舞着他的队友，第二年他被任命为队长。

谢尔福德在南特那场比赛中的出色表现，似乎是拉塞尔"科尔曼火锅"的极端版本。99.9%的男性受了这样的伤，可能会抽泣着爬进救护车，但谢尔福德在受伤之后却一直专注于比赛，以至于没有意识到自己的撕裂伤。拉塞尔和谢尔福德显然都有着其他人无法超越的必胜意志。

然而，谢尔福德那天的行为虽然勇敢，但似乎并不是特别必要。全黑队已经完成了他们需要在法国做的事情。他们在对方主场迎战世界第二强队，并在图卢兹痛扁对手。在这种不利的环境下，在系列赛中打成平局就是一场胜利。没有一个有说服力的理由可以让人继续如此努力地比赛，尤其是当明显不太可能获胜的情况下。对谢尔福德来说，为世界杯而战更有意义。从更高层面来看，谢尔福德的行为并不具有战术性。

这些"第一梯队"的队长们有着各种令人担忧的鲁莽行为，谢尔福德的阴囊受伤只是其中的一个例子。科林伍德队的悉德·考文垂，曾在颅骨骨折两周后重返赛场，而在 2011 年橄榄球世界杯中，新西兰的里奇·麦考带着一只骨折的脚参赛，他的脚因肿胀而膨大到变形，每走一步都感觉像是踩在滚烫的煤炭上。有媒体报道说，古巴女子排球队的队长米雷亚·路易斯，曾在生下女儿 4 天后就进行训练，14 天后参加了世锦赛中的一场比赛。据报道，比尔·拉塞尔有一天晚上在酒吧劝架，被刺伤了左臂。第二天是 NBA 的总决赛，凯尔特人对阵湖人队（Lakers），他在第七场比赛中出场（并赢得比赛）。往好里说，这种带伤上阵的意愿表明，这些"第一梯队"的队长严重颠倒了优先次序。说得难听点，这说明他们可能疯了。

快速浏览了"第一梯队"中 16 名队长的事迹之后，我感到更加困惑了。翻阅之前笔记的同时，我做了一张表，上面列出了所有这些男女队长们不符合模范领导者形象的原因，以及队长不太可能是造就伟大团队的成功法宝的理由。总共有八点：

1. 他们不具备超级巨星般的天赋

大多数"第一梯队"的队长都不是他们球队中最好的球员，甚至不是主要球星。他们通常在技术上有缺陷，被教练称为普通球员。有些人为了成为精英球员而不得不努力奋斗，有些时候他们会被人忽视、成为替补或被放弃。当站到迈克尔·乔丹这种魅力四射、极具个人魅力和天赋的领袖人物旁边时，他们会显得黯淡无光。

2. 他们不喜欢被关注

"第一梯队"的队长们不受名利诱惑，也很少寻求关注。当被关注时，他们似乎会感到不舒服。在球场外，他们常常很安静，甚至有些内向——在某些情况下，他们是出了名的不善表达。他们这个群体比较讨厌采访，说的话平淡乏味，对记者也比较冷淡。他们不参加颁奖典礼和媒体活动，经常拒绝代言邀约。

3. 他们没有对队员进行传统意义上的"领导"

我一直认为，在一个团队中，领导者的标志是有能力在关键时刻掌控比赛的。但大多数"第一梯队"的队长在他们的团队中扮演着从属角色，遵从明星球员，并严重依赖他们身边的天才球员承担得分的重任。如果这些队长不是那种中流砥柱型的运动员，我无法理解他们是如何领导球队的，或者说他们如何能够胜任精英领导人的角色。

4. 他们不是天使

这些队长一次又一次地挑战规则，做一些不符合体育道德的事情，或者威胁到他们球队获胜的机会。其中包括无缘无故地击倒对手，以及怒斥（有两起甚至是攻击）官员、教练或球队高管。他们对对手也很粗暴——绊倒对方，把他们掀倒在地、踩在草坪上，殴打他们，或者用不堪入耳的话辱骂他们。

5. 他们做了可能造成不和的事情

如果你想了解团队领导者会如何破坏一个团队，可以看看"第一梯队"的队长们做的事情，他们已经进行了各种尝试。在多个场合，他们无视教练的命令，蔑视团队规则和策略，在采访中直言不讳，公开批评球迷、队友、教练以及这项运动的霸主球队。

6. 他们通常不是人们心目中的人选

在我列出的"第一梯队"队长名单之后，最让人吃惊的是那些没有入围的运动员。最引人注目的包括乔丹——"第二梯队"芝加哥公牛队的联合队长，他被公认为是历史上最伟大的篮球运动员；罗伊·基恩（Roy Keane）是同在"第二梯队"的曼联队队长，1998 年至 2001 年，基恩带领球队走过了英国足球史上最令人印象深刻的三个赛季。还有广受欢迎的德里克·基特（Derek Jeter），他在纽约洋基队担任了 12 年队长，在 2003 年到 2014 年间，带领洋基队 9 次打进季后赛，并获得世界职业棒球大赛冠军。

7. 从来没有人提到这个理论

在做体育记者时，我大量采访了包括著名运动员、教练和高管等在内的各种人物，来了解他们团队取得成功的原因。无论是底特律活塞队（Detroit Pistons）的伊塞亚·托马斯（Isiah Thomas）、纽约洋基队的雷吉·杰克逊（Reggie Jackson）、绿湾包装工队的总经理罗恩·沃尔夫（Ron Wolf）、大学橄榄球教练博比·鲍登（Bobby Bowden），还是巴西足球传奇阿图尔·安图内斯·科因布拉（Arthur Antunes Coimbra，也被称为济科 Zico），都从未将队长单独列为团队的驱动力。

8. 队长不是主要的领导者

在大多数球队中，地位最高的是教练或经理。毕竟，队长通常由教练任命。在教练之上还有另一个强大的管理阶层——球队的老板和高层管理人员。他们的贡献以及他们花钱的意愿，确实起到了重要作用。

"第一梯队"的这16名队长跟我想象的不太一样。尽管他们的职业生涯与球队的连胜期完美地重叠，但有大量证据表明，我确实有一些其他的发现——历史上的霸主球队并没有传统意义上的领导者。虽然没有找到任何反驳"队长理论"的证据，但这些发现足以引起我的怀疑。在进一步开展研究之前，我决定研究一些替代性假设。

本章总结

- 每一次连胜都受到两个转变时间的限制，一个是开始的时间，另一个是结束的时间。对于体育史上的霸主球队来说，这些时间与一名球员的加盟或离开有着不可思议的关联性——或者两者都有。这个人不仅表现出了对胜利的狂热追求，而且还恰好是队长。

- 我们大多数人的心目中都有一个优秀团队领导者的固有形象。我们认为他们应该具备一些被普遍认为是优秀的技能和个性特征。他们在人群中很显眼，很容易就能被看到。他们的领导能力是有目共睹的。然而，"第一梯队"中的16名队长并不符合这一形象。

第 3 章

人才、金钱和文化

替代性理论

多年来,我一直在收集关于伟大团队特性的一些理论,其中大部分如"纪律"和"职业道德"等,都存在同样的根本性问题。它们太艰深了,我想不出任何量化它们的方法。

然而,在我的笔记本里,却记下了五个常被引用的优秀团队特质,似乎既合理又有研究价值。它们是拥有天赋绝伦的超级巨星、高水平的全能队员、雄厚的财力、有效管理支撑的成功文化,最后是最为人们普遍接受的解释——出色的教练。接下来我开始检验这每一个特质。

理论 1:
需要一名史上最伟大球员

人们普遍认为,精英运动团队的成功应该归功于单个运动员，这名运动员的身体素质、在赛场上的直觉能力以及关键时刻的表现都是独一无二的。在体育术语中，像这样的运动员经常被称作GOAT（Greatest of All Time），指的是有史以来最伟大的运动员。

"第一梯队"球队的队员名单很快证实了这个理论的可信度。这些名单并不仅仅包括了各色优秀球员，而是几乎全部都是优秀球员。这些球员创造了得分纪录，获得了最有价值的球员（MVP）奖项，或者被他们所在的体育联合会评为史上最伟大的运动员。在"第一梯队"的16支队伍中，总共12支球队有GOAT球员效力。他们是科林伍德，戈登·考文垂（Gordon Coventry，悉德·考文垂的弟弟）；洋基队，乔·迪马乔（Joe DiMaggio）；匈牙利队，费伦茨·普斯卡什；蒙特利尔加拿大人队，莫里斯·理查德；巴西队，贝利（Pelé）；苏联冰球队，维亚切斯拉夫·费蒂索夫（Viacheslav Fetisov）、谢尔盖·马卡洛夫（Sergei Makarov）和弗拉迪斯拉夫·特雷蒂亚克（Vladislav Tretiak）；古巴队，蕾格拉·托雷斯（Regla Torres）；澳大利亚曲棍球队，阿里森·安南（Alyson Annan）；美国女子足球队，米歇尔·阿克斯（Michelle Akers）；巴塞罗那队，莱奥·梅西（Lionel Messi）；法国手球队，尼古拉·卡拉巴蒂（Nikola Karabatić）；以及新西兰全黑队（2011—2015），丹·卡特（Dan Carter）。

GOAT理论同样适用于"第二梯队"的队伍，它们的球员包括了诸多传奇人物，如迈克尔·乔丹、棒球运动员贝比·鲁斯

（Babe Ruth）、足球运动员阿尔弗雷多·迪·斯蒂法诺（Alfredo Di Stéfano）和约翰·克鲁伊夫（Johan Cruyff）、冰球运动员韦恩·格雷茨基（Wayne Gretzky）、橄榄球运动员埃勒里·汉利（Ellery Hanley）、曲棍球运动员杜扬·昌德（Dhyan Chand），以及水球运动员迪泽·吉尔马蒂（Dezsö Gyarmati）。

毫无疑问，这些超级巨星让他们的球队变得更加强大。但很难确定的是，GOAT 球员的才能是否就是推动团队进入"第一梯队"的催化剂。在少数情况下，主要是在欧洲足球比赛中，来自顶级球队的 GOAT 球员也是其他球队的成员。迪·斯蒂法诺、克鲁伊夫和梅西都效力于他们所在的"第一梯队"或"第二梯队"球队，同时，他们还分别代表各自的国家队参赛。然而，截至 2017 年，这些超级球星都没有获得过世界杯冠军。

同样显而易见的是，GOAT 球员的存在并不是球队成功的保证。数十名 GOAT 球员曾效力于精英级别的球队。例如，卡尔奇·基拉里（Karch Kiraly）被国际排联评为 20 世纪最伟大的男子排球运动员，他所在的美国队在 1984 年和 1988 年赢得了两枚奥运会金牌，却因为未能赢得其他重要锦标赛而无法跻身顶级球队之列。阿根廷曲棍球队的中场球员卢西亚娜·艾玛（Luciana Aymar）也是如此，她曾八次获得曲棍球联合会颁发的年度最佳球员奖。在四届奥运会（2000—2012）中，她所在的球队从未获得过冠军。

如果说在某一项运动中，GOAT 球员的作用可以发挥到最大，那一定是篮球。参加篮球比赛的每支球队只有 5 名球员，在我的研究中，他们是规模最小的团队，也是每名球员的贡献应该最为重要的团队。篮球专家们有一种强烈的共识，认为超级巨星在球队中发挥着极其巨大的作用。正如迈克尔·乔丹在北卡罗来纳大学的教练迪恩·史密斯（Dean Smith）曾经说过的那样："篮球是一项团队运动。但这并不意味着所有 5 名球员的进球数应该相同。"如果 GOAT 球员是一支神奇球队的主要力量，那么显然，其影响在篮球运动中最为显著。

由于在 1956—1969 年这个阶段，波士顿凯尔特人队并没有一名天赋绝伦的进攻明星，这个事实让 GOAT 理论开始有点站不住脚了。但也许凯尔特人队是这一规则中的例外——唯一一支没有 GOAT 球员的精英篮球队。

根据体育专栏作家约翰·霍林格（John Hollinger）发明的球员效率值（Player Efficiency Rating，简称 PER），我整理了一份榜单研究 NBA 个人球员的史上最佳综合表现。PER 同时考虑了进攻和防守。该评分用球员在赛场上做出的积极贡献——不仅是进球，还包括盖帽和抢篮板等行为——减去他们所做的消极事情，比如错失投篮或失误。然后，根据球员的上场时间进行相应调整，最后，用数值表示出 PER。

以下是截至 2016 年 NBA 史上单赛季 PER 评分最高的 10 名球员：

1. 威尔特·张伯伦（Wilt Chamberlain）	31.82	1962—1963 旧金山勇士队（San Francisco Warriors）
2. 威尔特·张伯伦	31.74	1961—1962 费城勇士队（Philadelphia Warriors）
3. 迈克尔·乔丹（Michael Jordan）	31.71	1987—1988 芝加哥公牛队
4. 勒布朗·詹姆斯（LeBron James）	31.67	2008—2009 克利夫兰骑士队（Cleveland Cavaliers）
5. 迈克尔·乔丹	31.63	1990—1991 芝加哥公牛队
6. 威尔特·张伯伦	31.63	1963—1964 旧金山勇士队
7. 勒布朗·詹姆斯	31.59	2012—2013 迈阿密热火队（Miami Heat）
8. 斯蒂芬·库里（Stephen Curry）	31.46	2015—2016 金州勇士队（Golden State Warriors）
9. 迈克尔·乔丹	31.18	1989—1990 芝加哥公牛队
10. 迈克尔·乔丹	31.14	1988—1989 芝加哥公牛队

根据篮球数据统计网站 basketball-reference.com 的数据，以下是职业生涯中 PER 得分最高的五名球员：

1. 迈克尔·乔丹	27.91
2. 勒布朗·詹姆斯	27.65
3. 沙奎尔·奥尼尔（Shaquille O'Neal）	26.43
4. 大卫·罗宾逊（David Robinson）	26.18
5. 威尔特·张伯伦	26.13

如果 GOAT 理论在篮球运动中也成立的话，根据这些名单，在 20 世纪 60 年代早期，威尔特·张伯伦所在的勇士队应该获得一系列的冠军。NBA 历史上职业生涯 PER 值最高的球员——迈克尔·乔丹所在的队伍就应该是"第一梯队"的球队，紧随其后的勒布朗·詹姆斯也应该在"第一梯队"的球队中效力。

以下是进入"第一梯队"和"第二梯队"的 7 支 NBA 球队：

第一梯队

1. 1956—1969　　　波士顿凯尔特人队
2. 1998—2016　　　圣安东尼奥马刺队

第二梯队

3. 1990—1998　　　芝加哥公牛队（8 个赛季 6 次夺冠）
4. 1948—1954　　　明尼阿波利斯湖人队（Minneapolis Lakers，6 个赛季 5 次夺冠）
5. 1979—1988　　　洛杉矶湖人队（Los Angeles Lakers，9 个赛季 5 次夺冠）
6. 1983—1987　　　波士顿凯尔特人队（4 次进入总决赛，2 次夺冠）
7. 2010—2014　　　迈阿密热火队（4 次进入总决赛，2 次夺冠）

对比这些图表，我发现了一些令人鼓舞的线索。勒布朗·詹姆斯让迈阿密热火队（2010—2014）进入了"第二梯队"，而在马刺队 19 个赛季的"第一梯队"卓越表现中，大卫·罗宾逊（职业生涯 PER 得分排名第四）参加了其中 5 个赛季的比赛。迈克尔·乔丹所在的公牛队在8个赛季中获得了6次NBA总冠军，他们与"第一梯队"的球队相差无几——但是他们的总冠军数量无法与凯尔特人队相比，卓越表现的稳定性也无法与马刺队相提并论。[①] 不管怎样，公牛队还是成了"第二梯队"中的佼佼者。

然而，名单上的其他球队没有为GOAT理论提供任何佐证。张伯伦或奥尼尔效力过的球队中，没有任何一支能够进入顶级梯队，而截至2016年，金州勇士队的斯蒂芬·库里只获得过一个个人奖项。然而，在以上两份PER榜单中都没有凯尔特人的球员，这成了GOAT理论遇到的最大障碍。在杰出的波士顿凯尔特人队中，职业生涯PER成绩最好的是控球后卫鲍勃·库西，排名第78位。从单赛季的PER表现来看，凯尔特人队甚至没人能进入前250名。这支篮球史上的霸主球队缺少的并不只是一名"史上最伟大球员"（GOAT）——它甚至没有一名精英球员。

这些证据都不能说明"史上最伟大球员"是我一直在寻找的万灵药。然而，它确实以一种逆向的方式消除了我之前对于队长理论的一些担忧。

令人惊讶的是，在16支"第一梯队"球队中，只有两名"史上最伟大球员"担任了队长。在其他所有案例中，历史上的霸主球队都有类似的领导层，他们的队长都不是广受关注的超级明星。

[①] 一些分析师认为，在芝加哥公牛队的全盛时期，NBA共有27~29支球队，要赢得总冠军所花费的时间较长，如果他们处在NBA仅有8~14支球队的时代，那么，它也可能和凯尔特人队一样卓越。其他观点认为，在NBA的早期阶段，球员更加集中，球员们待在一起的时间更长，这使得一般球队很难被击败。

所以，尽管这些球队拥有"史上最伟大球员"，但却没有让他们领导球队。这表明，如果有一名能带领团队走出阴暗的队长，那么，这支队伍更有可能成为精英球队。

理论2：
人才的整体水平至关重要

2010年，来自得克萨斯州两所大学的四名教育研究人员进行了一项实验，研究个人才能对团队表现的影响。实验对象是参加了一个大型调查课程的101名大学生。

在这学期的课程中，学生们进行了一系列基于阅读作业的测验，每个测验有15个问题。在单独答题后，他们被分成18个小组，每组5~7人，小组成员一起讨论，然后以小组为单位提交他们的答案。在小组环境中，他们可以看到自己哪些问题答错了，并获得改正答案的机会。

研究人员首先观察的是那些进步最小的学生小组，进步与否主要通过对比以小组为单位的成绩和成员的个人成绩来判断。这些表现不佳的团队有一个共同的特点——成员的能力差距比较大。他们的成员通常包括一名成绩优异的学术"超级明星"和一群成绩一般或糟糕的学生。研究人员曾经总结："与团队其他成员相比，明星成员的地位越高，整个团队的成绩就越差。"如果被问及是否想要一个成绩好的人加入他们，大多数团队都会毫不犹豫地给出肯定的回答。但是，在参加测验时，这个明星的出现实际上会产生负面影响。

那么,什么样的团队表现最好呢?

在这项研究中,表现最好的那些学生小组里,成绩不错的学生数量较多——尽管不一定是明星学生——他们之间的能力差距不大。换句话说,最好的团队拥有"一群"高于平均水平的成员。

为了弄清楚为什么会这样,研究人员听取了这些小组进行讨论时的录音。在那些能力差距巨大的小组中,"超级明星或表现最好的团队成员主导了讨论"。当这个人控场时,其他学生表现出了一种退缩的倾向,即使他们相信——实事求是地说——那个成绩好的人错了。正因为如此,他们小组的成绩受到了影响。

回到体育领域,在只有一名出色球员的球队中,我也看到过同样的情况。在这些团队中,即使是在技术相对较差的球员处于空位时,明星球员也坚持绝大多数的球由自己来投,这种情况下,普通球员通常会遵从明星球员的想法。

然而,研究人员发现,在成员能力比较平均的小组中,关于测验答案的讨论过程会更加民主。这些小组的很多成员都会参与,往往讨论的时间更长、讨论得更彻底,每个人都有发言权。研究人员总结说,这类团队往往"能够达成共识,选出正确的答案"。换句话说,这项研究表明,在规模大小和篮球队差不多的团队中,全体成员的才能水平和民主工作的能力,远比一名颇有成就的成员所拥有的个别技能更有价值。研究人员写道:"只有当团队中其他人的得分也都相对较高时,拥有一名超级明星才会对团队的整体表现有利。"

同样的原则——人才集群的力量——似乎也适用于许多不同学科的著名团队。例如，在商界，九位老人共同创建了华特·迪士尼（Walt Disney）动画工作室，几名程序员开发了谷歌搜索算法；历史学家经常引用美国宪法制定者的光辉事迹；在科学界，有三个国家参与的曼哈顿计划研制了第一枚核武器，来自牛津大学的团队开发出了盘尼西林，一小群苏联工程师设计出了人造卫星斯普特尼克（Sputnik）。这些团队的驱动力并不是来自某一个有远见卓识的人，而是汇集多人才智所产生的非凡力量。

体育界也有相当数量的人才集群。一些最为突出的例子包括1992年奥运会上的美国篮球"梦之队"，其队员包括迈克尔·乔丹、拉里·伯德（Larry Bird）和"魔术师"埃尔文·约翰逊（Earvin Johnson）；1981年至1990年，美国职业橄榄球大联盟的旧金山淘金者队，有乔·蒙坦纳、杰瑞·赖斯（Jerry Rice）及罗尼·洛特（Ronnie Lott）与传奇教练比尔·沃尔什（Bill Walsh）搭档；还有20世纪50年代末的皇家马德里队，其球员阵容包括阿尔弗雷多·迪·斯蒂法诺、费伦茨·普斯卡什、弗朗西斯科·根托（Francisco Gento）和雷蒙德·科帕（Raymond Kopa）。这些队伍都进入了"第二梯队"。

为了验证"集群理论"是否能够解释"第一梯队"的成功，我转向了棒球。如我之前所提到的，在这项运动中，队友互动的作用很有限，而球员的个人表现影响更大。研究表明，一支棒球队如果持续增加人才，其收益不会递减。也就是说，一个棒球队中的明星球员越多，团队表现就应该越好。如果人才集群和卓越表现之间存在相关性，那么，在棒球运动中就一定会有所体现。

为了找出棒球史上最有天赋的球队，我使用了球员综合评价指数（Wins Above Replacement，简称为 WAR），这实际上是一个公式，用来计算每名球员对球队的贡献比统计的平均水平多出（或少）多少。根据 FanGraphs 发布的数据，我综合了各队球员的 WAR 值（包括击球和投球）得到团队的 WAR 值，然后得出截至 2015 赛季棒球史上十大强队，名单如下：

1. 1927 年纽约洋基队　　　　　　　　　　　66.3
2. 1969 年巴尔的摩金莺队（Baltimore Orioles）　65.1
3. 1998 年亚特兰大勇士（Atlanta Braves）　　64.6
4. 2001 年西雅图水手队（Seattle Mariners）　63.3
5. 1905 年纽约巨人队（New York Giants）　　61.4
6. 1976 年辛辛那提红人（Cincinnati Reds）　　60.5
7. 1997 年亚特兰大勇士　　　　　　　　　　60.3
8. 1944 年圣路易红雀队　　　　　　　　　　59.4
9. 1939 年纽约洋基队　　　　　　　　　　　59.3
10. 1931 年纽约洋基队　　　　　　　　　　 59.3

这份名单显示，20 世纪 20 年代末和 30 年代初的洋基队——其"谋杀者"阵容包括贝比·鲁斯和卢·格里克（Lou Gehrig），在 1927 年打出 158 个全垒打（为联盟平均水平的三倍多）——是那种应该进入"第一梯队"的球队。这份名单还断言了 20 世纪

90年代末亚特兰大勇士队的重大成就，该队是唯一一支连续两个赛季上榜的球队。尽管洋基队天赋异禀，在三年内两度夺得总冠军，却并没有进入"第一梯队"或者"第二梯队"。从1991年到2005年，亚特兰大勇士队连续14次赢得分区冠军，这让他们进入了"第二梯队"，但他们只赢得了一次世界职业棒球大赛冠军。

即使是在棒球这个没有太多超级明星的运动中，最有天赋的俱乐部也没能成为其中的翘楚。

然而，名单最显著的问题是缺少了洋基队（1949—1953）——"第一梯队"里唯一的一支棒球队。在获得五连冠期间，这支球队里有一些极为杰出的球员，包括进入名人堂的尤吉·贝拉和菲尔·瑞兹托（Phil Rizzuto）。乔·迪马吉奥（Joe DiMaggio）在连胜期的前三个赛季参加过比赛，尽管当时他的职业生涯正在走下坡路。1951年，米奇·曼特尔（Mickey Mantle）以新秀身份加入球队，但他的颠峰时期还没有到来。

然而，从统计数字上看，洋基队根本就不是霸主球队。在五连冠期间，洋基队表现最佳的球员就单赛季WAR值而言，是1950年的瑞兹托，排名第七。虽然洋基队的经理卡西·史丹格尔（Casey Stengel）确实喜欢根据对手球队先发投手的可能性来"排"球员——这限制了他们的上场时间，并压低了他们的统计总分——但很难证明这支球队是最有天赋的球队。根据我看到的每项指标，从简单的数据，如本垒打、击球率，或防御率，到更复杂的指标，洋基队都表现平平。以WAR值来看，他们的综合才能历史排名从未高于第 150 位。而在 1953 年，当洋基队赢得第 99 场比赛时——连胜期间赢得比赛场数最多的一个赛季——它的 WAR 总分才勉强进入洋基队历史上的前 10 位。

为了再给"集群理论"一次机会，我查看了西班牙足球霸主皇家马德里的一项实验结果。2000 年，俱乐部主席弗洛伦蒂诺·佩雷斯（Florentino Pérez）制订了后来被称为"银河战舰"的计划。在每年夏天的休赛期，球队都会斥巨资签下一名体育界的顶级球星——这个名单陆续包括了路易斯·菲戈（Luís Figo）、齐内丁·齐达内（Zinedine Zidane）、罗纳尔多（Ronaldo）和大卫·贝克汉姆（David Beckham）等球星。最终，造就了在现代足球史上前所未见的人才集群。

这项实验的直接影响是惊人的：皇家马德里队在前三个赛季中，赢得了两个西班牙联赛冠军和一个欧冠冠军。但随着时间的推移，球队中超级明星越来越多，但却难以凝聚在一起，在接下来的三个赛季里，球队没有赢得任何冠军。尽管拥有众多的天才球员，皇家马德里队的表现却有所下降。2007 年，"银河战舰"计划取消。

我相信，得克萨斯的研究人员得到了一些有意义的结论。任何一支精英球队都需要一群技术娴熟的球员，如果他们的能力比较平均可能会更好。尽管如此，我对棒球的总体分析，尤其是对洋基队的分析，以及皇家马德里的经历，都不能支持"球队必须拥有一群人才，才能取得并维持超常的成功"这个观点。

理论 3：
只依靠财力是愚蠢的

每年，根据自由球员市场或转会市场的情况，世界各地的球迷都会开始不停地抱怨一些职业球队铺张浪费，无论是洛杉矶道奇队（Los Angeles Dodgers），还是巴黎圣日耳曼队（Paris Saint-Germain）。这一次次指责针对的是某些球队正在花钱买冠军。

当然，把大部分钱都花在购买球员上并不能保证获得冠军。以洋基队为例，从 2002 年到 2012 年，洋基队购买球员的花费比主要联盟球队的平均花费高出 12 亿美元，但是洋基队却只赢得了一次世界职业棒球大赛。我们此前已经看到了皇家马德里队拼命花钱时发生了什么。

毫无疑问，在职业运动中，挥金如土确实会带来一些竞争优势。2014 年，《经济学人》发现，在英超联赛中，球队工资是球队表现中最重要的单一变量。每个赛季，最终的联赛排名都会与球队为球员支付的工资密切相关。同样的，有几项关于棒球球员薪资的研究显示，支出远远高于主要联盟平均水平的球队，往往会赢得超过 50% 的比赛。因此，无论豪爽地花钱是否能保证冠军头衔，它确实能带来更多的胜利。

"挥金如土理论"在"第一梯队"中最有力的证据是巴塞罗那队。在 2008 年至 2013 年巴塞罗那队获得大量冠军的时期，这支球队获得了由一系列转播权、赞助和授权带来的破纪录的收益。2013 年，该俱乐部实际收入 6 亿美元（已根据通胀因素进行调整），是其 10 年前年收入的三倍，一跃成为全球第二富有的足球俱乐部，从而拥有了留住莱奥·梅西等现役超级球星的所需资金，同时还能引进新的球星。在 5 个赛季连胜的霸主时期，除了球员工资以外，仅球员转会费一项，巴塞罗那队就支付了高达 4 亿多美元。

没有人会认为金钱在足球中无关紧要。大多数球迷认为，最好的获胜方案是将高支出与人才培养结合起来——巴塞罗那队将成为使用这一方案的典范。但 16 支"第一梯队"球队的财务记录说明了一点：巴塞罗那队是个例外。

事实上，更多的"第一梯队"球队似乎都是在相对贫困的时期取得了长足的进步。澳式足球队科林伍德队资金短缺，以至于其他俱乐部经常挖走它的明星球员，而在连续称雄 NBA 的 19 个赛季的球员薪资排名中，圣安东尼奥马刺队很少能进入前 50%。即使有些团队的财力确实比他们的竞争对手更雄厚，但是他们也没有在争夺人才上大肆挥霍——洋基队（1949—1953）和匹兹堡钢人队（1974—1980）的管理者都很吝啬，他们以爱和球员们讨价还价压低工资而闻名。

在收入方面，位列"第一梯队"的职业球队和一些国家队球员之间存在巨大差异，比如巴塞罗那队必须向球员支付由市场决定的高额工资，而同样也参加国际赛事的古巴、匈牙利和澳大利亚等国家队，其球员的收入则相差甚远。由于国家队实际上垄断了本国球员，因此，他们几乎没有竞争对手。如果运动员对国家队开出的工资不满意，他们要么选择完全退出，要么放弃国籍。

"第一梯队"中的几支国家队，在比赛的时候都处于资金短缺的情况。古巴女排队员的工资非常低，国际比赛中的对手都对她们表示同情，还曾带她们出去买衣服。在1996年奥运会前，美国足球官员曾停止女足国家队队员训练，原因是女足队员为了保障以后的生活而要求涨薪，从而避免退役以后还要重新择业谋生或者啃老。

然而，在"第一梯队"中，有一支国家队的球员薪水非常重要，那就是新西兰全黑队（2011—2015）。根据规定，如果球员与其他国家的职业橄榄球俱乐部签约，则会被禁止参加国家队的比赛，作为"全黑队"的监管机构，新西兰橄榄球联盟（New Zealand Rugby Union）不得不想办法，通过支付具有市场竞争力的薪水来留住本国的顶尖球员。为此，新西兰橄榄球联盟开始出售赞助权和转播权，最终在2015年刷新纪录，为球队带来了9 300万美元的收入。

这种筹款活动确实帮助全黑队维持了一支有竞争力的队伍，但最终看来，单靠资金似乎不太可能起到推动作用。英格兰橄榄球联合会（Rugby Football Union）一年能获得近3亿美元的收入，相比之下，新西兰橄榄球联盟的收入就显得有些微不足道了。

这样看来，砸钱似乎和超常的成功关系不大。

理论4：
这是一个管理问题

我列出的第四个理论是，神奇团队是追求卓越的长期制度或获胜文化的产物。我手头有很多相关参考材料——16支"第一梯队"球队中的11支都是全球历史上最受尊敬的王朝球队的代表。

蒙特利尔加拿大队是NHL中获得斯坦利杯冠军次数最多的一支球队，它成了法裔加拿大人强烈的文化自豪感的来源。在巴西，桑巴军团也就是人们所熟知的足球国家队，不仅赢得的世界杯冠军比其他所有国家队都要多，而且成了该国的世俗宗教。欧洲冠军杯历史上排名第三的球队，巴塞罗那队，在政治身份上已经与具有独立思想的加泰罗尼亚深深地交织在一起了，球队的口号——印在其体育场的座位上——是Més que un Club（不仅仅是一家俱乐部）。历史上的成功和狂热行为交融的现象，也可以在钢人队、洋基队、凯尔特人队和科林伍德喜鹊队的球迷中看到，只是程度相对较低——这四支球队都在各自的运动项目中赢得了最多的总冠军。

这种制度的重要性体现在数以百计的细微处，从孩子们把加入这些王朝球队当作终生梦想，团队内部的原动力到球员们的工作方式。当大多数人谈到文化时，他们谈论的是一个团队的传统和习惯。然而，尽管看起来很重要，但如何度量文化是一件非常繁杂的事情。"悲伤的往事是一个团队走向成功的主要原因"这一观点，归根结底是对超常事件的认同。

这些标志性球队的球迷可能有更高的呼声和更大的期望，当他们支持的球队输球时，他们也会对球队施加巨大的压力，但最后，那些小球队的球迷也会发出许多声音。在体育领域，运动员的职业生涯很短，教练来来去去，一支球队的文化共鸣和夺冠次数在赛场上起不了作用。实际上，一个团队是否能够保持追求卓越这一传统，取决于一些相当普通的因素——高层管理者的素质。

16支"第一梯队"的一些球队高层因其高明的管理能力而受到尊敬，他们包括：商业大亨保罗·马查多·德卡瓦略（Paulo Machado de Carvalho），他在巴西足球队连续赢得世界杯冠军期间担任球队总监；洋基队的老板丹·托平（Dan Topping）、德尔·韦伯（Del Webb）和总经理乔治·韦斯（George Weiss）；匹兹堡鲁尼家族的几代人；还有2008年至2013年巴塞罗那队王朝时期，傲慢而富有争议的架构师乔安·拉波尔塔（Joan Laporta）。然而，另一些球队的高层则似乎不那么聪明。匈牙利和古巴曾经监视他们的球员并且禁止他们出国比赛，因为工资问题，科林伍德队和美国女子足球队的管理者们曾与球员发生冲突，几乎终止了他们球队的比赛。要下结论说这些球队运行良好可能还为时尚早。

如果开明的管理是保持团队文化的关键，文化是取得巨大成功的秘诀，那么这个团队尤其应该成为这一文化的倡导者——全黑队。这支队伍的名字不仅两次出现在"第一梯队"的名单中，另一时期的全黑队（1961—1969）也进入了"第二梯队"。

新西兰国家橄榄球队是世界上最杰出的王朝球队，这一事实的合理性得到了各种统计数据的证实。尽管2013年新西兰人口仅440万，规模和大底特律差不多，但是自1903年以来，全黑队在所有的国际测试赛中，赢得或打平了 80% 的比赛。它的主要竞争对手——英格兰、法国、澳大利亚、阿根廷和南非这些国家的国家队——所在的国家拥有多达新西兰十几倍的人口数量。

在这项运动的某些方面，尤其是人才培养方面，新西兰橄榄球联盟处理得非常好。正如我前面提到的，近年来，该联盟在增加收入方面做得不错，这样才能跟上那些更大、更富裕的橄榄球运动发达的国家的步伐。然而，并不是他们的所有决策都能在提高球队的获胜机会方面起到作用。

新西兰橄榄球联盟最令人困惑的举动发生在 1990 年，当时，巴克·谢尔福德自担任队长以来从未输过一场比赛，但联盟的选拔人员认定谢尔福德不再适合全黑队。放弃谢尔福德的决定引起了巨大震动，新闻媒体开始进行夜间追踪报道，还引发了新西兰历史上规模最大的抗议活动——共有 15 万人参加了 200 场不同的示威活动。果不其然，不到一个月，全黑队输给了澳大利亚队。全黑队打得不是特别好，谢尔福德的队友肖恩·菲茨帕特里克说："但把责任推到巴克身上是不公平的。"

从那时起，新西兰橄榄球联盟做出的决定越来越糟。一年后，它认为备战 1991 年世界杯应该任命两名教练，而不是一名——最后全黑队在半决赛中退出。在接下来的四个世界杯周期中，球队教练们莫名其妙地在止步半决赛时，把一名明星球员和一名曾经的队长换下了场，他们还推出了（后来又取消了）一项新奇的训练计划和一项旨在让所有人都能上场的"轮换"机制。这迫使球员们延长休息时间，导致他们归队时准备不足、技术生疏。尽管在 1991 年至 2007 年的五届世界杯中，新西兰是其中四届的赛前夺冠热门，但它要等到 24 年后才能再次夺冠。

要求新西兰橄榄球联盟的高管们从不出错，这显然不太公平。如果忽视新西兰本土橄榄球文化的推动作用则很愚蠢。然而，以历史的标准来看，无论一个团队的积极性有多高，如果管理层不断设置障碍，它是没有办法充分发挥其潜力了。而在全黑队的例子中，球队的高管们却正是经常这样做的。我们很难证明，这支球队成功的根源是否在于管理者高明的智慧。如果管理层没有提升全黑队的水平，那么它的成功文化一定有其他来源。

如果有的话，那就是新西兰橄榄球联盟在困境中的挣扎，为队长的重要性提供了另一个小证据。毕竟，从 1990 年放弃球队的不败领袖谢尔福德开始，这支队伍经历了 20 年的磨难与挫折。

理论 5：
关键在于教练

在找到与前四种理论相矛盾的合理证据后，就只剩下一种替代理论了——这个理论很难论证，因此，有必要用单独的章节进行介绍。这一理论认为，对球队表现具有决定性影响的唯一因素是它的教练或经理。

为了验证这一假设，我决定从最顶端开始，先研究美国历史上最受尊敬的教练。

本章总结

- 关于团队,最没有争议的观点是,团队的成功是人才的作用。由此可以推断,要成为历史上最伟大的球队,就应该拥有有史以来最伟大的球星,或者一群总体技能水平高于其他所有球队的球员。"第一梯队"的16支队伍中,有一些球队有很多明星球员和优秀球员,但是有些球队两者都没有。

- 当一支球队取得惊人的成绩时,人们往往会把目光投向球员之外的要素。我们倾向于认为,这样的成绩一定反映了为他们提供支撑的因素——是否比其他队伍拥有更开明的管理或更雄厚的财力。可是,体育史上持续时间最长的王朝球队却并不总是具备这些优势。

第 4 章

教练重要吗？

文斯·隆巴迪效应

1967 年，洛杉矶

低垂着头，下巴托已经解开，此时，威利·戴维斯（Willie Davis）头脑一片混乱，他一头扎进了体育场地下通道的阴影里。在半场结束时，他所在的绿湾包装工队以 14∶10 的微弱优势领先于堪萨斯城酋长队（Kansas City Chiefs），但走进更衣室，当他扫视队友们的脸时，他看得出来，并不是只有自己一个人感到焦虑。"我感到有一点害怕。"他说。

堪萨斯城酋长队勇敢的四分卫莱恩·道森（Len Dawson），在绿湾包装工队引以为傲的防守中找到了足够的空当，他的累计传球距离达到了 130 米。就在上半场比赛结束前的最后几秒钟，道森帮助他的球队突进了 45 米，进了一个外场球，而绿湾包装工队能感觉到命运的天平已经开始向堪萨斯城酋长队倾斜。

1967年1月15日，在这一天，绿湾包装工队仍然是NFL的卫冕冠军和无可争议的橄榄球之王。人们认为，绿湾所属的美国职业橄榄球大联盟，远比以酋长队为代表的新贵美国橄榄球联盟（American Football League，简称AFL）出色。这项比赛将吸引2 700万电视观众观看，并作为第一届"超级碗"而被人们铭记，这标志着这两个竞争联盟首次允许各自的冠军球队与对方同场竞技。没有人认为这将会是一场激烈的竞争——包装工队明显更有冠军相——但是酋长队似乎并不在意。在赛场上，酋长队控制了节奏并定下了基调。在距离结束还有30分钟时，比赛依然处在胶着状态。

尽管威利·戴维斯已经赢得了三次冠军，并获得了联盟颁发的最佳防守端奖，但他似乎总是徘徊在中线附近。他之所以能进入NFL，仅仅是因为克利夫兰布朗队的一位教练来看他的一位大学队友打球——直到第15轮他才被选中。在克利夫兰布朗队度过平淡无奇的两年之后，1960年他被交易到了绿湾包装工队，这支球队在过去的12个赛季中只赢得过一次冠军。"在我职业生涯的那个阶段，"他告诉我，"我可能是被完全忽略的"。

这位将戴维斯从被遗忘的角落中拯救出来的人是文斯·隆巴迪（Vince Lombardi），他在一年前接任绿湾的主教练，他推出了一些关于人才培养的新颖理论，但当时并没有大肆宣传。转机来得很快。在戴维斯的第一个赛季，包装工队以微弱的差距输掉了NFL冠军赛。之后的两年，他们连续赢得两次冠军。在1964年球队状态下降之后，隆巴迪不顾当时的种族歧视，任用价值被低估的黑人球员重建了包装工队。1965年，他进一步推进了这一策略，将戴维斯任命为球队的防守队长，这让戴维斯成了NFL中获得这一头衔的首位非裔美国人。戴维斯就职后，很快包装工队就赢得了又一个冠军。在1967年他们遇到酋长队的那场冠军赛中，戴维斯是防守端的六名黑人首发球员之一，他们其中四名后来进入了职业橄榄球名人堂。

隆巴迪发现戴维斯身上集合了体格、速度、反应和悟性等多方面优势，这很罕见。但他也发现了另一种东西——被其他人忽视的给他带来成功的强烈渴望。这也是隆巴迪在自己的骨子里所能感觉到的特质。从1954年到1958年，隆巴迪一直是纽约巨人队备受推崇的进攻协调人，他似乎注定要成为一名主教练，但从未接到过任何邀请。隆巴迪怀疑他的意大利姓氏是问题所在，尤其是涉及那些著名大学的职位时。他最后来到绿湾的唯一原因是没有其他队愿意要他。戴维斯说："隆巴迪教练感觉自己被否定了，他被审查了，然后被忽视了。"到了绿湾，他认为这是他的机会。可以向世人证明自己是不可忽视的。

由于居住地和喜欢的运动不同，大家心目中史上最伟大的教练各不相同，他们可能是排球教练大松博文（Hirofumi Daimatsu）、足球教练亚历克斯·弗格森、篮球教练菲尔·杰克逊（Phil Jackson）或冰球教练阿纳托利·塔拉索夫（Anatoly Tarasov）。但是，在大多数美国人心中，文斯·隆巴迪无疑是有史以来最伟大的橄榄球教练。

隆巴迪有着方方的下巴，牙缝很大，戴一副黑色半框眼镜，留着寸头，显得既不圆滑也不优雅。在场边，他喜欢穿西装配白衬衫，系一条细领带，戴一顶棕色的博尔萨利诺帽，像个准备去面试的消防员。在隆巴迪的绿湾时期，他把球队从 NFL 的垫底位置拉到了顶部，在 7 个赛季中赢得了 5 个总冠军。绿湾包装工队没能进入"第一梯队"的唯一原因是，该队有 3 个冠军是在 NFL 与 AFL 冠军赛开始之前的那几年里获得的。

隆巴迪与其他教练最大的不同之处在于他的演讲技巧。他的演讲简短有力，情感丰富，多采用战争类比，很好地表达出了急迫性。当时，体育记者把持着赛事报道，但他们不擅长诗歌，所以常在专栏中引用隆巴迪的话，打造了一系列数量可观的励志名言录，比如"胜利不是一切，这是唯一的事情""完美是难以实现的。但若追求完美，我们便能变得卓越"，以及"重要的不是你是否被打倒，而是你是否重新站了起来"。

中场休息快结束时，在洛杉矶纪念体育场里，包装工队的球员们静静地坐在他们狭窄的更衣室里，大家垂头丧气、神经紧张，自我怀疑的情绪正在逐渐蔓延。他们将面对的是可能发生失利的下半场比赛，根据传统，这时候该由教练发表中场讲话了。

隆巴迪站了起来，把夹克叠好放在椅子上，慢慢走到更衣室的前部。"我想跟大家说一下，"他开始说，"我想告诉你们……"

当隆巴迪开始的时候，他的腿擦过戴维斯的腿。就在这时，戴维斯注意到隆巴迪有点不太一样——他在颤抖。"一开始，我不知道该怎么办，"戴维斯说，"我不知道是什么让他的情绪如此强烈。"最后他明白了。隆巴迪颤抖的腿出卖了他，他害怕失败。

戴维斯记得，教练的讲话非常简短。"你们和堪萨斯城打了30分钟，应该已经适应他们的打法了，你们已经见过他们的所有招数，"隆巴迪说，"你们要挺住，好吗？现在我希望你们在后面的30分钟打出绿湾风格，让我们看看他们能不能适应你们。"

隆巴迪用一个问题结束了讲话："你们是世界冠军绿湾包装工队吗？你们去赛场上用行动回答我！"

当大家怒吼着走出更衣室时，戴维斯仔细研究了队友们的表情，想看看隆巴迪的话带来的影响。"它带来共鸣的方式太奇怪了，"他说，"对我们每个人来说，当我们走上球场互相看着对方的时候，就像是在对对方说，'记住教练说的话。我们得去让他们看看我们现在的实力'。"

下半场，双方一直在混战，在第四局比赛中，酋长队的四分卫道森在第三次进攻时后退传球。戴维斯在他的端位置，令人难以置信地跳了起来，甩掉前来拦截的对方队员，绕过角卫。道森感觉到戴维斯在向他逼近，过早地把球传了出去，球刚好落在他预想的接球队员身后。绿湾包装工队防守后卫威利·伍德（Willie Wood）截住了传球。当伍德开始向达阵区飞奔时，戴维斯转向前场帮他扫清障碍。他看见道森正跑在他前面，眼睛紧紧盯着伍德。戴维斯用了极大的力量把他放倒在草坪上。伍德继续跑了45米，然后射门，这次得分让包装工队以 21∶10 领先。

用某个片段预测整场比赛的结果总是很危险的。但毫无疑问，戴维斯对道森施加的压力引发了之后的拦截，这是对对手具有决定性的一击。包装工队的防守队长戴维斯，以某种方式吸收了教练心中的激情，并把它带到球场上释放了出来。绿湾包装工队在那一天还将获得两次达阵得分，同时，他们把被打傻了的酋长队死死困在得分区以外。当终场哨声响起时，绿湾 35 分，堪萨斯城 10 分。

"我不知道在橄榄球场上我是否还有过类似的经历，"戴维斯说，"每次球一断，我就觉得我所做的一切一定要比我在上半场做得更好。那次演讲中的一些东西让我发挥得更好。我认为隆巴迪教练创造了这一切。如果你看看我们下半场的表现，你就知道我们表现得更好。我们的表现之所以能提升，是因为他对我们说的那些话。"

我乘飞机去洛杉矶采访威利·戴维斯的原因是，我认为他是世界上为数不多的几个能解答我疑惑的人，我想弄清楚，到底教练是不是世界上最优秀运动队背后的主要力量。我从他的自传中了解到，戴维斯认为他们团队的成功几乎完全归功于文森特·托马斯·隆巴迪（Vincent Thomas Lombardi）激励人心的能力。

戴维斯，今年 80 岁，住在洛杉矶繁华的帕拉亚德里飞地。他的家在一个山坡上，是一栋明亮的现代住宅，可以看到太平洋的景观。退役后，戴维斯获得了 MBA 学位，拥有一系列广播电台，并在几家大公司担任董事。他成了他们那一代人中最有商业头脑的前 NFL 球员之一。

尽管如此，戴维斯始终保持着谦虚的态度，被称赞时，总是迅速地把荣誉让给别人。我怀疑他可能想通过抬高隆巴迪的地位来降低自己的贡献度。当他讲完隆巴迪的中场演讲后，我追问他，教练的几句话是否真的可以让整个球队更努力地打球。"真的吗？"我问，"隆巴迪只需要和球队谈话就能做到？"

戴维斯瞥了我一眼，笑了起来。"我告诉你，隆巴迪教练可能会成为一个伟大的牧师，就因为他说话的声音。有时候这声音会让你不寒而栗。"戴维斯转过身去，盯着窗外缓慢涌动的波浪。从他的眼神中，我可以看出他的思绪飘回到了时光久远的橄榄球场上。

接着，在长时间的沉默之后，他发出了洪亮的声音。

"废话，废话，废话！到底怎么回事？"

我听到的不再是戴维斯沙哑的男中音；这声音尖锐、有力而且急迫。我立刻明白了他做了什么：他在模仿文斯·隆巴迪。"他说的话会吸引你，影响你，"他说，"就像是他能让你提升到一个你不知道的水平。"

隆巴迪担任教练时期，自由球员时代还没有到来，他在球队中拥有的权威性是现代教练梦寐以求的。即使赢了比赛，他也可以毫不留情地数落球员，而不用担心他们负气改投他队。如果他在一个球员流动性更大的时代当教练，他的要求很有可能会吓跑球员。但是由于他的球员和包装工签约后不能随意离开，所以隆巴迪才能够打磨他们，让球员的个性和他自己的个性融合。

戴维斯认为，隆巴迪性格的核心特征是他拼命想证明自己的价值。他用自己的话以及性格直率的力量，让这种渴望具有感染力。"他在这上面花了很多心思，"戴维斯说，"直到他让每个球员都有了同样的感觉。即使包装工队打得很好，他们的表现也像一支渴望得到认可的球队。"

毫无疑问，隆巴迪确切地知道他在做什么，他明白自己天赋的力量。"至关重要的是要明白，要赢得战斗就要赢得球员们的心，"他曾经说过，"男人对领导力的反应非常惊人，一旦你赢得了他的心，他就会一直追随你。"隆巴迪补充道，"（领导力）建立在精神特质的基础之上——是一种激励人心的力量，一种激励他人追随的力量"。还有一次，他曾说，"能在黑板上做比赛规划的教练多得很。那些胜出的教练往往能够走进球员的内心并激发他们的斗志"。

威利·戴维斯对他的教练有着深深的信任，非常令人信服，我乘飞机回家时，满心期待着这种影响力——隆巴迪效应，将成为16支"第一梯队"球队的教练的共同之处。

我开始研究，在这些球队取得具有历史意义的成绩之前，这些教练有多么成功。如果一名才华横溢的教练是获胜的关键，那么，大多数教练在加入这些"第一梯队"球队时，必定已经取得了辉煌的成就。

其中最漂亮的一份简历属于科林伍德喜鹊队（1927—1930）的约克·麦克夏尔（Jock McHale）。在科林伍德开始连续四次夺冠之前，麦克夏尔已经带领他的球队八次进入澳足总决赛，并两次获得冠军。然而，当我沿着名单往下研究时，我惊讶地发现，居然没有人能与他比肩。

我把"第一梯队"的其他教练分为了三类。第一类七人，包括：波士顿凯尔特人队的里德·奥尔巴赫、巴西队的维森特·费奥拉（Vicente Feola）、古巴排球队的尤吉尼奥·乔治·拉菲塔（Eugenio George Lafita）、匹兹堡钢人队的查克·诺尔（Chuck Noll）、苏联冰球队的维克多·蒂霍诺夫（Viktor Tikhonov）、20世纪80年代新西兰全黑队的"棕熊"亚历克斯·维利（Alex Wyllie），以及法国手球队的克劳德·奥涅斯塔（Claude Onesta）。这些人在进入"第一梯队"的球队之前就声名显赫，有的是他们任主教练的球队赢得过重大赛事的冠军或者在大部分比赛中取胜，有时则是赢得过较低级别比赛的冠军。有几个人在球队获得冠军的时期担任的也是重要的辅助角色。

第二类四人：纽约洋基队的卡西·史丹格尔、蒙特利尔加拿大人队的托·布莱克（Toe Blake）、巴西队的艾莫·莫雷拉（Aymoré Moreira，1962年费奥拉生病后，莫雷拉接手球队），以及另一时代全黑队的史蒂夫·汉森（Steve Hansen）。这些人以前的履历一点也不令人羡慕。他们没有获得过任何重大赛事的冠军，要么是担任过重要球队的教练，但是被解雇了，要么是完全失败的记录。

最让人大开眼界的是第三类，包括匈牙利队的古斯兹瓦夫·塞贝斯、澳大利亚曲棍球队的里克·查尔斯沃斯（Ric Charlesworth）、圣安东尼奥马刺队的格雷格·波波维奇（Gregg Popovich）、美国女子足球队的托尼·迪奇科（Tony DiCicco）和巴塞罗那的佩普·瓜迪奥拉（Pep Guardiola）。这五位教练几乎没有任何执教经验。

这和我所预料的情形基本上是相反的，新手和半路出家的比经验丰富且有夺冠经历的人要多。此外，在"第一梯队"的16支球队中，有5支在教练辞职、退休、生病或被开除后，仍然保持着连胜纪录。

要带出一支能够获得连胜的"第一梯队"球队，并不一定要拥有大量的专业知识或者获得过大量的奖项。一个球队是否一直雇佣同一名教练似乎也不重要。

如果拥有辉煌的过去并不重要，那么关键因素是否可能是威利·戴维斯描述文斯·隆巴迪时提到的那种——激励人心的能力。

"第一梯队"的部分教练以训练强度和地狱式训练而闻名。圣安东尼奥马刺队的波波维奇和新西兰的维利就是两个突出的例子。但是，对团队里每个毒舌的人来说，总有像巴塞罗那队的瓜迪奥拉那样的人可以让他们吐槽，瓜迪奥拉总是和球员保持一定的距离，只有在必要时才会平静地与他们交谈，他很少走进更衣室。巴西队的费奥拉——一个矮胖、眼皮下垂的家伙——是如此的超然，有时候他看起来像是坐在长凳上打盹。这些人从来没有因为发表过激动人心的演讲而被人们记住，也从来没有人把他们的话当作座右铭。事实上，有些"第一梯队"的教练并不被视为鼓舞人心的人物，而是令人厌恶的对象。史丹格尔手下的许多洋基队员都认为他们的教练是个招人烦的小丑，有时他们完全无视他的指令。苏联冰球队的教练维克多·蒂霍诺夫是一个冷酷、纪律严明的人，他的队员曾公然鄙视他。

虽然鼓舞人心的能力可能是作为教练的一项重要才能，但这似乎也不是他们的共性。

我研究这些教练的另一个切入角度是战术——这些"第一梯队"的教练可能已经设计了精密的策略，让他们的团队领先于其他球队。

事实上，一些"第一梯队"的教练确实给他们的球队带来了战术上的重大进步。例如，在瓜迪奥拉的带领下，巴塞罗那队改良了一种通过精准短传来实现控球的打法，这种打法被称为 *juego de posición* 或 tiki-taka。这一策略要求球员培养第六感，根据在场上的位置，他们要知道应该把球往哪儿传，传给谁。澳大利亚曲棍球教练里克·查尔斯沃斯也因其创新而广受赞誉，他的革新中包括一套冰球式换人系统，可以让队员在训练中保持新鲜感。

然而，跟之前一样，这种模式也不成立。很多"第一梯队"的教练并不是拿过冠军的战略家。匹兹堡钢人队的查克·诺尔和波士顿凯尔特人队的里德·奥尔巴赫除了有限的几种基本进攻战术外，没有采用过其他战术，更没有留下任何值得一提的重大创新。法国手球队教练克劳德·奥涅斯塔把战术相关的工作委派给了一名助手，而古巴队的尤吉尼奥·乔治·拉菲塔则让球员们自己安排练习，设计比赛策略。巴西队费奥拉的方法则比较佛系，他经常会让经验丰富的老队员管理球队。

我决定要特别研究一下其中的一位教练——古斯兹瓦夫·塞贝斯的战术方法，他来自被称为"无敌马扎尔人"的匈牙利国家足球队，在1953年温布利体育场6∶3大胜英格兰的比赛中，他们彻底击败了英格兰队。

经过与很多富有创新精神的足球教练合作，塞贝斯逐渐形成了自己的足球哲学，这些教练中有一位是来自匈牙利的贝拉·古特曼（Béla Guttmann），他后来成了巴西一名颇具影响力的足球教练。凭借这些理念，塞贝斯带领匈牙利队打出了流畅的足球风格，这就是4-2-4阵型的前身，之后在巴西队进入"第一梯队"的王朝时期得到了完善。这些理念并不完全是新的，但对英格兰这种几十年来一直使用同样老方法的球队来说，这是里程碑式的飞跃。

对大多数欧洲球迷来说，球队能否长期保持伟大，最重要的两个因素是球队的战术和教练的才能。像财力、球员的整体水平、"史上最伟大球员"、队长以及整个球队的文化这些因素，重要性相对较低。在足球史上伟大的战术家中，塞贝斯享有突出地位。

塞贝斯以他的赛前战术讨论而闻名，在讨论中，他会在黑板上乱涂乱画、规划比赛，球队被他留下来的时间长达四个小时。

在 2008 年出版的《逆转金字塔：足球战术历史》一书中，乔纳森·威尔逊（Jonathan Wilson）将塞贝斯描述为一位"鼓舞人心、关注细节的"教练，他对细节有着敏锐的洞察力。如威尔逊所提到的，足球比赛不是在黑板上进行的。无论一支球队的策略在理论上有多高明，它在球场上的成功都需要球员去执行。而有时候球员们会有他们自己的想法。

匈牙利队的队长费伦茨·普斯卡什个子不高，身材粗壮，是一个难以驯服的人。他在球场上强硬无情，对权威有一种本能的不尊重，从不屈从于任何人。在早期职业生涯中，他经常和教练、裁判以及足球界的权威发生冲突。在 1997 年他的口述历史①里，罗根·泰勒（Rogan Taylor）和克拉拉·贾姆里奇（Klara Jamrich）写道："普斯卡什在职业生涯中的首次亮相发生在他 16 岁那年，其他球员都对他的举止感到震惊。他的声音经常是球场上最响亮的，他会发出一连串的指令，有时还会直接批评针对比他年长很多的球员。"在国家队里，他性格坦率而且思想独立，一些匈牙利人开始相信，他对国家队的控制和塞贝斯不相上下。

虽然塞贝斯承认和普斯卡什会在场下讨论球队事务，但他说普斯卡什从来没有怀疑过他的判断，也没有指挥过他。普斯卡什说，在球场上他从来没有试图协调过比赛，这在很大程度上是因为球员们相互之间非常了解，所以没有必要。他说："但如果传球方向走偏了，我会大叫一声。"普斯卡什对塞贝斯表达了深切的感

---

① 指的是《普斯卡什谈普斯卡什——足球传奇人物的生活和事业》一书。——译者注

情。他说塞贝斯是他所认识的最真诚、最诚实的人之一，是"那支黄金球队的真正核心和领袖"。

当谈到听从塞贝斯的命令时，普斯卡什曾明确表示，他有自己的想法。"他从小就在街头踢足球，"出生在匈牙利的足球记者莱斯·穆雷（Les Murray）说，"他没有接受过什么正规的训练，也不太习惯有教练。他曾经告诉我，每次比赛前，塞贝斯都会有这个讲演的习惯，当他在更衣室的黑板上画各种方块和图表时，普斯卡什都会把队员们带走，在球场的地下通道里他会告诉大家，让他们忘掉那些废话。'我们就像平时那样打'，而最后他们总是会赢。"

也许塞贝斯对他的队长行为感到担心，但他从来没有对外表达过——事实上，他对普斯卡什赞不绝口。"普斯卡什有着出色的战术需求意识和能力，能够在短短几秒钟内，意识到需要怎么做才能解决问题……他能力出众，但绝不自私，他会毫不犹豫地把球传给处在更好位置的队友。在球场上，他是球队真正的领袖，一直在鼓励和激励着大家。"

1956年，普斯卡什逃离匈牙利之后，塞贝斯和他的许多前队友继续奋战——但黄金球队的魔咒被打破了。"国家队再也不是原来那个国家队了，他离开之后我经常打他的位置，但我无法弥补他的缺阵。他不仅是一个伟大的球员和队长，也是一名'球员教练'。他能看到一切，纪律要求严明，而且能够奔跑中分析场上的形势。他在场上给出几次简短的指示就能解决我们的所有问题。"

上面的所有信息，都基于这样一个事实，即古斯兹瓦夫·塞贝斯为匈牙利这支王朝球队奠定了框架——这是千真万确的。但这并不意味着这支球队的辉煌成就源自塞贝斯和他的比赛规划。这一切更有力地证明了匈牙利队最有价值的人是球队队长，他有信心判断教练指令是否正确，当指令适合球队时选择遵循，不适合时则无视那些指令。

最后，我找不到任何证据来证明教练的战术是神奇球队取得成功的共同因素。

由于在"第一梯队"的教练身上找不到任何共同点，也没有发现任何有力的证据能够证明他们是我一直在找的万应灵丹，我开始思考一个似乎是亵渎体育运动的问题：教练真的重要吗？

费伦茨·普斯卡什曾经在重大比赛中说过："真正担负重任的不是教练，而是球员。教练可以试着营造气氛，讨论比赛，鼓励球员和解释战术，但最终球场上切实的问题还是要由球员们解决。"

这种模糊的评价是我以前听过的。当比尔·拉塞尔还在波士顿凯尔特人队效力时，在一次少有的轻松愉快的采访中，他曾经拿他的教练开涮："里德可以说是他造就了你，但他不能把球投进篮筐。"2009年，迈克尔·乔丹在他的名人堂演讲中，也表达了关于球队获胜的类似观点。他说："组织工作和夺冠有关，请不要误解我的意思，但不要把组织工作凌驾于球员之上。"

甚至有一些著名教练也表达了相似的观点。曼联的传奇教练亚历克斯·弗格森——他曾在 26 个赛季的时间里，带领曼联赢得了 13 次英超联赛冠军、5 次足总杯（FA Cups）冠军、2 次欧洲冠军联赛（UEFA Champions League）冠军，并且在全世界广受尊崇，和隆巴迪在美国受尊重的程度相当——认为教练的作用有限。"尽管我不断提高自己的领导能力，尽可能地照顾到与获胜相关的方方面面，"弗格森写道，"但从比赛开始的那一刻起，一切都超出了我的掌控范围。"

尽管研究的整体规模比较小，但几位学者和经验丰富的统计学家，还是尝试着去估算了下教练在精英级别的运动队中的相对重要性。该研究得出了以下三个基本结论：

1. 教练不会赢得很多比赛

在美国职业棒球大联盟中，每一次触击、抢断、牺牲打、更换投手都要得到教练的批准，人们普遍认为这些小决策共同决定了最终结果。但统计学家尼尔·潘恩（Neil Paine）的一项研究发现，对 95% 的联盟教练来说，在有 162 场比赛的赛季中，他们是否参与场上决策，球队成绩相差不超过或少于两场。该研究还表明，球员的作用要大得多。事实上，和联盟所有教练的决策影响力总和相比，几位顶级球星的表现对本赛季最终排名的影响更大。

2. 教练对球员的表现没有太大的影响

2009 年《国际体育财经杂志》发表了一项研究，根据 NBA 30 年的数据，来自四所大学的一组研究人员分析了球员在与新教练接触之前和之后的表现差异。在他们研究的 62 位教练中，有 14 位似乎确实让球员有所进步，而另外 77% 的教练对球员的影响为中性或负面。"我们最令人惊讶的发现是，"作者写道，"在我们的数据集中与普通教练相比，大多数教练对球员的影响并没有统计数据显示的那么显著。"即使是在研究中表现最好的教练，包括菲尔·杰克逊和圣安东尼奥马刺队的波波维奇，他们之间的差异也可以忽略不计。

3. 更换教练并不是万灵药

2011 年，荷兰经济学家巴斯特韦尔（Bas ter Weel）研究了该国顶级职业足球联赛——荷兰足球甲级联赛（Eredivisie）球队在低迷时期解雇教练带来的影响。他发现，更换了教练的低迷球队和没有更换教练取得的成绩几乎完全一样。换句话说，解雇教练并不比简单地无为而治更有效。2006 年，一项面向美国国家冰球联盟球队的类似调查也发现，更换教练的效果几乎是中性的——但在短期内，大多数更换教练的球队表现要比那些没有更换教练的球队更差。

教练不是团队的驱动力，或者教练可能大部分时间都在场边闲荡，甚至是可以互换的，这些观点对我们大多数人来说很难理解。世界上大部分像我一样，在小时候参加过团队运动的人，都是在还没有开始怀疑教练是否重要时，就形成了自己的见解。我们是天真的孩子，而他们是无懈可击的权威人物。我们的运动生涯在我们有机会改变自己的想法之前就结束了。

历史并没有给我们太多的理由来改变我们的想法。一次又一次，著名的教练们在球队之间跳来跳去，他们取得的成功别无二致——比如菲尔·杰克逊、比尔·帕塞尔斯（Bill Parcells）、唐·舒拉（Don Shula）、赫伯特·查普曼（Herbert Chapman）、何塞·穆里尼奥（José Mourinho）、法比奥·卡佩罗（Fabio Capello）、佩普·瓜迪奥拉等。现代体育的主流观点是，人才的流动性和明星运动员日益增长的自恋心理，让教练变得比以往任何时候都更加不可或缺。

文斯·隆巴迪既是一位激励大师、演说家、敏锐的心理学家，也是一位极具天赋的战术家，说到这样一位传奇人物，我们会本能地认为他是球队中最重要的角色。而且真的——为什么我们不能呢？如果一个前所未有的精英团队有一位前所未有的精英教练，那么，还需要继续分析吗？

我决定回头看看"第一梯队"中唯一一位似乎具备隆巴迪风格的教练——科林伍德队的约克·麦克夏尔。在澳式足球中，麦克夏尔被称为"教练之王"，他的职业生涯始于1912年，在科林伍德的黄金时代结束之后，他的执教成绩仍然和之前一样成功。他带领科林伍德五次进入总决赛，获得两次冠军。他在执教37个赛季后退休，总体胜率为66%。

和隆巴迪一样，麦克夏尔也是公认的激励大师，在确保团队的团结性方面有着一些不同寻常，甚至是激进的想法。首先是鄙视个人英雄。"我没有时间去为三四名球星组建一支队伍，"他曾说，"给我一群综合能力良好的球员。"正如隆巴迪所做的那样，麦克夏尔强化了这种意识形态，他对球员的控制程度是现在所无法实现的。他坚持团队中的每一名成员，无论天赋多高，工资都一样多。他还要求自己拿低薪——低到无法满足日常开销，事实上，他还在墨尔本一家酿酒厂工作才得以维持生计。在大萧条时期，科林伍德有两次要给球员降薪，麦克夏尔坚持自己也要接受同样比例的减薪。联盟中的其他球队也出过高薪挖他跳槽，但他拒绝了，因为他高度忠于科林伍德队。

麦克夏尔也很富有创新精神，他发明了一种被称为 ruck rover 的阵型，还教他的队员们以更快的速度打球和即兴发挥，因此而广受赞誉。"我一开始并没有打造足球机器的具体意向，"他曾说，"我一直都不喜欢这个词，因为它暗示着球队是一个组合，遵循一个严格的计划，而且不能思考。我们在科林伍德要求球员必须思维敏捷、具有想象力。"

他的才华和对球队的坚定信念为他赢得了球员们的极大尊重，并让麦克夏尔成为了澳大利亚的传奇人物。就像 NFL 的超级碗奖杯以隆巴迪命名一样，麦克夏尔的名字也被印在了总决赛获胜教练的奖牌上。

显然，麦克夏尔是一位特殊的隆巴迪级别的教练。在这种情况下，人们很容易直接从相关性跳到因果关系，然后得出结论，功劳完全属于麦克夏尔。但有一个重要的警告。当麦克夏尔决定用一个名叫悉德·考文垂的家伙取代球队时任队长时，他的最伟大时期——1927年至1930年的四个赛季——开始了。

在科林伍德的12年职业生涯中，考文垂是麦克夏尔精神的缩影。作为一名争球手，他很少进球，而是专注于单调的任务，比如用远踢把球清理出自家半场，给对手以痛击，以及在匆忙中做出战术调整。身高1.75米，体重86公斤，以澳式足球的标准来看，他算是小个子。他脸上挂着淡淡的微笑，发际线后移，看上去并不像球队的首席防御者，只有强壮的手臂和被撞伤的长鼻子透露出他在球场上的职责。

根据球队的历史记载，他比赛时的一个特点是"在球队遇到困难时，他能够让他们振作起来"。例如，在与竞争对手卡尔顿队（Carlton）的一场比赛中，考文垂全速冲向对方球员，"毫无必要"地将他们撞倒，因此得到了裁判的警告。后来，当一名队友问考文垂为什么他要做那些可能会被裁判警告的事情时，这位队长说他这样做是为了"重振球队"。

麦克夏尔在球队里创造了一种"我为人人"的氛围，考文垂是这种氛围的执行者。有两次，当科林伍德给球员减薪时，他的队友们差点要走出去抗议，考文垂说服了他们。如果没有他，这支球队永远也进不了"第一梯队"。

关于教练的真相是他们确实很重要。与此相反的观点是很愚蠢的。正如研究显示的那样，一些教练确实会起到推动作用，即使他们的影响并不像你想象的那么显著。当然，构建一个团队所需要的一些无形品质是用统计数据无法测算的。

但这本书讲的不是那些常胜球队的故事，而是关于团队如何才能实现持久的辉煌成就。历史上最成功的球队的教练并不是神，他们也不一定是大人物。他们中的大多数人以前没有取得过非凡的成功，以后也不会再获得这样的成就。他们的个性和处世哲学在各个领域都有所体现。

实际上，职业运动员和青少年时期的我们并不相同。当他们进入精英行列时，他们已经找到了自己的动力源泉，并进行了数千小时的练习。他们知道什么时候他们的步法需要加强，什么时候他们的体能已经下降，他们牢固地掌握了战术。要让一支球队登上顶峰，教练能做的只有这些。一支球队的命运最终取决于球员的表现。

由于文斯·隆巴迪在我们心中的形象如此高大，我们在判断时便有了盲区。我们忽略了一个事实，那就是直到威利·戴维斯出现，绿湾包装工队才成为世界冠军包装工队。我们忘了戴维斯和他的教练一样渴望胜利，而在1967年超级碗的下半场比赛前，正是戴维斯把这种共同的迫切愿望变成了行动。同样的原则也适用于匈牙利队、科林伍德队和许多其他"第一梯队"的球队，他们的教练——包括奥尔巴赫、布莱克、瓜迪奥拉、奥涅斯塔、波波维奇和史丹格尔——都和他们的球队队长关系密切，有时还会相互争论。

从这个角度来看，许多位于"第二梯队"的优秀团队似乎也是令人动容的合作关系的产物。新英格兰爱国者队的长期连胜，恰好与教练比尔·贝里希克（Bill Belichick）和他的四分卫兼进攻队长汤姆·布雷迪之间卓有成效的合作相吻合。其他球队也有类似情况：芝加哥公牛队的菲尔·杰克逊和迈克尔·乔丹、旧金山淘金者队的乔·蒙坦纳和比尔·沃尔什（Bill Walsh），以及英格兰曼彻斯特联队的亚历克斯·弗格森和中场球员罗伊·基恩。

我们还漏掉了另一个重要的事实。许多来自"第一梯队"的教练和经理，包括布莱克、瓜迪奥拉、麦克夏尔和威利，还有来自"第二梯队"的足球教练弗朗茨·贝肯鲍尔（Franz Beckenbauer）和约翰·克鲁伊夫（Johann Cruyff），在成为教练之前都曾是战绩卓著的队长。这表明，他们在球场上获得了关于队长权力的经验，而这些经验影响了他们构建球队的方式。公众倾向于将教练视为一种单一的力量。事实上，我的研究证明，即使是最受尊敬的教练也是需要人辅助的。要想成为"第一梯队"教练，唯一的方法就是找到一个领导球员的完美人选。

这样，我就排除了五种解释中的最后一种。以上分析进一步强化了我开始时提出的理论——形成一支精英团队的最重要因素是队长。

本章总结

- 小时候，我们学到的第一课就是尊重权威。我们赋予父母和老师以特权，认为我们应该由他们来塑造。而在体育爱好者心中，教练扮演的也是这种权威角色。传统观点认为，一个团队的成功主要归功于教练，而不是真正上场比赛的运动员们。因此，在一支精英队伍中，教练肯定是一种特殊的天才。但是，在"第一梯队"的16支球队中，情况并非如此。

- 也就是说，有些教练似乎拥有某种魔力。他们能够采用战术创新重新构建比赛，创建影响力远胜个人的团队文化，或者通过他们的语言（如果不是靠意念力量的话）推动球员去做一些了不起的事情。然而，在体育领域，只有当这些教练有一名球员在场上执行他们的想法时，他们才能取得最大的成功。这种伙伴关系的另一半是队长。

第二部分

队　长

成为精英领导者的七种方法

2010年秋季，比尔·拉塞尔已经退役41年了。退役后，他曾做过NBA教练、电视解说员、作家和励志演说家。这位出了名的不愿参加公开活动的名人，稍稍放下了防备，逐渐同意做那些——剪丝带、签名、颁奖——他曾经不屑一顾的事情。这时，他已经成了篮球界泰斗。

可是，对我来说，我对他的印象还停留在20世纪60年代——一个未解之谜的核心人物。即使一直在研究队长的重要性，我也没弄明白，一个曾经积极违抗体育传统、多次在公开场合出言不逊的人，怎么会成为一个优秀的领导者。

从我的研究之初，我就注意到拉塞尔和其他"第一梯队"队长的一个特点，就是当他们的职业生涯结束时，人们总是说着同样的话：再也不会有像他们这样的人了。由于他们不符合我们的领导概念模型，他们的成就被视为无法被复制的偶然现象。我在想，如果真是这样，研究他们又会有什么发现呢？

那年秋天，拉塞尔接受了《纽约时报》的采访。当时是因为奥巴马总统授予了他美国政府颁发的最高公民荣誉——"总统自由勋章"，以表彰他在体育上取得的成就和他对人权的终身支持。文章中一句简短的话，解答了过去拉塞尔最令我困惑的行为——他拒绝参加1975年名人堂的颁奖典礼。拉塞尔解释说，名人堂是一个表彰个人的机构。拉塞尔之所以拒绝，是因为他认为他的篮球生涯应该作为团队合作的象征而被铭记。据我所知，这不像是拉塞尔以前会说的话。任何优秀运动员都不会说这种话——尤其是在美国。在好莱坞的诞生地，个人主义盛行，在这里，人们为了抢购迈克尔·乔丹的鞋子愿意睡在冰冷的人行道上，大多数超级明星为了脱颖而出会费尽各种心思。

忽然之间，我把拉塞尔那些令人困惑的个性片段全部拼凑了起来。他得分不多，因为他的球队不需要他这样做。他不在意数据或个人荣誉，也不介意让队友居功。"这和合同或者金钱无关，"他曾说，"我从来没有在意过MVP奖项，也没有关注过拿到了多少代言。我只在意我们赢得了多少冠军。"拉塞尔全身心地投入防守中，去做那些细碎的苦活儿。

在我看来，拉塞尔的极端防守、以团队为导向的篮球打法，以及他在球场下那令人恼火、让人难以置信的姿态，是同一枚硬币的正反两面。他对篮球奖项的抵制是一种绝对的本能，是对把个人从集体中分离出来这种做法的拒绝。他的领导风格与外界无关，也和外界如何看待他无关。这全然聚焦在他所在球队的内部动力。只要凯尔特人能赢得总冠军，他不介意是否有人注意到他的付出。

拉塞尔的队友并不认为他性格冷漠、难以琢磨；对他们来说，他更像是一个行动派英雄：简单、赤诚、不忘初心。"拉塞尔是我身边赢得比赛最多的人，"他的队友汤姆·海因森（Tom Heinsohn）说，"他曾多次帮助我们走出困境，我们非常信任他，这是一种精神上的交融，是对彼此的信任。"

比尔·拉塞尔并不像有些人觉得的那样，是个有性格缺陷的人。我意识到他作为队长的领导风格非常与众不同，以至于几乎没有人发现他在领导。人们从未将他特殊的领导方式与凯尔特人异常的成功联系起来，这两者被认为是各自独立、互不相关的。

确实，这些"第一梯队"的队长，在他们各自的运动领域，看起来都是绝无仅有的。他们绝对不是我们想象中的完美领袖。在整理他们的传记时，我有了新的发现：这些队长非常相似。令人悚然一惊的是，他们的行为、信仰以及他们对待工作的方式都是一样的。他们所表现出来的冲动、鲁莽和弄巧成拙的行为，实际上都是故意的，目的是为了巩固团队。他们奇怪的、看似不称职的性格特质并没有带来危害，反而提高了队友在场上的效率。毕竟，这些队长们不是神经病。他们属于一个被遗忘的族群。

总体来看，他们有七个共同点。

精英队长的七个特点：

1. 极端顽强并专注于竞争。

2. 在赛场上积极试探规则的底线。

3. 愿意在幕后做一些吃力不讨好的工作。

4. 采用低调、务实、民主的沟通方式。

5. 用充满激情的行动激励他人。

6. 拥有坚定的信念和独辟蹊径的勇气。

7. 具有极强的情绪控制能力。

在本书的第二部分，我将通过队长们如何对待竞争的具体例子，分析领导力的这七个具体特征；他们如何挑战、激励队友，如何与队友沟通；以及他们如何控制自己的情绪。在这个过程中，我会用一些科学研究，解释为什么这些特征可以带来"第一梯队"级别的结果。

第 5 章

全力以赴

顽强及其带来的好处

2000 年,巴塞罗那

在开球前几分钟,戴着黑色头盔的防暴警察已在球场的各个角落就位,手持警棍随时待命。路易斯·菲戈(Luís Figo)身穿白色球衣站在边线后,伸手去摸他脖子上的皮绳,上面挂着一个羚羊角形状的护身符——用来抵御邪恶之眼的诅咒。开球前,慢跑上场时,他低头吻了一下护身符。

那是十月下旬一个潮湿寒冷的夜晚,十几万人聚集在欧洲最大的体育场——巴塞罗那诺坎普球场(Camp Nou)观看菲戈的比赛。可以肯定地说,他们中绝大多数人都在用最恶毒的眼光盯着他。当菲戈出现在观众们的视野中时,球迷们随即开始高声喧闹,非常可怕,他们吹着口哨,尖叫着:"贱人!"他们挥舞着用床单做成的横幅,上面涂写着"叛徒""骗子"和"犹大"。

当菲戈在中圈加入他的队友时，他开玩笑地用手指堵住了耳朵，然后，露出一丝疲惫的笑容，双手举过头顶挥舞，希望这个小小的致意就足够了。然而，这只是他一厢情愿的想法。随着噪音越来越大，一大堆东西从防暴警察头上飞过——硬币、瓶子、电话，甚至还有自行车链条。菲戈的嘴角拉了下来。每当他瞥向看台时，球迷们都会对他竖起中指。菲戈还没有意识到他的所作所为的严重性，但他也开始担心了。

菲戈，个子高大，头发乌黑，是一位非常英俊的边锋，他被认为是世界上最好的球员之一。三个月前，也就是2000年的夏天，这位边锋做出了一个痛苦的决定。当时，巴塞罗那队遭遇困难，决定更换主教练。在诺坎普球场踢了五个赛季的球之后，菲戈的心思开始活络。他告诉经纪人他想转会。

高薪聘请国际足球巨星的时代，或者说"银河战舰"时代还没有到来。人们普遍认为，像菲戈这样水平的球员应该效忠于一支精英球队并且一直留在那里，而不应该四处跳槽。尽管几年之后，足球行业将发生爆炸式增长，而巴塞罗那队则将从中获得巨额利润，但骄傲的球迷们仍然把这项运动视为一种部落仪式。他们认为球员与俱乐部之间的关系应该是终生的。虽然菲戈在葡萄牙出生，在里斯本开始其职业生涯，但球迷们已经视他为同胞。他们相信巴塞罗那队已经赢得了菲戈的心。

当菲戈宣布他要离开时，球迷们受到了沉重的打击。但他转会的细节让情况急剧恶化。菲戈并没有转会去英格兰或意大利淘金，而是以高达6 000万美金的转会费转投皇马。

1939年，西班牙法西斯独裁者——弗朗西斯科·佛朗哥（Francisco Franco）统治时期开始，巴塞罗那队的本土球迷来自具有独立思想，且政治态度激进的加泰罗尼亚地区，他们一直认为皇马代表执政党，是一支道德败坏的球队，而他们的球队是奋起抵抗的正义之队。这种政治分歧把西班牙的一切都扭曲成了宗派冲突的借口。出生在这两个区域的人从来没有改变过各自的立场。外界可能会对这种仇恨感到震惊，而西班牙国家德比（El Clásico）系列比赛一直在进行，这两支球队不可避免地要频繁碰面，从而引发了热烈的争论，其激烈程度不输于任何体育竞赛。有少数几名球员曾经在两支球队都踢过球，但他们中没有一个人是超级明星，更不用说是人人梦寐以求的未来金球奖的得主了。而菲戈二者兼具。这场比赛发生在十月份一个雾蒙蒙的夜晚，标志着他第一次穿着敌人的队服来到了巴塞罗那。

由于没有先例，所以大家都不知道会发生什么。比赛前一个星期，西班牙媒体一直在煽风点火。《体育杂志》刊登了一幅海报，海报上菲戈的脸被印在一张钞票上，上面还潦草地写着"守财奴"。那天，不仅体育场里座无虚席，而且还有1 000万西班牙人（约占西班牙人口的1/4）通过电视观看了比赛。不难想象，如果巴塞罗那队输了，他们的球迷会把体育场给烧了。

即使在正常情况下，菲戈也是一个很难对付的对手。他身材高大，身体强壮，速度奇快，对球有着无可挑剔的直觉，他的射门几乎是不可阻挡的。巴塞罗那队的新教练洛伦佐·塞拉·费雷尔（Lorenzo Serra Ferrer）知道菲戈会抓住这个展现自己的机会，但是无论最终赛果如何，进球都将成为他们的耻辱。

在比赛前几天，费雷尔决定给菲戈安排一个"人盯人"（足球中很少见的战术）的球员。这名球员需要紧贴菲戈——阻挡他，拦截他，并要抓住一切机会抢到球，即使这意味着需要跑位。但费雷尔面临一个问题：他认为球队的任何一名常规后卫都无法在这种压力下完成这项工作。几天来，费雷尔和他的教练组一直在仔细研究。媒体猜测他会选择来自荷兰的右后卫迈克尔·雷齐格（Michael Reiziger），因为这是球队里速度最快、经验最丰富的右后卫。在比赛的那天早上，费雷尔宣布了他的决定，人选却并不是雷齐格。他选择了一个没什么经验的 23 岁球员，名字叫作卡尔斯·普约尔。

巴塞罗那队的球迷对普约尔不太了解。这只是他加入球队的第二个赛季，他还不是一名成熟的后卫，更不用说是明星球员了。他最明显的特征不是他的比赛风格，而是他的头发——浓密厚实，长及肩膀，随着他在赛场上的奔跑而翻飞。卷曲的头发，粗粗的眉毛和一张大长脸，让普约尔在英俊整洁的队友中特别显眼，他看起来像是一名史前的狩猎者。

一年前，普约尔还难以进入首发阵容，巴塞罗那队当时的主教练路易斯·范加尔（Louis van Gaal）与战绩平平的马拉加队（Málaga）达成了一笔交易，要出售普约尔。然而普约尔没有去马拉加队，唯一的原因是他拒绝离开巴塞罗那队。球队让他留了下来，但却不知道该怎么安排他。之前，他大部分时间都在踢左后卫，之后，他被安排在了中后卫的位置，主要是因为没有人认为以他的速度可以踢边路。即便如此，他还是达不到那个位置的要求，球踢得也不怎么好。为了防住菲戈，这个来自加泰罗尼亚山区的乡下男孩将不得不转去右后卫，他得把所有事情都按照自己之前的习惯反着来做。

无论普约尔在巴塞罗那队是否有前途，费雷尔都知道他反应速度很快。上个赛季，他曾在训练中与菲戈交过手，尽管被击败，但他一点都不感到尴尬。普约尔有一个明确的优势——他极度在意菲戈的背叛。普约尔在一个名叫拉波夫拉德塞古尔（La Pobla de Segur）的小镇上长大，那里的人们极端崇拜巴塞罗那的运动队，看到巴塞罗那足球队输球时，他曾泪如雨下。也许普约尔比球队里其他任何人，都更认为菲戈的背叛是针对他的私人行为。至少，捍卫巴塞罗那队荣誉的重任应该落在一位爱国者的肩上。

当球员们上场时，诺坎普球场的气氛从未如此紧张过。普约尔、他的队友以及球场上的所有人都知道，这是一个决定未来成败的时刻。

开场哨声一响，普约尔就追着菲戈来回跑，从右翼到左翼，几乎把自己绑在了这个大个儿葡萄牙人身上。"他到哪儿我都跟着他，"普约尔说，"他在哪儿，我就在哪儿。"

从比赛中皇马发动第一次进攻时起，普约尔就开始试探裁判的容忍限度。他会瞬间把一只手放到菲戈的肩膀上，或者把一只手塞到菲戈的胳膊下面，让其失去平衡。每次菲戈都生气地甩开他的手——刺激普约尔去为犯规争辩。在最初的一次交锋中，菲戈接到球后，普约尔来到他身后，抓住他的身侧，把他转了180度，削弱了他的冲劲。对普约尔的这一行为，裁判没有予以追究。在第26分钟时，巴塞罗那队进球，以1∶0领先。费雷尔的"普约尔计划"开始奏效。

上半场最后10分钟，菲戈在巴塞罗那队的半场接到了球，但普约尔一记完美的铲球将球击飞。然后，当普约尔意识到菲戈可能会把球抢回来时，他跳了起来，腹部着地趴在草坪上，正好落在菲戈的脚前，挡住了他的去路。之后，普约尔又截住了一个传给菲戈的球，并用头将球顶走，那时，菲戈脸上闪过了一丝厌恶的表情。

快到第40分钟时，比赛到达了一个决定性时刻。巴塞罗那队开出角球后，皇马的防守队员在中场附近的左翼将球解围，而菲戈正在那里等待。意识到自己的机会已经到来，菲戈在接到球后全速冲刺，比普约尔领先了几步。考虑到菲戈的速度优势，毫无疑问，他会先拿到球，并会尝试冲向巴塞罗那队防守薄弱的球门。这个场景已经在他心中演练过上百次。

普约尔喘着粗气，汗湿的长发披散在脸上，他知道自己永远不可能在开阔的场地上追上菲戈。由于菲戈身位领先，他也不可能做到干净利落地铲球。唯一的希望就是，等到菲戈停球时，在那一瞬间拿下他。普约尔最多也只是被罚一张黄牌——虽然是警告，但他仍然可以继续比赛。最坏的情况是，如果他用鞋钉划伤菲戈，或者抢断的时候过于暴力，他可能会被红牌罚出场。当菲戈拿到球时，普约尔跑了起来。球迷们屏住了呼吸。

菲戈的计划是把球踢到前场，然后腾空跳起越过普约尔的阻截。但普约尔瞄的非常准，他正好抓住了菲戈右脚的球鞋，然后把菲戈的腿向旁边一拽。撞到普约尔还在滑动的身体之后，菲戈直接跌落到草坪上，左肩着地，他无助地滑过边线，运动的惯性把他推到场边的围挡上。球迷们高兴得大喊大叫，他们把各种垃圾扔向球场。菲戈沮丧地站了起来，听着看台上冲他发出的嘘声，任由喧闹声淹没了他。

普约尔并没有停下来为他的劳动成果沾沾自喜。他突然出现，向队友挥手示意那是一个界外球，脸上毫无表情。当裁判伸手去拿他的黑本子和红黄牌时，巴萨，可能还有普约尔，都前途未卜。黄色意味着救赎，红色意味着毁灭。最后裁判给出了黄牌。

一分钟后，皇马在巴萨的半场赢得了一个任意球机会，并指定菲戈来踢。菲戈发出一声尖叫把球踢了出去，但当球到达巴萨球员组成的人墙时，其中一名球员跳起来用头拦住了它。这名球员就是普约尔。这个来自拉波夫拉德塞古尔的多毛穴居人，在几分钟内就成了家喻户晓的名字。

在下半场，菲戈的沮丧情绪蔓延开来。第六十五分钟时，普约尔背对菲戈，挡在他和球之间，一直后退，直到把菲戈撞倒。

站起来之后，菲戈猛力出击，一拳打到了普约尔的后脑勺上。为此，菲戈领到了一张黄牌，场上响起了当晚最热烈的掌声。在第七十九分钟时，巴萨进了第二个球，就在那时，云散了，天空亮了起来。由于天气潮湿，比赛实际上已经结束。就在终场哨声响起前几分钟，浑身湿透、垂头丧气的菲戈追球追到了角球区。球迷们集体站了起来，他们大声尖叫着，对着菲戈指指点点，还把垃圾扔进球场。当两个水球落到他脚边时，菲戈停了下来，后退着离开。这次比赛，他是彻底失败了。

最终结果是巴萨以 2：0 战胜了皇马。但是记分牌无法体现比赛结果的真正含义。菲戈，这个巴萨球迷心中的犹大在赛场上失去了作用。

赛后，费雷尔对记者说，普约尔踢得"非常出色"。巴塞罗那的一家报纸称普约尔"毫不留情，无可挑剔"，而《马卡报》则称赞他是"菲戈永恒的影子，把菲戈变成了一个无足轻重的球员"。在赛后的采访中，普约尔表现得很低调，这为他进一步赢得了球迷的喜爱。他拿到了一个任务，并且完成了，他应该得到奖励。"我只有一个目的，那就是阻止他。"普约尔说。

后来，在回首过去时，普约尔承认，他在赛场上紧盯菲戈的那一天，让他在巴塞罗那一战成名。但他并不关心这个。"我们赢了，"他说，"这是最重要的。"

在 2000 年那个辉煌的夜晚，巴萨球迷并不知道接下来会发生什么。他们无法想象这个团队的表现将会如何，也无法想象卡尔斯·普约尔将会有怎样的成就。

将运动员描述为冷酷无情,说他们勇往直前,是教练能给出的最高褒奖。并不是所有的明星球员都有这种品质。有些人会有放弃比赛的倾向;有的则会在危急情况下退缩。然而,在"第一梯队"的队长中,有很多人都拥有这种特质。

比尔·拉塞尔的"科尔曼火锅",巴克·谢尔福德在南特的表现以及普约尔对路易斯·菲戈的破坏性防守都是突出的例子,当然这样的例子还有很多。例如,在1952年的一场季后赛中,由于脑震荡和前额受伤出血,蒙特利尔加拿大人的莫里斯·理查德被换下场,然而,他在第三局时又重新上场,当时,他包扎过的伤口还渗着血,就这样,他还绕过波士顿队的三名防守队员,打进了一记制胜球。

其他"第一梯队"队长出名的是他们为比赛进行准备和训练时的认真态度。在美国女足卡拉·奥维贝克(Carla Overbeck)的一段职业生涯中,她曾经接连参加了63场比赛,连续踢了3 547分钟没有离场,而古巴的米雷亚·路易斯花了很多时间练习跳跃,导致她的膝盖裂开形成了一个分离角,据医生测量,角度达30°。杰克·兰伯特在NFL选秀中被匹兹堡钢人队选中后不久,就开始出现在球队的训练场里研究影像资料——他的教练从未看到新手这样做过。兰伯特拥有极其丰富的防守知识,因此,教练把他安排在中线位,在这个位置上,他必须组织防守,还要应付大个头的内线球员。在赛季结束时,他的队友杰克·哈姆(Jack Ham)

说，"我都忘了他还是个新人。"

如果"第一梯队"中有哪位队长最能体现顽强的品质，那必须是纽约洋基队的捕手劳伦斯·彼得·贝拉（Lawrence Peter Berra）。1941年，十几岁的贝拉——他更广为人知的名字是尤吉——参加了圣路易红雀队总经理布兰奇·瑞奇（Branch Rickey）举办的选拔赛，竞争十分激烈。后来，另一个当地孩子乔·加拉古拉（Joe Garagiola）得到了一份聘用合同和500美元签约奖金，而贝拉得到的只有这个孩子的一半，没有奖金。"我认为你不会成为一个大联盟的球员。"瑞奇告诉他。

故事也许到这里就该结束了，但是贝拉坚持不懈地——每天，从日出到日落——在他家附近的沙地上进行练习。几个月后，当洋基队要签下他时，他坚持要跟加拉古拉一样，拿到500美元奖金。

1946年，当贝拉进入大联盟时，他的未来还远未确定。贝拉虽然身高只有1.7米，但他长得非常壮，胸肌发达，体重接近85公斤，需要穿17号衬衫。他有一对水罐似的大耳朵，面部突出，眉毛浓重。贝比·鲁斯和一系列偶像球员——包括卢·格里克、汤米·亨利希克（Tommy Henrich）、查理·凯勒（Charlie Keller）和乔·迪马吉奥——所立下的汗马功劳，让洋基队成了美国体育界最具魅力的品牌。不幸的是，贝拉在洋基队里显得格格不入。在体育场的看台上、报章上，甚至在他自己的休息区，人们都对他不太友善，他们会对他翻白眼、讲粗俗的笑话和做猴子动作。

体育记者吉米·坎农（Jimmy Cannon）曾把他比作"公牛企鹅"。最后，洋基队的高层——担心贝拉可能会因为被欺凌而退出棒球圈——告诉球员们别惹他。

贝拉肯定能承受这种打击。在他第一次为洋基队出赛时，他打出了一个全垒打，并在七场比赛中收获八次安打。即使他挥棒很熟练，但是他的击球风格却强化了他的小丑形象。洋基队的大部分打者都试图做好自我控制——在他们的力量范围内等待投球——但是贝拉击球的时候好像特别赶时间。当他的打数落后时，几乎每次击球他都会挥动球棒很久，好像他距离好球区[①]有一把扫帚那么远。队友们经常笑话他，因为他有时会跳起来击球，甚至向泥地上弹起来的球挥棒。

虽然人们嘲笑他"所有球都击"的策略，但是贝拉在洋基队的第一个完整赛季中命中率为0.280，长打率0.464，接近精英水平，并且只有12次三振出局。实际上，在贝拉的整个职业生涯中，他的三振率只有4.9%，大约是他那个年代的一半，比2015年大联盟球员的平均三振率低79%。事实上，棒球史上仅有10名球员能够在一个赛季打出30次或更多的全垒打，而同时三振数低于30次，贝拉就是其中之一。

贝拉在球队的未来面临着一个实际的威胁：他不是一个很好的捕手。在他的第一个赛季，贝拉的决策比较草率而且击球技术

---

① 也叫好球带，位于本垒板的垂直上空，高度在击球员击球时自然站立姿势的膝盖上沿至腋部之间的立体空间。——译者注

平平，所以他经常被换下场。"作为一个捕手，"一位记者写道，"贝拉是投手们的绊脚石。"

在他的第二个赛季，他只参加了球队一半的比赛，位置经常是在外场。洋基队的投手们更喜欢和贝拉的替补队员协作，当贝拉上场时，他们不允许他叫球。虽然洋基队在1947年进入了世界职业棒球大赛，但布鲁克林道奇队（Brooklyn Dodgers）却让贝拉丢了脸，他们抓住每一个机会跑垒，在短短三场比赛中从他手中抢到五垒，迫使洋基队把他移到外场。

1949年春训期间，洋基队经理卡西·史丹格尔决定让贝拉去上课。他请来了比尔·迪基（Bill Dickey）——一位传奇的前捕手和名人堂成员——教贝拉如何打这个位置。他们俩在一起待了几个小时，从贝拉的站位、信号传递到他的投球用力，迪基都帮他做了调整。之后是练习，迪基在近距离无情地把球扔向贝拉，而贝拉不停地击球，直到他满身都是泥和汗水。

与此同时，三位洋基的老投手——埃迪·洛帕特（Eddie Lopat）、维克·拉奇（Vic Raschi）和艾里·雷诺兹（Allie Reynolds）——断定如果他们想要赢得比赛，他们也必须帮助贝拉成为一个更好的捕手。这些投手在场外已经成了亲密的朋友，他们甚至给这个导师制度起了个代号：项目。洛帕特、拉奇以及雷诺兹向贝拉分享了他们在漫长的职业生涯中学到的一切。贝拉下决心要专注于学习，于是他和妻子卡尔曼（Carmen）搬到了新泽西，和他的导师们做邻居，这样晚餐的时候他们能边吃边谈。

贝拉的进步神速，到了 1950 年，他就不仅仅是一名还算过得去的捕手了，而是一位出色的捕手——速度快、反应敏捷、擅长拦截球。在那个赛季，他阻止了 56% 的盗垒尝试（联盟的平均水平为 49%），到 1958 年，他已经打了 88 场比赛而没有出现任何失误。贝拉也成了最常青的捕手之一，他曾 8 次领跑美国联盟，在连赛两场比赛中共击球 117 次（一些现代捕手从未实现过这样的壮举）。1962 年，当洋基队与底特律老虎队进行一场耐力赛时，37 岁的贝拉在本垒板后打了 22 局。

以最初的水平不稳定为起点，贝拉为洋基队在 19 个赛季中赢得了 14 次联盟冠军，并 10 次获得世界职业棒球大赛冠军，这是所有球员中的最好成绩。他创造了由一名捕手创下的全垒打纪录，并三次获得"最有价值球员"称号。1972 年，他入选名人堂。

毫无疑问，贝拉或任何达到最高水平的运动员都有着异常坚定的意志。但是贝拉、谢尔福德、普约尔以及其他"第一梯队"的队长所表现出的坚忍不拔的品质很罕见，即使是在精英球员中也是如此。

不同之处在于，他们天生的能力似乎与他们的成就大小无关。某种力量让他们能够做到不在意自己的不足，不理会别人的质疑。但那种力量是什么？是什么让他们一直坚持到变得卓越？

在过去的 40 年里，心理学家卡罗尔·德韦克（Carol Dweck）已经是世界上最杰出的专家，她专门关注人类，尤其是儿童如何应对挑战和困难。她致力于研究人们应对挑战的思维模式，以及如何改善这种模式。

20世纪70年代，在她最早期的一项研究中，德韦克和她的研究团队在伊利诺伊大学对60名10岁左右的孩子进行了测试。首先给他们八个相对简单的模式识别问题。在孩子回答问题时，德韦克让他们谈谈自己的想法和感受。他们完成后，德韦克又给出了四个"失败"问题，她知道这些题对这个年龄的孩子来说确实很难。当她监控他们的答题策略时，她再次要求他们分享答题时的想法。

在解决简单问题时，大多数孩子都积极地谈论考试和他们的表现。他们的表现很一致，都很快乐和自信。但当面对更难的"失败"问题时，大多数孩子的情绪变得低落。他们说自己不喜欢考试，或者感到无聊或焦虑。当被问及为什么认为自己做得不好时，他们没有把自己面临的困难归咎于问题的难度，而是归咎于自己能力不足。面对逆境，他们解决问题的能力也退化了。其实，原因只不过是他们停止了尝试。

然而，有一小群孩子表现出的反应不同。面对"失败"问题，他们继续解答。他们不认为自己笨，只是觉得自己还没有找到正确的答题策略。少数几个人的反应非常积极。一个男孩拉过椅子，搓着双手说："我喜欢挑战。"这些执着的孩子，作为一个群体，在解决简单的问题上并没有表现得更好。事实上，他们的策略表现表明，平均来看，他们的技巧反而略逊一筹。但当情况变得困难时，他们并没有灰心丧气。他们把未解决的问题看作需要通过努力才能解答的谜题。

结果很明显:"以掌握技能为导向"的孩子中有 80%,在解决难题和解决容易问题的能力上保持着相同的水平。实际上,约 25% 的小部分人,提高了他们的策略水平。这些孩子并不是更聪明,但是他们比那些感到无助的孩子表现得要好。德韦克接着指出,这两种类型的孩子有着不同的目标。无助的孩子们全神贯注于他们的表现。他们想要自己看起来很聪明,即使这意味着要回避困难的问题;以掌握技能为导向的孩子们受到学习欲望的推动,他们把失败看作提高技能的机会。

2011 年,密歇根州立大学的五名研究人员对德韦克的结论进行了检验,他们采用的方法是,监测大学生意识到自己在某个问题上犯了错误时的大脑活动。正如德韦克的研究表明的那样,当面对失败时,那些感到无助、思维模式固定的学生,大脑中的电活动基本上都停止了。他们不想寻找更新更好的策略。然而,在思考新方法时,那些以掌握技能为导向的学生的大脑活动却活跃起来。德韦克最后发现,这些孩子对能力的本质有着不同的看法。无助的孩子认为他们的技能是先天决定的。他们认为自己要么足够聪明,要么不够聪明,并且这取决于其他人的判断。热衷掌握技能的孩子相信自己的智力具有可塑性:他们认为智力可以通过努力而得到提升。"他们不一定认为每个人都是一样的,或者谁都可以成为爱因斯坦,"德韦克说,"但他们相信,只要努力,每个人都可以变得更聪明。"

虽然常识告诉我们，一个人天生的能力应该可以激发自信心，但德韦克的研究表明，在大多数情况下，能力高低与自信程度关系不大。一个人对失败的反应才是关键。

将这个结论应用到体育领域时，德韦克的研究可能可以用来解释这些"第一梯队"队长们——尽管他们不是最有天赋的运动员——是如何克服自己的弱点，超越那些更具天赋的人，从而获得更高的成就。我怀疑他们不仅是"以掌握技能为导向"的人，他们很可能属于那少数的25%，面对困难时，他们的技能和策略能力能够得到提高。因为他们认为自己的能力具有可塑性，更愿意学习和提高，而不是表现得像是有能力的样子，他们从不绝望。面对转会马拉加队的提议、在圣路易斯的选拔赛中的失败，或者在世界职业棒球大赛上表现不佳这些让人受挫的事情，虽然有一些运动员可能会认为是因为自己不够好，但这些队长们只会变得更加坚定。

然而，有一个问题，德韦克的研究没有给出答案。对于一个具有"掌握技能"思维模式的人来说，他们的目标是取得突出的个人成绩。但对于一个团队的领导者来说，只有其他队员也具有这一特质时，才能对整个团队产生影响。那么，下一个问题是：队长的顽强能让整个球队表现得更好吗？

多年来，巴克·谢尔福德已经厌倦了讲过去的经历。在采访中，他巧妙地抛出了关于他在南特受到的隐性伤害。"那是一场相当艰难的比赛。我在那场比赛中受了几次伤，"他有一次说，"这是男人的运动。你必须很坚强才能参加这项运动。如果你不够坚强，你就去玩别的。"

人们经常忽视的是南特之战随后发生的事情。1987年世界杯，在输给法国六个月后，新西兰在小组赛中净胜意大利、斐济和阿根廷156分。在四分之一决赛中，它让苏格兰队仅得了3分，然后又以49∶6击败了威尔士队，进入决赛，再次遭遇老对手——法国队。这一次，新西兰以22∶9的成绩击败了他们。

世界杯之后，教练任命谢尔福德为队长。从那一刻起，直到1990年，他在争议声中退出球队，全黑队从未经历过失败。一次也没有。似乎谢尔福德在南特表现出的那种"掌握技能"的思维模式让整个球队都开了窍，让他们变得不可战胜。但是这怎么可能呢？

在球场上，谢尔福德一直非常专注。当他不需要在更衣室里鼓励队友们努力拼搏时，他会把他们赶到球场上，在发生溃败的地方进行反思。在1989年对法国的一场测试赛中，新西兰队的穆雷·皮尔斯（Murray Pierce）的脸颊被严重割伤，需要缝合。当他走向休息区时，广播收到了谢尔福德从后面喊他的声音，命令皮尔斯回到球场。"他们没有医疗护理，"评论员说，"当你和全黑队在一起的时候，你需要承受痛苦。"在赛后被问及皮尔斯和其他受伤的队友时，谢尔福德说："我想他们能熬过今晚。"

还有一次，在全黑队以50分的优势击败威尔士队后，谢尔福德对记者说："我觉得我们的成绩可以再提高一点。"当记者提醒他，全黑队已经十次触地得分时，谢尔福耸了耸肩。"是的，这个成绩很好，"他说，"但你永远不知道，你也有可能做到 13 次，或者 14 次。"

拉塞尔、普约尔、贝拉、理查德以及所有其他"第一梯队"的队长，也都同样具有这种永不停歇的干劲。在某个决定性的时刻，他们之前的不断努力实现质变，带来惊人的进步，这让人们毫不怀疑他们会不惜一切代价赢得胜利。在每一个案例中，在确定了这个事实之后，他们的团队就开始有了转机。这种模式非常一致，这表明他们的顽强精神可能具有传导性。

法国农业工程师马克西米利恩·林格尔曼（Maximilien Ringelmann）是最早研究团队驱动力的科学家之一。1913 年，林格尔曼进行了一项实验，采用个人和小组两种形式，让学生们去拉一根绳子，同时测量他们施加的力的大小。传统观点认为，一群人产生的力比一个人产生的力要大——换句话说，拉绳子的人数越多，产生的力量越大。

但是，结果却令人惊讶。虽然每增加一个新成员，所施加的力就会增加，但平均每人施加的力却会下降。一个团队一起拉绳子和他们单独拉绳子时相比，每个人使的劲儿都变小了，而不是变大。后来，研究人员为这种现象取了一个名字，他们称之为社会性惰化。

从那时起，这个实验被重新发现，心理学家开始再次做这个研究。1979 年，俄亥俄州立大学的一组科学家要求他们的测试对象尽可能大声地喊叫，并记录下他们发出声音的分贝数。接下来，这些测试对象被分成几组，再次进行喊叫。这个研究得出的结果与林格尔曼的结论一致：每个人作为团队成员进行喊叫比他们单独喊叫发出的分贝低 20%。研究人员将林格尔曼拉绳试验变换多种形式进行实验，都得到了相同的结果。这就是人性的真相。一个人付出的努力越难以被验证，他付出的努力就越少。

为了给俄亥俄州立大学的实验加个注脚，福特汉姆大学的研究人员决定看看社会性惰化能否被克服。他们想知道一个尽了全力的人能否激励其他人提升表现。科学家们将测试者按对分组，在他们开始喊叫之前，告诉他们，他们的同伴非常努力。在这种情况下，有趣的事情发生了。这两个人喊叫起来，就像他们单独喊叫时一样用力。知道队友尽了全力，就足以促使人们付出更多。

这个实验表明，努力程度高，或只是对对方努力程度高的认知，是可以传递的。换句话说，林格尔曼效应是可以抵消的。矫正方法是，让他们知道团队中的其他人在付出时没有任何保留。

福特汉姆大学的研究似乎证实了我关于"第一梯队"队长的一些猜测：他们的坚忍表现可能对他们球队的表现产生了积极的影响。

2015 年 2 月，一个阳光明媚的早晨，卡尔斯·普约尔从前门溜进巴塞罗那市中心的一家普通酒店。现场没有公关人员或随行人员，只有一名身穿设计师牛仔裤的男子，拿着手机和一串汽车钥匙。这是快满 37 岁的普约尔，他当时刚从球队退役。他告诉我，没有退役的时候，因为要训练，所以他每天要喝 7~8 杯咖啡，现在他喝的少一些了。但是，他健壮的双腿却暗示着故事的另一个版本。"我们走吧，我们走吧。"他指着我的录音机说。

普约尔的家乡位于加泰罗尼亚山区，那里没有青年足球项目，所以他踢的是室内足球，叫作 *fútbol sala*[①]。只有他同意当守门员，大一点的男孩才会让他上场——守门的时候他经常需要不顾一切地把身体猛摔到地板上，这导致了他后来的背部问题。直到 15 岁，他才加入了一支真正的足球队。普约尔的父母从来不认为他们的儿子能踢出个什么名堂。他们总是劝他认真学习，别总是踢足球。但经过两年有序的训练之后，教练们对他留下了深刻的印象，他们给巴塞罗那队打了电话，想看看青年队能否给普约尔提供在 17 岁以上年龄组参加试训的机会。四年后，他在巴塞罗那队首次亮相。

在防守菲戈的那场比赛之后，普约尔迎来了职业生涯的迅速上升期，不仅是作为一名球员，更是作为一名领袖。他很快成为巴塞罗那队防守核心位置的常驻球员，仅仅四年后，他就被选为队长。普约尔还在 2000 年进入了西班牙国家队，后来成为该队的副队长。与此同时，巴塞罗那队成了职业足球界的霸主，拥有众多巴萨球员的西班牙国家足球队也开始称霸世界——赢得了两个欧洲杯冠军以及 2010 年的世界杯冠军，这让其成功跻身"第二梯队"。

---

① 意为"房间足球"，指的是室内五人足球。——译者注

在这整个过程中，普约尔始终保持着挥汗如雨的画风。当他的队友们有节奏地踢出漂亮、精准的传球，让对手愣神的时候，普约尔会在球场上跑来跳去，为他们善后。他会用自己的身体阻止试图射门的对手——曾经被撞得颧骨骨折，不得不戴修复面具上场。让普约尔出名的还有他的训练强度——他是最后一个结束训练的人，接着，他还会去做普拉提或瑜伽。在职业生涯早期的三个赛季里，他上场的时间比门将以外的任何人都多。

在比赛中，普约尔的无情表现在他经常需要使用医用钉枪。2012年4月，在争夺联赛冠军的激烈比赛中，对手球队的教练提醒裁判注意普约尔曾被另一名球员撞伤的前额。

普约尔冲到教练员面前，脸上带着卡通式的急切表情，表达着他不想下场的意愿。当时，除非巴萨想要换下普约尔（他们明显不能这么做），否则唯一的选择就是在场外区域为他进行伤口缝合。普约尔对此没有意见，他唯一担心的是这个过程是否够快。当队医检查伤口时，普约尔不耐烦地抓起钉枪，似乎想自己动手。当队医按下钉枪时，普约尔神色如常。然后，他跑到边线处，疯狂地向裁判挥手，示意自己可以上场了。几分钟后，普约尔重新就位，巴塞罗那队的莱奥·梅西攻入制胜一球。普约尔在接受采访时说，这件事情"没什么大不了的"。

当我给普约尔看钉枪事件的视频时，他说他希望自己能向医生道歉。"我就是他们的灾难，因为我总是给他们搞突袭。"他说。但是因为他在一支防守不太强的球队担任防守位置，所以，一秒钟他都不想错过。"如果对方进球,我会感觉很糟糕。"

当被问及为什么他在职业生涯中会有这么多严重的伤病时,普约尔将其归咎于他的踢球风格和缺乏恐惧。即使是在退役之后,他补充说:"我的踢球风格还是会像以前一样,强度也不会变。我总是觉得我必须付出一切。我也一直是这样做的。这是我尊重足球和队友的方式。"

谈到普约尔时,队友们总是说着同一个故事的不同版本。在对阵一支实力较弱的球队时,双方实力悬殊,队友们认为走走过场就可以了,但普约尔却跑动积极,就好像这是欧冠决赛一样。另一种说法是,在一场比赛的最后几分钟里,巴萨已经以8:0大比分领先,但普约尔还是全速地跑去接一个界外球。在另一场比赛中,还有三分钟比赛就要结束了,当时巴萨已经领先四球,他仍然对一位队友大喊,让他集中注意力。还有一个比较著名的事件,那是在对战弱小的巴列卡诺队(Rayo Vallecano)时,普约尔跑过去打断了两名队友的欢庆舞步。尽管巴萨刚刚打进了第五个无人防守的进球。他认为这种行为很无礼,也不想刺激对方团队,让他们增加斗志。他参加的比赛越多,巴萨就赢得越多,普约尔就越强烈地感到有必要让球队保持专注,继续努力。"胜利是困难的,"他说,"但要再次赢得胜利会更加困难——因为有了自尊心。在赢过一次之后,大多数人会觉得自己已经得偿所愿,就没有了要再赢一次的野心。"

在普约尔担任队长的头四个赛季,巴塞罗那队成了世界霸主,赢得了两个西班牙冠军和一个欧冠联赛冠军。但它的颠峰出现在2008年至2013年的五个赛季里，在此期间，它在联赛中92%的比赛保持不败，获得了四个西甲联赛冠军，两个欧冠联赛冠军以及一系列其他奖杯，同时还创下了有史以来最高的俱乐部球队埃洛等级分。在普约尔的退役仪式上，球队主席何塞普·玛丽亚·巴托梅乌（Josep Maria Bartomeu）把普约尔称为巴塞罗那队历史上最好的队长。

令我震惊的是，普约尔在球场上表现出的专注和决心，可能对他的队友产生了同样的影响，就像在福特汉姆实验室里那些努力的喊叫者起到的作用一样。当我们的采访接近尾声时，我问他是否认为自己的努力具有感染力。"我认为，当你看到一个队友竭尽所能、全力以赴时——我不是指我自己，而是任何人——你不能只是站在那里，让其他队员和你擦肩而过。"他说，"如果每个人都付出了100%，而你只付出了80%，大家是能看得出来的。所以我认为这会让每个人都做到100%付出。"

卡尔斯·普约尔坚持不懈的决心不同寻常，而且他一直愿意付出一切，这是"第一梯队"队长的一个标志，拉塞尔、谢尔福德和贝拉也具有这样的特点。但这并不是他们在竞争中脱颖而出的唯一原因。我们将在下一章看到，他们想要超越极限的欲望有时也会失控。

本章总结

- 最令人困惑的人性法则是,面对同一项任务,人们单独作业时会比集体作业时更努力——这种现象被称为"社会性惰化"。然而,这个问题是有解决方案的:需要有一个拼尽全力工作的人。

- 体育史上最伟大球队的队长们都具有锲而不舍的精神,他们总是在赛场上倾尽全力。虽然他们中鲜有最为优秀的运动员,但在比赛时,以及赛前训练和准备中,他们都表现出了极端的顽强精神。即使是在胜利已成定局时,他们也会给队友施加压力,让队友继续专心比赛。

第 6 章

明智的犯规

找到规则的弹性范围

1996 年，亚特兰大

七月的一个清晨，所有人都还没有起床，米雷亚·路易斯穿上她的运动服，蹑手蹑脚地走出了位于亚特兰大奥运村的宿舍，她来到电话亭，做了一件她的队友永远不会知道的事情。

1 400 公里外，在古巴卡马圭市郊的一间普通农舍里，一位名叫卡塔琳娜的老妇人拿起了话筒。"喂？"

起初，电话里一片沉默。接着出现了抽泣声，而后是一阵呜咽。米雷亚是卡塔琳娜最小的孩子，排行第九。她身材高挑苗条，有一双杏仁大眼，笑起来特别灿烂，会露出门牙间的缝隙，她总是用天生的热情吸引着人们。然而在内心深处，她是顽强的。在米雷亚小时候，卡塔琳娜经常看到她在院子跳起来试着从树上摘芒果，米雷亚用这种方式练习跳跃，每次一练就是好几个小时。

后来，在米雷亚 16 岁的时候，她要离开家乡加入在哈瓦那的国家排球队，卡塔琳娜不太情愿地同意了，即使后来由于米雷亚个子太小，教练告诉她不能成为一名主攻手的时候，卡塔琳娜也支持她继续留在球队。现在，她 29 岁的女儿，在电话另一端哭泣的米雷亚，在古巴已经是一位名人了。她带领古巴国家排球队赢得了一次世锦赛冠军，在 1992 年巴塞罗那奥运会上拿到了一块金牌，并连续三届获得世界杯冠军。

在所有的排球队中，古巴队的队员身材不是最高的、体格不是最健壮的，技术水平也不是最高的。但她们确实有一个巨大的优势——击球方式。在训练中，她们会把球网的高度提高 20 厘米，达到男排的球网高度。为了加强腿部力量，她们的训练方式是负重跳上高箱一百次。"她们的攻击力比一些男子排球队都强，"前美国排球教练迈克·赫伯特（Mike Hebert）说，"每一次攻击似乎都要依靠主攻手。"

路易斯身高 1.74 米，比通常的主攻手矮 10 厘米，她并不是队里的最佳全能球员。然而，与生俱来的运动天赋让她成了赛场上无可争议的明星。队友马丽尼斯·科斯塔（Marlenis Costa）说，路易斯有一次跳得太高，导致她的脚趾碰到了球网底部。"她很害怕，因为她担心自己的脚可能会在身体落下时被球网缠住，"科斯塔回忆道，"她的弹跳力让人感到不可思议。"

对于对手来说，古巴队的趾高气扬既令人不快，又让人望而生畏。在赛前热身时，球员们会全速击球，迫使球网另一边的对手们躲闪着寻找掩护。"我们是受人尊敬的，"他们的教练尤吉尼奥·乔治·拉菲塔曾说，"但并不总是受欢迎。"在古巴，她们广受人们喜爱。由于球员们都是黑皮肤，她们的成功便成了所有非裔古巴人的骄傲，对女性更是如此。她们总是面带微笑，在赛场上组织严密、沉着冷静，被称为"加勒比地区引人注目的黑人女孩"。

7月的那个早晨，当路易斯从亚特兰大给母亲打电话时，她的队友们也正被思乡和沮丧的情绪困扰着。为了参加日本的顶级职业联赛，古巴女排花了几个月的时间在那里进行艰苦训练，而卡斯特罗政权决定，奥运会结束后不允许女排队员像一些古巴的男性运动员那样，在海外参加职业比赛。

在亚特兰大，自从发现奥林匹克美容沙龙有专门为黑人女性理发的美发师之后，古巴球员们就把更多的精力和热情投入到了日常护理上，而不是进行比赛准备。古巴队在小组赛中表现得心不在焉，以悬殊的比分输给了俄罗斯和巴西，勉强挤进淘汰赛阶段。路易斯所担心的球员们失去斗志的那一天终于到来了。她知道，古巴队到了紧要关头，作为队长，她应该有所作为。

然而，路易斯有一个秘密一直瞒着她的队友们。她几年前做过手术的膝盖，现在肿得很厉害。她不确定自己在场上能发挥多大的作用。她甚至考虑过在比赛结束后退役。

路易斯把压抑已久的情绪倾注到电话里，电话线的另一头却没有任何反应。有那么一瞬间，她觉得是不是可能妈妈不知道这个电话是谁打过来的。

"妈妈，是我。"

"我是谁？"卡塔琳娜冷冷地回答。

米雷亚怀疑是不是出了什么问题，"妈妈，"她说，"一切都好吗？"

"古巴队表现得很差！"

"是的，我知道，但是……"

"听着，"卡塔琳娜说，"我生女儿，不是让她在对手面前哭泣的。别再去理发店了，我看见你换了发型。你去亚特兰大是去打排球的，不是去做头发的！"在给了女儿一些下一场比赛的战术建议之后，卡塔琳娜挂断了电话。

路易斯轻轻地擦了擦她的眼睛，努力让自己平静下来。她不希望队友看到她难过。母亲的话已经说得很明确了，她没有养过一个半途而废的人。作为世界冠军球队的队长，控制自己的情绪已经成了路易斯的责任。除了想办法让古巴女排渡过难关，她别无选择。

在下一场比赛中，古巴女排得心应手，击败了实力较弱的美国队，挺进半决赛——但她们知道现在还不是庆祝的时候。因为，在半决赛中的对手，由天才老将安娜·莫泽（Ana Moser）和激情主攻手马西娅·富·库尼亚（Marcia Fu Cunha）率领的巴西队，是她们唯一真正畏惧的球队。

巴西球员比古巴球员更高、更壮——在自信心上与古巴队不相上下。事实上，这两支队伍的气质非常相似，她们曾经是朋友，在国际比赛期间，还偷偷溜到夜总会一起参加过聚会。两年前，在 1994 年圣保罗世界锦标赛之前，巴西队明确表示她们已经厌倦了第二名。媒体引用了她们的话，她们保证会赢得比赛。当古巴队抵达时，巴西球员表现得非常冷淡，古巴球员猜测巴西队的教练禁止她们参加社交活动。尽管受到对方的冷落，尽管观看决赛的巴西观众挤满了整个露天足球场，古巴队还是以直落三局的战绩羞辱了她们的老朋友。比赛结束之后，巴西球员们甚至都没有进行眼神交流。

在亚特兰大举行的小组赛中，渴望复仇的巴西队充分利用古巴队的心不在焉，连赢三局，战胜了古巴队。路易斯知道，到目前为止，巴西只输了一局，就算她们打得再好，也有可能被对方击败。要想获胜，古巴队必须想办法让巴西队自己打败自己。是时候采取极端措施了。"在亚特兰大，我们用的是之前的策略，"路易斯告诉我，"这是绝对必要的。我们要不惜一切代价争取胜利。"

古巴队一直是在仇恨中成长的。观众越不友好，她们就表现得越好。路易斯认为巴西队并不具有她们这样的意志力。"我们知道我们能战胜她们，"她说，"她们非常热爱排球，而且性格坚强——但同时又很软弱。不，等等……不是软弱。是敏感。"

半决赛的前一天，路易斯召开了一场仅限球员参加的会议，向大家透露了她的计划。她想让她的队友在比赛中冒犯巴西队——用语言侮辱她们。

长期以来，在面对面进行的排球比赛中，大家一直都使用心理战术让自己占据上风——怒目相向、大声喊叫、幸灾乐祸，偶尔还会指指点点。路易斯认为现在应该进行战略升级了。

她的队友们感到很困惑。"你说'侮辱'她们是什么意思？"她们问。

"我们想说什么就说什么吧。"她说。

"比如说什么？"她们问。

"女人之间能说的最难听的话。"

排球运动的行为准则并没有明确禁止大喊咒骂对手——但这种行为肯定违反了体育精神，也有可能会刺激裁判把球员罚下场。但是，鉴于古巴队所面临的严峻形势，路易斯决定，先将更加崇高的体育理想放到一边。她冷静地做了一个理性的决定，要有预谋地测试规则的尺度。

在文明社会中，有两种活动可以为了追求胜利而伤害他人。一个是战争，另一个是体育。然而，在部分情况下，有一些界线是不能逾越的。

在战争中，使用化学武器、攻击平民的行为以及如何对待囚犯会受到国际公约的约束，并会由战争罪行法庭进行起诉。在体育运动中，运动员的行为准则由各种规则汇编而成，并由裁判员和重视体育精神的管理机构实施。其指导原则是，一支球队是否为了赢得比赛而努力拼搏并不重要，重要的是，这支球队是否具有荣誉感。

这一准则的起源可以追溯到英格兰，那里的上层阶级在进行他们喜欢的运动消遣时也要密切地关注礼仪。在罗德板球场举行的板球比赛以及温布尔登的礼仪规则和传统中，这种观念仍然有所体现——参赛的运动员需要穿白色运动服。参加运动的应该都是正直的女士们和先生们。他们不会用骂人的方式和对手打心理战。

随着时间的推移，这些维多利亚时代的典范已经逐渐消失，体育迷们对比赛中偶尔出现的不友善行为表现出了更高的容忍度——但并不是所有人都这么宽容。在世界范围内，不断有队长因为与球队表现无关的过失行为而被免职，如果是普通球员犯了错，可能不会受到处罚。如果一个队长逃避训练、被逮捕、批评管理层、报复起哄的球迷或因合同问题发生争吵，人们通常会用不同的标准来评判他们。

例如，在担任英格兰国家足球队队长的六年时间里，大卫·贝克汉姆受到了各种尖刻的批评，从他"可笑的"发型到缺乏"斗志"，再到他曾在世界杯四分之一决赛失利时在场边流泪。2006年，贝克汉姆非常沮丧，他辞去了队长职务。继任者约翰·特里（John Terry）之所以受到质疑，不是因为他的强硬风格，而是因为他的道德修养。他两次被剥夺了队长袖标——一次是被指控与队友的前女友有染（当时他已婚），第二次是涉嫌对对手进行种族嘲讽。在特里的种族歧视案被审理之前，英格兰足协官员为他们给特里降职的决定进行了辩解，称"英格兰队的队长无论在场上还是场下都具有较高的知名度"。

我所见过的队长中，有一位符合人们对现代领袖期望的队长，他是纽约洋基队的德里克·基特。

2003年，基特被任命为队长，这一决定得到了一致好评。他英俊潇洒、沉着冷静，不仅对待工作严肃认真，而且具有坚忍不拔的精神，基特每天都很努力地训练，强大的关键时刻击打能力为他赢得了极大的声誉。他是一名土生土长的洋基球员，也是一位多次进入"全明星赛"的游击手，他已经帮助洋基队赢得了四次世界职业棒球大赛冠军和五次美国联盟冠军。更重要的是，当时人们普遍认为拿着高薪的运动员素质不高，媒体头条充斥着他们的各种糗事：为了提高成绩而服用药物，在赛场下行为不当或者无情地漠视一切。基特让人耳目一新。

基特出现了，签了名，低下头，然后开始比赛。即使内心波涛汹涌，他也从不会表现在脸上。他从不在球场上挑事儿，甚至于发生了争斗也不会参与。他不服禁药也不撒谎。基特出生在一个稳定的家庭，从不惹麻烦而且热心公益。他完成了一项罕见的壮举：既为孩子们树立了一个积极的榜样，同时又展现了领袖人物的杰出形象。

但令我困惑的是，在担任队长的任期内，基特所获得的奖杯居然如此之少。在他担任队长的12个赛季里，洋基队只赢得过一次世界职业棒球大赛冠军。洋基队一直是一支强队，但和过去的王朝时期相比，结果证明他带领的洋基队无法成为霸主。

对于基特的粉丝——其中甚至还包括了其他球队的球迷——来说，奖杯拿的少并不重要。他的明星效应让洋基队的商业价值大幅提升——在他担任队长期间，洋基队修建了一座价值15亿美元的新球场，其年度票务收入在2010年增长超过四亿美元——是他首秀那天球队价值的两倍多。几乎所有人都对基特作为队长的领导能力交口称赞，这和他的形象和行为密切有关。人们认为基特是一个伟大的队长，因为他从来没有放纵过自己，没有任何负面行为，并且始终秉持体育精神的最高原则。

德里克·基特棒球打得好，这对球队的生意当然大有好处。然而，正如我一开始就发现的，他的个性、他的比赛方式以及洋基队在球场上的表现，都和"第一梯队"的队长有着巨大差异。喜欢做有争议的事情的精英队长绝不止米雷亚·路易斯一位。

2015年，世界排名第一的新西兰全黑队来到英格兰参加橄榄球世界杯，他们也是这项赛事的夺冠热门。然而，在对阵阿根廷那场比赛的最开始几分钟，他们似乎要屈服在压力下了。由于配合生疏、缺乏节奏，全黑队出现了漏球和传球失误的情况，而阿根廷队则斗志昂扬，用密集的防守成功抵御了全黑队的进攻。

在上半场比赛快要结束时，在主裁判判给新西兰队一个罚踢后，阿根廷队迅速占据优势——在中场线附近从一堆全黑队球员中抢过球，传给队长胡安·马丁·费尔南德斯·洛贝（Juan Martín

Fernández Lobbe）。当洛贝转到前场时，很明显，全黑队没有人在这里进行防守，洛贝顺利抵达他们的得分线。

然而，在最为关键的时刻，洛贝冲进开阔的场地时，被绊了一下，这给了全黑队足够的时间重新集结。录像助理裁判在看电视时，注意到洛贝的步法没有问题。当他经过躺在地上的那堆球员时，新西兰队的队长——侧锋里奇·麦考伸直了腿，狡猾地把脚趾伸了几厘米，绊倒了洛贝。麦考因此受到了处罚，被"小罚"十分钟。观众们无情地向他发出嘘声。

在下半场，新西兰队强势回归，在比赛的最后 25 分钟里，用两次达阵得分扭转了阿根廷队 16∶12 领先的局面，最后以 10 分的优势战胜阿根廷队。然而，比赛结束后，人们唯一想谈论的就是麦考的卑鄙行为。"有很多事情，一旦发生，你就会后悔当初不应该这么做，"麦考在接受记者采访时说，"我马上反应过来这是一种条件反射……这是不对的，我因此受到了惩罚。"

麦考的解释并没有平息人们的愤怒。长期以来，其他国家的球迷一直认为，全黑队，特别是麦考，都是骗子，他们从不放过任何一个小动作的机会，他们会用手肘撞击对手的脸部，压住被阻截的球员，或者——就像在这一事件中——伸脚绊人。英国媒体谴责麦考的行为是"卑鄙的""阴险的"，澳大利亚的一家报纸把麦考的头 PS 到了一条虫子身上。他在国内的情况也好不了多少，正如一位新西兰专栏作家所说，他的行为"玩世不恭""肆无忌惮"，这"让他罔顾规则的形象人尽皆知"。另一位则批评他违反了"新西兰人的公平竞争意识",因为,他没有立即承认自己犯规而是等到被抓住才招认,而且他没有向洛贝道歉。

麦考的这次表现是一个明显的例子,让大家看到了球员为了获得优势如何违反规则。这种行为既不具有运动员精神,也不聪明。然而,更让人恼火的是,这似乎是某种模式的一部分。对麦考来说,试探规则的弹性是一种策略。在整个职业生涯中,他总是在比赛前找到裁判,打听他们对比赛的判罚是严格还是宽松以及他们特别关注哪些细节。然后,在这些信息的帮助下,他就能违反规则,但又不超出裁判的容忍范围。一份爱尔兰报纸称麦考已经把解读裁判变成了一种"艺术形式"。

在和阿根廷队的比赛中做出挑战规则的小动作,后来表达忏悔只是因为他的行为影响到了球队,里奇·麦考的行为违反了人们普遍认同的公平竞争的理念。对公众来说,他担任球队队长只会让一切变得更糟。

麦考的行为模式和竞争道德准则并没有为他赢得全球人民的钦佩。在那次绊倒事件之后,关于他的那些议论中里奇·麦考从来没有被提及,但是没有人质疑全黑队的战绩。2015赛季是麦考担任队长的第十个赛季,他已经带领全黑队在116场比赛中取得95胜。他将成为首位也是唯一一位连续两次捧起世界杯冠军奖杯的队长。

关于"第一梯队"队长,我注意到了他们在有压力的情况下挑战规则底线的频率,而且有时候结果会很糟糕。我不能理解的是，这些突发事件有的并不是在激战中发生的冲动行为。在某些情况下，他们是有预谋的。

奥姆尼体育馆（Omni Coliseum）根本无法容纳女排半决赛的观众，这里看起来特别热闹。巴西球迷——数百人都穿着鲜黄色衣服，他们热切希望看到古巴队成为巴西队的手下败将——占据了体育馆下层，挥舞着旗帜在过道上跳舞。有人拿着小号，穿过安保人员。有些人偷偷把战鼓和金杯鼓带进了体育馆。在球员介绍环节，观众们向古巴队，尤其是米雷亚·路易斯发出了激烈的嘘声和口哨声。没有人知道接下来路易斯会怎么做。

古巴球员们身穿白色上衣和粉蓝色短裤，像之前比赛那样，接长了头发编着辫子。比赛马上就要开始了。她们在长凳边上闲晃着，不再交谈，努力保持放松——但紧张的情绪仍然映在了她们的脸上。唱完国歌后，当两队聚到球网前进行赛前问候时，伴随着冰冷地握手，大家表情紧绷，有的怒眼圆瞪，有的则躲避着对方的视线。

第一局，巴西队开门红，安娜·莫泽（Ana Moser）的一记大力扣球让她们赢得了发球权，随后，莫泽面无表情地走到后场，一记完美的发球。"巴西的直接得分！"巴西电视评论员喊道。球迷们兴奋得发狂。古巴队似乎有些组织混乱，防守的时候互相冲撞，有时候别无选择只能无功无过地吊球过网。当巴西队以10∶3领先时，路易斯俯身，向球网对面喊出了第一个侮辱性的词"臭婊子"。

巴西球员们反应平静。她们将路易斯的话转述给了裁判彼得罗斯·卡罗罗斯·谢弗（Petrus Carolus Scheffer），但他没有采取任何行动。在比分为 12∶4 时，路易斯扣球得分，同时又大骂了一句脏话，这次，谢弗挥手示意让她过去并向她出示了一张黄牌。路易斯被正式警告了。观众们不仅指指点点，还在观众席上发出嘘声。路易斯很长时间才发出一球。之前的这些侮辱没有任何效果，巴西队以 15∶5 结束了第一局。第二局时，古巴队找到了自己的节奏，在以 8∶6 领先的时候，玛加里·卡瓦加尔（Magaly Carvajal）拦网失败，然后像她的队长那样，对着巴西队骂了几句，她也收到了一张黄牌。

在古巴以 15∶8 赢得第二局后，卡瓦加尔继续对巴西的明星球员马西娅·富·库尼亚进行猛烈的语言攻击。巴西队凭借其身体优势，在第三局以 15∶10 的比分获胜，再赢一局即可终结比赛。

在休息快结束的时候，路易斯把队员们召集在一起，但没有叫教练。她告诉她们，如果继续这样下去，她们一定会输。她和卡瓦加尔一直在刺激和侮辱巴西队，现在是时候让每个人都加入进来了。

两队最终以 7∶7 打平，观众们都站了起来。从那以后，古巴队放松下来。在得分后，她们都会涌到球网前，瞪着对方，愤怒地叫骂，脖子上青筋都暴了起来。妓女、狗、丑陋的母牛，"我们还骂她们是拉拉！"路易斯回忆道。在网前的近距离接触中，卡瓦加尔说："我们甚至还向她们吐过口水。"巴西队情绪最不稳定的球员富·库尼亚首当其冲。当古巴球员骂她"狗娘养的"时,富·库尼亚回骂她们:"你们才是狗娘养的!"

巴西队再次向裁判抱怨,这一次她们更加愤怒了。古巴队教练拉菲塔尤吉尼奥·乔治·拉菲塔对路易斯的计划一无所知,他把双手放到嘴边做成喇叭状,对着队员们大喊:"集中精神比赛!"

当比分追到 13 平的时候,巴西队仅差 2 分就能获胜,但她们开始以路易斯希望的方式回应古巴队的辱骂。她们轻率地击球,硬要去救那些救不到的球,每次失误都要痛心地以掌击地。富·库尼亚几近失控,她挥舞着手臂告诫队友。巴西队的一次试图拦网让球飞出界外,这让古巴队手握局点。然后卡瓦加尔拦住了巴西队的一记扣球,取下该局。比赛即将进入第五局——决胜局。

从统计数据来看,这是一场胜负难分的比赛。古巴队有 85 次进攻和 17 次拦网得分,而巴西队相应的数据是 75 次和 16 次,同时,巴西队在发球方面领先 6 分。但是场边候补席的场景讲述的却是另外一个版本的故事。第四局的激烈情绪以及来自古巴队的侮辱,让巴西球员付出了沉重的代价。休息时,富·库尼亚大部分时间都凝视着远方。

在古巴队的候补席,尽管膝盖疼痛,路易斯还是充满活力地像兔子一样蹦来跳去,和队友们击掌庆祝。她们的教练拉菲塔已经放弃了控制球队的尝试,他坐在长凳的尽头,手指交叉放在肚子上。

即使古巴队不断辱骂她们,巴西队在第五局还是保持着强势。比分打到 2 : 2 平时，巴西球员菲兰达·文图里尼（Fernanda Venturini）向队友打了个手势让她们传球，一名古巴球员随即大喊："菲兰达，拿着这个球，把它塞进你的屁股里！"

此时，这个战略进入了最危险的阶段。裁判谢弗把两名队长叫到自己的座椅旁，问路易斯为什么她们队要侮辱巴西球员。"我告诉他，'别担心，我们再也不会这么做了。'"然后她走回队友身边，做了个手势，似乎在说"冷静点"。但是路易斯决定给这个战略加码，而不是保守地待在场上。一到了其他人听不见的地方，她就告诉队友们，"姑娘们，我们得继续侮辱她们！"

当古巴队找回昔日神采时，巴西队随之蔫了。她们一边揉着额头，一边紧张地捋着自己的头发。在意识到她们的球队情绪不稳后，巴西球迷开始骂古巴队，"杂种，王八蛋，坏心肠的女人，"路易斯回忆道，"但我们队很冷静。"

到那时为止，由于要顾及受伤的膝盖，路易斯还没有大展拳脚。但在古巴队以 12 : 10 领先的情况下，她高高地跳起，然后扣球，球直接扣到巴西队拦网手的手上。当她落下时，身体后仰，大声尖叫，释放出来自内心深处的欢呼，她的队友们马上围住了她。古巴队首次尝到了胜利的滋味。为了加强拦网，巴西队随即开始了一波绝望的换人潮，但这一策略没有奏效。很快，古巴队以 14 : 12 领先 —— 她们手握赛点。

在短暂的对攻之后，球到了古巴队手中，马丽尼斯·科斯塔把球高高抛向路易斯所在的方向。路易斯看着球不断上升，她开始调整自己的步伐。踏步，弹跳，改变方向，弹跳。当球开始下降时，她蹲到地板上，然后腾空而起。当她跳到最高处时，巴西队拦网手的头几乎和她的肚脐齐平。接着，她伸出右手，猛烈地一锤，砸到排球上。

啪！

球比巴西队拦网队员的手指高出了30厘米，呼啸着朝富·库尼亚飞去，她完全没有机会做出反应。球击中她的胸部，落在地板上。"结束了，"沮丧的巴西评论员说，他强调着每一个音节。"结——束——了。"

比赛结束了。古巴队的策略奏效了。她们在没有被罚下场的情况下，挺过了最艰难的考验，但言语攻击释放出的肾上腺素仍在涌动。路易斯和三个巴西球员面对面，怒气冲天，她开始尖叫，用拳头砸球网。巴西球员感到非常愤怒。安娜·莫泽走到路易斯身边，用手指勾住球网。"请尊重别人！"她喊道。

两队人都聚集到队长的身后。古巴队骂得更起劲了。富·库尼亚从网下探过身子，向古巴球员冲了过去，卡瓦加尔伸出一只胳膊，抓住她的脖子，猛地把她的头向后拧去。拉菲塔看出双方的恨意正在翻腾，便把卡瓦加尔推离混战。"退后！"他大声说，"退后！"

当两队在通往更衣室的通道里遇到时，她们又开始了叫骂和推搡。安保人员过来了。富·库尼亚把毛巾扔向古巴队，古巴队又把毛巾扔了回去。进入地下通道后，巴西球员安娜·保拉·康纳利（Ana Paula Connelly）撞到了古巴球员赖莎·奥法里尔（Raisa O'Farrill）。奥法里尔抓住康纳利的头发，把她拽到地上。这成了导火索，接下来就出现了拳头乱飞的场景。"所有的巴西球员都出来了，然后是古巴队的人也出来了，我站在两队中间，"路易斯说，"我很幸运，她们没有打到我。"在亚特兰大警方赶到之前，她们不停地向对方投掷水瓶、互殴。当时有十二名警察，路易斯说："而且他们块头很大。但是，当女人吵架的时候，谁都拿她们没办法。"

秩序一恢复，警察便告诉古巴队不要离开更衣室，因为巴西队正在考虑提出指控。在与排联官员协商后，巴西队决定不予追究，但排联对古巴队的行为进行了官方谴责。直到凌晨三点，当最后一批愤怒的巴西球迷离场后，古巴队才被允许离开。

这场比赛将被称为排球历史上最伟大的对决，但也是排球史上最尴尬的一场比赛。其影响令人困惑。路易斯的行为并不像麦考伸脚那样是冲动之举——而是一次有计划的进攻，违反了公平竞争的理念。它确实也奏效了。这些辱骂唤醒了古巴队，同时导致了巴西队的混乱，最后，她们自己击败了自己。"她们得到了她们想要的。"巴西队的维娜·迪亚斯（Virna Dias）后来说。

尽管古巴队在金牌争夺战中击败了中国队，并将她们的历史性连胜一直延续到四年之后路易斯退役，但是我无法回答一个一直萦绕在我脑海里的问题。在这场比赛中我们应该如何看待路易斯的"领导力"？这是真正的冠军还是野蛮人？

当然，为了推动自己团队的进步和发展而对其他人做出丑陋和不友好行为的精英领袖们，并不仅仅出现在体育运动中。其他有竞争的领域也有类似的例子，包括——尤其是——商界。

在被驱逐多年后，史蒂夫·乔布斯于 1997 年重返苹果，担任首席执行官。曾经的苹果公司是一家规模不大、连年亏损的电脑制造商，一直将微软视为自己的竞争对手，乔布斯后来将苹果变为了一家无可匹敌的创意巨头，发布了一系列引发文化变革的产品。2012 年，苹果成了美国历史上市值最高的公司。

然而，一路走来，乔布斯为自己赢得了一个严酷监工的名声，他经常严厉批评员工的工作，把他们骂哭。在 2011 年出版的乔布斯传记中，沃尔特·艾萨克森（Walter Isaacson）提到了一件事情，乔布斯在得知新款 iMac 配的是光驱而不是插槽后，对工程师们大发雷霆。乔布斯曾经因为芯片制造商没能按时交货而骂他们的员工"他妈的没用的白痴"。2008 年夏天，苹果推出的新品 MobileMe 遭到了毁灭性的批评。"谁能告诉我 MobileMe 应该有哪些功能？"他问道。在听取了团队成员的回答后，他说，"那他妈的为什么没有这些功能呢？"

乔布斯当场解雇了 MobileMe 团队的负责人。

在工作场合斥责员工、贬低他们的工作、把他们骂哭，毫无疑问，这是人们无法接受的。但本质上乔布斯没有违反任何法律，很显然，他完全无视人际关系的主流规则，而且他似乎并不在乎这些。

乔布斯的性格缺陷已经造成了很多问题。这些事件是他的批评者所引用的证据，他们认为他是一个混蛋和恶霸，并暗示苹果成为一家卓越企业在某种程度上是有污点的、不可复制的。然而，经常被人们忽略的是，在许多情况下，他们响应了这些责难。虽然过程丑陋，但结果却很辉煌。从这个意义上说，乔布斯和"第一梯队"的队长是一样的，他的领导方式也带来了同样的道德窘境。

1961年，匹兹堡大学的心理学家阿诺德·巴斯（Arnold Buss）出版了第一本关于人类攻击性的综合性书籍。基于实验室的部分实验，他得出了这样的结论：人们表现出两种截然不同的攻击性：第一种是"敌对型"，这种情绪由愤怒或挫折所驱动，因为看到有人受伤或受到惩罚而激发；另一种是"工具型"，这种行为的动机不是想伤害别人，而是为了实现一个有价值的目标。

巴斯认为，这些有所图谋的行为——都有特定的目的，但没有公然违反规则，也没有害人之心——可能根本不具有攻击性。往好听了说，可以算是过于自信。"你必须把自信和攻击性区分开来，"巴斯说，"它们之间的关联性很低。"

自那以后的几十年里，发展心理学家一直在研究这样一种观点，即"工具型"攻击行为可能并不总是无益的，而具有攻击性的人在处理社交难题方面可能会特别机敏。在2007年出版的《侵略与适应：不道德行为的光明面》（*Aggression and Adaptation: The Bright Side to Bad Behavior*）一书中，一组美国心理学家指出，几乎所有最有野心、最有权势、最成功的商界人士，都会表现出一定程度的敌意和攻击性。作者们并没有去争辩这些行为构成了"道德之善"，但也没有把它们视为恶行而不予理会。"攻击行为为个人成长、目标实现和获得同龄人的尊重提供了手段。"他们在书中写道。

当这些观点被应用到史蒂夫·乔布斯、米雷亚·路易斯、里奇·麦考以及其他一些有时会越界的"第一梯队"队长身上时，他们做的那些有争议的事情就有了不同的解读。他们试探规则的边界不是为了伤害别人，尽管可能会造成身体或情感上的伤害。他们的目标是赢。毫无疑问，那些习惯挑战规则边界的队长们，永远不会像德里克·基特那样受到大众的尊敬。但这一理论表明，把他们的行为称为暴徒行径过于简单粗暴了。这些激进的行为挑战了人们的忍耐限度，但也确实起到了一定的作用。

攻击性是一种技能，这一观点得到了许多精英队长出于本能的认同。法国马赛足球队（Olympique de Marseille）和法国足球国家队——这两支球队都进入了"第二梯队"——的前队长迪迪埃·德尚（Didier Deschamps）的经历很好地说明了这个观点。在他觉得需要犯规的时候，他的行为背后总是隐藏着攻击性，"但我从来没有想过要伤害别人，"他说，这些行为都是为了谋求更大的利益，"尽管我们称之为'聪明的'或'有用的'犯规，但仍然是犯规，一旦我被黄牌警告，那就不会有更糟糕的后果。"德尚说，关键是做好自我控制，知道什么时候犯规没事儿，什么时候会"超出裁判的容忍范围"而被处罚。"这要靠你去感觉。这是一种感觉，也是一种悟性。"

1986年，加州大学伯克利分校的布伦达·乔·布雷德梅尔（Brenda Jo Bredemeier）和大卫·希尔兹（David Shields）采访了40名运动员，来了解他们对于攻击性的态度。两人发现这些研究对象已经对这个问题进行了很多思考。运动员们觉得体育运动让他们摆脱了道德的束缚——在比赛中，他们可以努力比赛、争取胜利，而不用担心其他人的看法。"当你在赛场上时，"一名参与者说，"在足球比赛中，球员的行为是受到规则约束的。在比赛之前和之后，行为则由道德来约束。"参加调研的运动员们还指出，规则有一定的灵活性，他们可以相应地调整自己的行为。"你应该遵守规则，"一名参与者表示，"我有时候也会这样做——但不会太明目张胆。"

在这项研究中，运动员们对哪些类型是合理的攻击行为意见不一，但他们都有一个基本共识：为了让对手遭受痛苦而伤害他们是不对的，但如果粗暴地对待对手，目的是为了让他们感到恐惧或者声东击西，则是可以接受的。如果被问及米雷亚·路易斯或里奇·麦考的行为，这些运动员的看法肯定不会像公众那么负面。

布雷德梅尔和希尔兹的结论是，体育运动中攻击行为的道德含义取决于许多变量，其中一个变量是它发生的"框架"。作者写道，运动员在比赛中处于一种"游戏框架"中，他们参与"游戏推理"，这允许他们采用与外部世界不同的行为准则。他们把这种现象称为"内隐道德"。这意味着，当运动员走上运动场时，他们就进入了一个平行空间——这里有着不同的边界，在这里，遵守道德并不总是正确的。换句话说，一旦有人进入这个游戏框架，他们就会以不同的方式判断自己的行为，即使在外部世界时，他们并不会这样。

2015年的一个下雨天，米雷亚·路易斯在哈瓦那看了一段1996年奥运会半决赛对阵巴西的视频，视频记录了古巴队得最后一分的场景以及随后她在球网边的滑稽表现，既可笑又窘迫。"那是一个最有力量的时刻，我们充满着专注力和能量，一切都在颠峰时期，"她解释道，并将手高举在桌子上方演示。我问她，她的这些举动是否有意挑衅、羞辱巴西球员。"不，"她说，"这是一种庆祝——可以说是一种解脱。"

对大多数人来说，她们的斗殴可能看起来像是比赛的自然延伸——但路易斯却有不同的看法。一旦比赛结束，攻击行为的唯一影响就是危及古巴赢得决赛的机会。斗殴发生时，她站在队友和巴西队之间，恳求她们停下来。"对我来说，确保没有人受伤是非常重要的。"她说。

在赢得决赛后的颁奖仪式上，古巴队被狂嘘。拉菲塔在接下来的两个赛季被解除了教练职务——很可能是因为他无法控制球队——但古巴队在接下来的四年里仍然保持了霸主地位。

我问路易斯，回首过去，她怎么看待古巴队辱骂巴西队的事件以及公众对她们的鄙视。"我一直非常尊重球队和球员，"她说，

"当你在比赛时，只要不受伤……我们是在言语上伤害了她们，但我想这取决于利害关系、环境以及时间。"她说，攻击性"也是比赛的一部分。而且你怎么做很重要。我不认为我们采用的方式很残忍。这并不意味着……我不知道该怎么讲。这种行为不好，但这是为了追求胜利而进行的一场表演"。

作为队长，路易斯总是很清楚她在表达什么样的情绪。即使在最紧张的情况下，或者在不开心时，她也会试着表现出轻松和自信。"我总是试着用微笑来传递快乐或能量，"她说，"这激励了我的团队。"对路易斯来说，攻击性是另一种蓄意的行为，是领导者必须具有的众多面孔之一——这也是科学家们所说的"表层行为"的一个例子。

和巴西的比赛一结束，表演就必须停止。"做到这样才算专业，"她说，"你不能在场外把你的职业行为当作武器使用。你只应该在比赛中使用它。如果在场外你也使用了这种行为，这不会给你带来任何好处。因为一旦离开赛场，人们就会把你当作一个普通人。一直都是在环境需要的时候，我才会把自己变成一个强大的、有攻击性的排球运动员。"她说，那些总是咄咄逼人的人"实在是太粗鲁了"。

但我提醒她，和巴西队比赛的时候她们的行为相当粗鲁。"是的，"她回答，"但只是在那个时候。"

世界上 16 支最伟大球队的队长们都不是天使。有时候，为了获胜他们会做一些卑鄙的事情，尤其是在回报丰厚时。他们并不相信一直保持运动员精神是成为伟大的先决条件。

看台上的观众或报道苹果等公司的记者，与比赛的参与者有着不同的看法。他们生活在一个"正常"的世界里，在这个世界中，传统的正派行为准则占主导地位。然而，在这场争斗中，人们面对的是不同的准则。在比赛的框架中，针对不当行为，有相应的惩罚规定。你可能会得到一张黄牌；你可能会被小罚10分钟；你也可能会被罚下场，或者你会被禁赛。如果这些不当行为是有目的的，而你又设法逃脱了处罚，那么，就像德尚所说的，这是一次聪明的犯规。虽然这些行为可能会造成伤害，但伤害别人并不是目的所在。

在体育和许多其他竞争活动中，我们从小就被教导说，你的竞争方式等于你的身份。有些领袖，像德里克·基特，就以这个信条为生活准则，并因此赢得了全世界的赞扬。但"第一梯队"的队长们认为这是一个错误的选择。他们认为，重要的是另一个不同之处——有的领导者担心自己在别人心目中的形象，有的则不顾及这些，他们会采用所有必要手段拽着团队应对挑战。

这个社会对运动员，尤其是队长施加了很大的压力，要求他们成为冠军，还要求他们在道德上尽善尽美。但这两件事并不总是相关联的。有时候，两者只能取其一。历史上获得奖杯最多的队长都明白这一点。

本章总结

- 体育运动中，众所周知的传统是体育精神。在每个国家和每种文化中，都有一种取代记分牌的评判形式。我们相信获得胜利有正确的方式，也有错误的方式，一个人的真实品德会在接受道德考验时显露出来。在运动队中，最坚持这一传统的人是队长。然而，在历史上最伟大的16支球队中，队长们也会不可避免地违反规则。事实上，他们经常故意这样做。

- 在攻击行为方面，有一种根深蒂固的观点认为，这样做的人一定患有某种心理疾病或具有某种精神缺陷。他们不明白，同样的攻击行为也是有区别的。一种是"敌对型"，其目的是造成伤害；另一种是"工具型"，用于实现有价值的目标。"第一梯队"的队长经常做一些丑陋的事情，他们利用的是规则的模糊地带。始终坚持体育精神的队长和将其扭曲到极致的队长，两者之间的区别在于，后者更关心的是获胜而不是公众对他们的看法。

第七章

挑水工

幕后领导的隐藏艺术

1996年9月，早晨天还没有亮，意大利各地的印刷厂外，卡车司机们点燃香烟，然后启动了引擎。他们的车厢里放着大约401 000份《米兰体育报》（*La Gazzetta dello Sport*），这份艳粉色的大版面报纸，被誉为意大利足球圣经。在这个特殊的早晨，司机们在心中默默地规划着行驶路线，比平时多了一点急切。因为，《米兰体育报》要发布一则独家新闻。

再过两天，意大利最好的球队——尤文图斯队——将在欧洲冠军联赛的小组赛中，主场迎战曼联。欧洲冠军联赛是代表着欧洲足球俱乐部最高荣誉和水平的年度赛事。在比赛之前，《米兰体育报》已经派了一名记者去英格兰采访曼联的队长埃里克·坎通纳（Eric Cantona），他是一个傲慢、反复无常的法国人，被称为埃里克国王。

坎通纳以脾气火爆而著称。他不惧批评对手甚至队友，曾经在一次采访中把他的教练形容为"一坨狗屎"。记者们一定是算准了，在重大比赛前坎通纳会说些有新闻价值的话。当然，他没有令他们失望。

在发表了对尤文图斯几名球员的看法之后，坎通纳谈到了德尚。坎通纳很了解德尚。他们俩都曾是法国国家足球队的队员。与坎通纳不同的是，德尚比较低调，也不是耀眼的球星。作为一名防守型中场，他没进过什么球。在职业生涯的早期，德尚被认为是一名无足轻重的球员，他所在的马赛俱乐部还曾把他租借给另一支球队。

一年前，也就是 1995 年，在英格兰的一场比赛中，坎通纳用空手道的脚法袭击了一名起哄的球迷，因此被停赛八个月，而德尚被选中接替他担任法国队队长。坎通纳接受不了被雪藏，但他对德尚也没什么好感。坎通纳告诉记者说，德尚这样的球员"满大街都是"，德尚是一个"才能有限的"球员，他的全部工作就是把球传给更好的球员。坎通纳补充说，人们对他最好的评价是挑水工。

那天早上，坎通纳的这番话在《米兰体育报》上被大书特书，在整个欧洲掀起了轩然大波，引发了各种尖锐的头条报道，比如，《伦敦镜报》（London's *Mirror*）的"笨蛋德尚！"以及《苏格兰每日记录》（Scottish *Daily Record*）的"你是个废物，德尚"。

这场在都灵阿尔卑球场（Stadio delle Alpi）进行的比赛并不

怎么精彩。尤文图斯在开场时就取得领先，但在坎通纳和他的队友们进球无果后，尤文图斯又重新摆出了防守的姿态。这场比赛的最后比分是 1∶0。但对于聚在现场的媒体来说，这场比赛只是重头戏 —— 赛后采访 —— 的序曲。德尚知道将会有一大堆录音机对着他，他说的任何话都会在全世界重复播放。

德尚谦逊但也骄傲。与坎通纳不同的是，他已经赢得了两个欧洲俱乐部冠军，一个是在尤文图斯，另一个是在马赛队担任队长时。在 2001 年退役之前，他是我的研究中仅有的三名带领两支不同球队进入"第二梯队"的队长之一。谁也不知道他会做何反应。

德尚首先告诉记者，赛后他已经问过坎通纳，他的那番话是什么意思。坎通纳只是说，"别在意"。德尚在这些媒体面前再次展示了他那著名的具有穿透力的眼神。大家都认为这是他应该还击的时刻了。

但德尚没有按这个剧本走。他没有反驳坎通纳对他的侮辱，而是平静地接受了。"我不介意别人叫我挑水工。"他说。

公元前 7 世纪，一位名叫基奥尼斯的斯巴达人在奥运会短跑项目中大获全胜。希腊人决定将他的名字刻在奥林匹亚的一块石头上以示纪念。两百年后，当克罗顿的阿斯泰勒（Astylos）超越这一壮举时，赛奥斯的诗人西蒙尼德（Simonides）写下了短诗来纪念他。在克莱顿的摔跤手米洛（Milo）连续六场比赛中获得冠军后，他出现在了亚里士多德（Aristotle）和西塞罗（Cicero）的著作中。

自那以后，文明社会就开始全身心地吹捧明星运动员。公元1240年，蒙古的一篇文章介绍了成吉思汗亲自组织并参加的蒙古摔跤比赛——不败的博克（Buri Bokh）。到了欧洲中世纪晚期，参加马上长矛比武时，骑士们会给长矛系上女士们赠送的缎带，这些女士总是为骑士们的英勇而神魂颠倒。

詹姆斯·费格（James Figg）是英国最早的著名运动员之一，他练习的是拳术或徒手拳击。据估计，他赢得了269场比赛，其中一场比赛作为一篇颂歌的主题登上了1726年的《旁观者报》。美国拳击冠军杰克·邓普西（Jack Dempsey）曾称费格为现代拳击之父。19世纪，拳击在英格兰吸引了超过两万名观众，而骑手、高尔夫球手、网球运动员以及划船、橄榄球和足球等团体项目中的明星队员，也都拥有了自己的忠实粉丝，并获得各种"最有价值"或"最佳"运动员的个人奖项。

现代明星运动员中的偶像先驱是棒球明星贝比·鲁斯。鲁斯身高1.88米，身材比较壮，有着发达的胸肌，他爸爸是巴尔的摩一家酒吧的老板，性格很随和而且爱恶作剧。20世纪20年代，广播、报纸、新闻影片和电影的发展引发了大众传媒的大爆炸，鲁斯在各种媒体上频繁曝光——但他自己似乎并不介意这一点。除了成功地打破本垒打纪录外，他还在几部电影中饰演过自己、主持过电台节目，甚至参加过杂耍表演，不仅如此，他还出现在汽油、咀嚼烟草、香烟、早餐麦片和内衣等产品的广告中。仅1930

年一年，鲁斯就赚了8万美元，比总统赫伯特·胡佛（Herbert Hoover）还多。鲁斯有句名言是："为什么不呢？我今年过得比他好。"

在20世纪中叶，电视媒体在竞争中加大了赌注。全球范围内的首次电视直播得以实现，这让全球人民都能实时看到巴西球王贝利踢球。他惊人的天赋，他的微笑以及天生的王者气质，让他成为首批全球名人中的一员——在他访问的每个城市里，他都会被人们认出来并被他们围起来。有一次，一位记者问贝利，和耶稣相比，他的名气如何，贝利回答说："在世界上有些地方，耶稣基督并不是那么出名。"20世纪80年代中期，由于其在球场上的超凡表现，迈克尔·乔丹被耐克选为代言人，耐克推出的一系列开创性广告宣传，让乔丹证明了一个运动员的名气可能比他的运动能力更能带来经济利益。

虽然像鲁斯、贝利和乔丹这样的GOAT（史上最伟大球员）从事的都是团队项目，有着各自的角色，但球迷们并不认为他们是团队的一部分。球迷相信自己的偶像天赋无限，他们的贡献至关重要，所以不管是不是队长，大家都会承认他们的领导地位。

在大多数球队里，球员们都不愿意在公开场合挑战这种看法。毕竟，人们花钱是去看明星的。但在少数情况下，当被问及这个问题时，我所研究的顶级球队中一些较为直率的队长会暗示，在幕后，团队的层级结构与公众想象中的情况大相径庭。

在更衣室里，前曼联队长罗伊·基恩曾经写道："我们所做的——所感受的——和他人眼中的现实差距惊人。媒体上的英雄不一定是赛场上的英雄……刻意讨好观众的人也一样。我们生活在一个由媒体创造的虚构世界里，这在很大程度上并非完全是虚构的。虚构的英雄通常是个混蛋。"

基恩在曼联的教练亚历克斯·弗格森也认为，球员天生的运动能力和他们的领导能力是截然不同的两码事。"是的，这个角色有一些象征意义，因为奖杯总是由队长来举起，"弗格森说，"但我只想要一个领袖，而不是一个在领奖台上看起来不错的人。"

毫无疑问，一个运动员可以同时扮演两个角色。在带领他们的球队进入"第一梯队"的同时，费伦茨·普斯卡什、尤吉·贝拉和莫里斯·理查德等人在赛场上也有着几乎可以媲美 GOAT 的表现。普斯卡什保持着 84 场比赛 83 次进球的国际比赛得分纪录。

然而，在我的研究中，大多数顶级的队长——比如，迪迪埃·德尚——并没有被视为明星。悉德·考文垂、瓦列里·瓦西里耶夫、巴克·谢尔福德、卡拉·奥维贝克和卡尔斯·普约尔等人都没有进入过 MVP 名单。

除此之外，大多数"第一梯队"的队长对出名毫无兴趣。他们想当队长并不是为了它所带来的声望——如果他们真的渴望过。2004 年，当卡尔斯·普约尔的队友一致推选他为队长时，他是唯一投反对票的人。他告诉我说："我认为把票投给别人更合乎道德。"2011 年，巴塞罗那队赢得了欧冠决赛后（巴塞罗那队在那个赛季一场比赛都没输过），普约尔把队长袖标递给了队友埃里克·阿比达尔（Éric Abidal），后者刚刚在接受完肝癌治疗后归队。最后是阿比达尔举起了冠军奖杯。"这是一种并不常见的同志姿态，"巴塞罗那队的大卫·比利亚（David Villa）说，"对于一名队长，这是最重要的时刻——而他把这个时刻留给了阿比达尔。"

我所有的研究都表明，与公众的观点相反，一个喜欢为他人服务的挑水工完全有可能成为一名强大的队长。事实上，优秀的领导能力很可能（如果不是更多地）来自球队的后方，而不是来自一线巨星。很显然，挑水工，尤其是在防守上，对一个团队的成功至关重要，即使他并不能激励人们写下史诗巨著或勒石为记。

尽管如此，正如我之前提到的，伟大的领导者——从定义上讲——应该在压力最大时，也就是在关键时刻展现自己。在这些情况下，领导者应该临危受命，力挽狂澜。我想知道，如果大多数"第一梯队"的队长没有这么做，那么他们究竟是如何领导大家的呢？

1997年出版的《厌恶人际行为》（Aversive Interpersonal Behaviors）是一本临床心理学教科书，其中有一章的标题是"吹牛大王、势利鬼和自恋狂：极度自我主义的人际反应"（"Blowhards, Snobs, and Narcissists: Interpersonal Reactions to Excessive Egotism"）。这篇论文的作者是维克森林大学（Wake Forest University）的一位教授和他的几名本科学生。文章的结论是，以自我为中心的人会在他们的言谈和肢体语言中表现出傲慢，他们往往不太受欢迎，而且会削弱团队的凝聚力。

关于这篇论文，最重要的是其中一名学生合著者——21岁的蒂莫西·邓肯（Timothy Duncan）——的身份。邓肯不仅仅是一名维克森林大学心理学专业的学生，他还是一位篮球明星。

蒂姆·邓肯在美属维京群岛（U.S. Virgin Islands）的圣克罗伊岛（St. Croix）长大，他的梦想是成为一名游泳冠军。1989年，飓风"雨果"摧毁了当地的游泳池，也阻断了他的奥运之路。不久之后，也就是在他14岁生日的前一天，他的母亲因乳腺癌去世。直到升入高中，邓肯才开始打篮球，虽然在高三的时候长到了2.11米，但他长得太瘦了而且技术也比较粗糙，大部分球探担心，对战大学强队时，他在篮下是否招架得住对方。而维克森林大学是唯一一个向他提供奖学金的学校。邓肯成长得非常快，而且他也非常努力地磨炼自己的球技，在研究论文发表的同一年，在NBA选秀中，圣安东尼奥马刺队用状元签选中了邓肯。

从他来到圣安东尼奥的那一刻起，邓肯似乎就下定决心要坚持他本科毕业论文的结论。他从不要求特殊待遇，从不躲避练习，在表现不佳被训斥之后也从不生气。在球场上，他不会在扣篮后吊在篮框上，也不会怒视对手。马刺队主教练格雷格·波波维奇曾说，邓肯身上没有任何戾气。1998年，当22岁的邓肯去领"NBA年度新秀奖"时，他穿着网布短裤和破旧的T恤就出现了，脸上几乎没有一丝笑容。他似乎对获奖或向全世界讲述自己的故事毫无兴趣。"你们想写什么就写什么，"邓肯曾对记者说，"别再试图分析我了。"

1999年6月25日的晚上，在对阵纽约尼克斯队（New York Knicks）的总决赛中，马刺队拿下第五场以4∶1获胜，邓肯收获了他的第一个NBA总冠军。在马刺队领奖后，我跟着其他媒体，走进了他们的更衣室，当时，所有人都在欢呼雀跃。

在他职业生涯的这个阶段，邓肯从未见过这么多的镜头。如果他是贝比·鲁斯或者贝利，他一定会享受这一刻的称赞和吹捧。但邓肯拿起奖杯后，我看着他平静地穿过房间，打开浴室的门。他把队友，还有他在队里最亲密的朋友——大卫·罗宾逊——拉进浴室，砰的一声把门关上了。在那一刻，邓肯究竟要流露出什么样的情绪，都与公众无关。

在球场上，邓肯也许有能力挑战迈克尔·乔丹，当时乔丹场均得分是29分，但邓肯并没有专注于投篮，而是经常把球传给空位队友。他不仅帮后卫挡拆、积极防守，还在低位拼抢、在篮下防守。他在第一个赛季的场均得分为21分，在NBA排在第十三位，但他的篮板数排名第三。由于他在比赛中的无私奉献、镇定自若的表现以及为队友提供的全能辅助，队友们亲切地称他为"大基石先生"（Big Fundamental）。

在接下来的几年里，篮球记者们目睹了邓肯的成长。他们总是找机会给他做个人专访，但他还是继续无视他们或者不带感情地回应他们，"无聊"一词出现在了描写他的文章中——起初带着喜爱的意味，后来就变成批评的态度了。一位专栏作家甚至称他为"体育史上最无聊的超级明星"。2012年，有一项调查要求青少年说出他们最喜欢的 NBA 球员，邓肯得了零票。

然而，邓肯对篮球的无私态度确实为他赢得了一位著名的球迷。比尔·拉塞尔——"第一梯队"的另一位篮球队长——称赞邓肯是联盟中效率最高的球员，他在场上浪费的动作和情绪最少。拉塞尔特别欣赏邓肯无球时的处理方式。拉塞尔说："他选择进攻，并不一定是为了投篮。"

邓肯的教练格雷格·波波维奇说："他的打法很朴实，既不浮夸，也不笨拙，就是正常打法。现在，正常打法很少见了：所有的事情大家都用不同的方式去做。他做事的方式就像我们小时候学打球时被教的那样——包括他的步法，他的身体动作以及他在赛场上的一切行为。这不够性感，但是却很有效。"

邓肯所在的时代，NBA 的经济状况让球队很难维持稳定的阵容，大多数和邓肯水平相当的精英球员认为，他们的工作就是专注于得分，而那些轮换的"支持"球员则应该负责所有其他的事情。邓肯对此持不同观点。他所展现的罕见的灵活性帮助马刺队度过了球员阵容动荡期。在职业生涯中，他不断地变换位置，根据球队的需要在中锋和大前锋之间转换。有时，他的进攻指标超出正常水平；有时，他的防守在场上起到主导作用。

在场外，邓肯更是做了一件前所未闻的事——他同意球队支付低于他的市场价值的薪水，这样球队能有足够的薪资空间在 NBA 的工资上限下签到更好的球员。2015 年，邓肯签下的两年合同是 1 040 万美元，这远低于他在自由球员市场上的价位，但这让马刺队收获了大前锋拉马库斯·阿尔德里奇（LaMarcus Aldridge），他的薪资接近邓肯的四倍。邓肯说，对待队友最好的方法是"他们怎么帮你，你就要怎么帮他们"。

2016年，邓肯退役时，马刺队已经赢得了五个NBA总冠军，并且在他经历的19个赛季中都进入了季后赛。就个人而言，他创造了NBA历史上最令人印象深刻的纪录——NBA历史上在同一支球队赢得比赛最多的球员。但是，他退役时没有取悦大众的告别之旅。因为，邓肯在当季并没有公开自己的退役计划，之后，他给球迷们写了一封146个字的公开信，宣布了自己退役的决定，他在信的结尾写道："感谢圣安东尼奥市这么多年来给予我的爱和支持。感谢世界各地的球迷。永远爱你们，蒂姆。"

这看起来就好像是，邓肯用了他在维克森林大学的论文作为蓝图，来指导自己如何在一个"自恋狂"和"吹牛大王"统治的联盟中，成为一名有效率的队友。

人们从未完全了解邓肯，但他的队友了解。他的领导能力有点像研究生研讨会上关于挑水工价值的讨论。邓肯这种队长很少有，他既能叱咤赛场，又能拿出最华丽的NBA数据。但他的领导方式迫使他压制自己的技能，甚至是薪水，这样他才能集中精力解决所有可能出现的问题。他不关心自己的公众形象，只关心他的球队胜利与否。

管理学中最大的悖论是，那些最热切地追求领导职位的人往往并不适合这份工作。他们的动机是获得这个角色所代表的声望，而不是促进这个团体实现其目标和价值。

分析过明星 CEO 的研究人员已经注意到了这一点,这些 CEO 常常抬高自己,贬低别人。总是喜欢让下属感到自己无能,而且不愿意放权,这样就造成了一个恶性循环。越来越多的员工选择离开,之后,明星 CEO 开始对自己的能力变得悲观,并"过度思考",而后做出的各种决定又导致更多人离开。蒂姆·邓肯的领导风格正相反,通过放低自己,他成功地诱导队友们发挥出最好的水平。

哈佛大学已故的社会和组织心理学教授 J. 理查德·哈克曼(J. Richard Hackman)将自己的大部分学术生涯都投入这个领域,他花了数百小时深入许多不同类型的团队中——包括篮球队、外科手术小组、飞机驾驶队、音乐合奏团,甚至美国中央情报局(CIA)内部的精英情报收集单位。哈克曼身高 1.98 米,高中时曾是一名篮球运动员。他认为,最有价值的洞见来自在巨大压力下协作的团队,因为他们所处的环境不允许他们有重来一次的机会。

哈克曼的核心观点是,人们经常过于草率地认为一个团队的成功或失败是由直接管理人造成的。"我们错误地认为,最好的领导者是那些能够站在任何讲台上发号施令的人,通过他们即时的个人努力,设法让团队表现出色。"事实上,一旦比赛开始,一个团队的表现中只有 10% 取决于领导者的行为。但当涉及这 10% 时,哈克曼发现并没有证据可以表明,领导者的魅力,甚至他们采用的具体方法能带来任何影响。即使领导者在团队中完成了所有关键的领导任务,也无关紧要——重要的是这些工作有人做了。当优秀的领导者看到情况逐渐恶化时,他们会调整策略,让事情回到正轨。哈克曼认为,当领导者像爵士乐手一样工作时,他们的效率会更高,他们可以随着事情的发展而自由地即兴发挥,而不是像管弦乐队的演奏者那样,在指挥的指导下按照乐谱演奏。

邓肯非常灵活。他在球场上给大家提供各种配合,把球队的目标放在首位。哈克曼称这种领导风格为功能型。"从功能的角度来看,"他写道,"有效的团队领导者是那些做事的人,或者会负责安排团队的工作,以及搞定任何对实现团队目标至关重要的事情。"

蒂姆·邓肯的领导风格和其他精英队长一致,但他的这个例子确实留下了一个未解之谜。

"第一梯队"的队长天赋水平各异。有些人本身就是超级明星——但大多数人不是。邓肯的篮球技术水平极高,当球队处于危险境地时,他的队友们知道,如果他愿意的话,他有能力挺身而出、扭转局面的——让球队绝处逢生。其他大多数队长都没有这种能力。因为,他们的技术并不出众或者打的是后场。

例如,新西兰全黑队的里奇·麦考打的是侧卫,这是橄榄球运动中对身体要求最高的位置,在大多数比赛中他都需要和对方队员进行近距离、粗暴的冲撞。他花了很多时间去擒抱、扭打、尝试把对方球员手里的球抢过来,这导致他很少得分,而且离开赛场时经常是一身伤,像刚输了一场拳击比赛似的。

就算是和防守队员相比，美国女子国家足球队卡拉·奥维贝克的进攻能力也很弱——在整个国际职业生涯中，她只进了7个球。每次她一拿到球，就立刻开始寻找队友传球。即使看到直接面对球门的机会，她也会抑制住这种冲动。"不。我不会这么做的，"她告诉我，"我要控住球，然后把它传出去。"

那么这类球员呢？他们是如何领导球队的？

卡拉·奥维贝克所在的美国女子足球队（1996—1999），是体育史上拥有最多杰出人才的球队之一。在电视上大家经常看到进球的巾帼英雄米娅·哈姆（Mia Hamm）、朱莉·福迪（Julie Foudy）和布兰迪·查斯坦（Brandi Chastain），这支球队在那四年中创造了国际比赛84胜6平6负的纪录，胜率达到94%，与历史上最优秀的男足相比也毫不逊色。然而，如果你去问问身边的人这支球队的队长是谁，一百个人中可能都没有一个人能说出卡拉·奥维贝克的名字。他们甚至不太可能记住她的名字——这在很大程度上是因为她想要的就是这样。

在美国队赢得世界杯冠军后，奥维贝克的队友们开心地进行了为期数周的城市巡回庆典，在这期间她们参加了数十场见面会以及电视节目——但她对电视节目这一部分的安排不感兴趣。所以，她乘飞机回了北卡罗来纳的罗利去看望家人。当被问及当队友在曼哈顿市中心参加喧闹的集会时，她在做什么，她说她洗了三次衣服。"这根本不符合我的性格，"奥维贝克说，"我从不关心我的名字是否出现在报纸上。只要我们队赢了，我就很高兴。

我也不想参加什么电视节目。我很高兴我不是他们想要访问的那个人。"

身高 1.68 米的奥维贝克并不特别高大，也不壮。她在达拉斯郊区长大，有着典型的豆芽身材——腿和胳膊都很细——她爸爸过去常叫她白蚁。在球场上，她留着一头棕色的长发，扎着一个很紧的马尾辫。她在队友中是出了名的说话刻薄，总是冷着脸，很少流露出情绪。尽管许多队友都是单身，但她在 24 岁的时候——在她们球队实现"第一梯队"连胜期间——就结婚了，还有了一个儿子。

奥维贝克没有蒂姆·邓肯那样的天赋。她是一名防守队员，按照一位前教练的说法，她的技术"充其量只能算一般水平"。她没有表现出领导者应有的那种自信，或者改变局面的能力。但奥维贝克的谦逊对球队也有好处。她一有机会就把球传出去，这增加了球在优秀球员脚下的时间——因为她极少缺席比赛，这种无私的本能为球队创造了更多的得分机会。这一功能型领导方式影响了她的一切行为，甚至在场外也是如此。当美国女足队经过长途飞行抵达酒店时，奥维贝克会把每个人的行李都搬进她们入住的酒店房间。"我是队长，"她解释说，"但我不比任何人强。我肯定不是一个更好的足球运动员。"

在训练中，同样是在公众看不到的地方，奥维贝克无情地逼迫着自己和队友们。在一些残酷的训练之后，"她们已经精疲力竭了，而我会说，'该死的挪威队都能做到这样'。我敢肯定她们都恨我。"有一次，在一次训练中，队员们进行间歇冲刺，要一直到完全没有力气才能停下来，奥维贝克练习的时间最久——大家都停下来之后她又继续跑了两分钟。第二天早上，奥维贝克去看了队医，队友们这时才惊讶地发现她的脚趾之前受了伤，她是带着伤在和她们一起训练。

福特汉姆大学对呐喊者的研究（见第 5 章）表明，努力工作是有感染力的，一名球员的努力可以提高其他人的表现水平。但奥维贝克招牌式的顽强精神还有另外一个因素。她在训练中所体现出来的职业道德和她在场上无私配合、场下为大家搬运行李的那种谦逊精神，让她积累了想怎么用就怎么用的一种人情储备。她没有用它来主导球场上的比赛，而是会在队友们需要觉醒的时候使用它，因为她知道这不会引起她们的怨恨。安森·多伦斯（Anson Dorrance）在 1986 年至 1994 年期间曾担任她们队的教练。他说，他相信奥维贝克一直在全身心地为队友们付出，所以当她上场时，"她可以想说什么就说什么"。"她很真诚，"她的队友布里安娜·斯库里（Briana Scurry）说，"你知道她是站在你这边的，即使她在攻击你。卡拉是这支球队的心脏和引擎。这个团队一切关键在于——卡拉。"

挑水工可以通过加强薄弱环节和执行高标准改进团队——这种例子我们在前面已经看到了不少。但是仍然还有一块拼图缺失。如果一名队长的主要职责是在赛场上指导其他球员，那么不管怎样，这些队长都必须想方设法地（如果不是去控制）去影响球队的战术。

在一些"第一梯队"的队长身上,这种"指挥进攻"的职能是显而易见的。比如,匹兹堡钢人队的防守是由杰克·兰伯特来召集的,而费伦茨·普斯卡什承担了匈牙利队场上经理的职责。洋基队的捕手尤吉·贝拉负责叫球和设置防守计划。"她总是像个向导一样,"队友马丽尼斯·科斯塔在谈到古巴队队长米雷亚·路易斯时说,"她不会生气,但如果你做错了,她会立即纠正你。她会纠正队员们所犯的所有错误,因为她对排球有着很好的大局观。"

尽管如此,在我的研究中,许多顶级梯队的"挑水工"队长都在赛场上扮演着从属角色。当关键时刻到来时,他们往往守在远处,看守后院。无论他们的事迹多么鼓舞人心,或者他们付出了多少努力,我都无法理解承担支持角色的球员如何能够决定比赛的进程。

迪迪埃·德尚,这位最早的挑水工是这个问题的一个明显例子。尽管他是后卫,很少进球,但他带领马赛队连续四次夺得法甲冠军,并在1993年的欧洲冠军联赛中夺冠——带领法国国家队在1998年世界杯和2000年欧洲杯中拿下双料冠军。2015年,在巴黎接受采访时,德尚开始像奥维贝克那样描述自己在球场上的角色。身高1.68米,他知道从体格上看,自己不是最具威胁性的中场球员,或者说最好的运动员,所以他不关心自己的表现。他可以自如地配合其他球员。在法国国家队中,他的首要任务是把球传到天才射手齐内丁·齐达内脚下。"我拿到的10个球,有9

个给了他。"德尚说。虽然他不了解哈佛大学理查德·哈克曼教授的研究，但德尚的领导方式是非常实用的。在一个团队中，他说："你不能只有架构师，你还需要瓦匠。"

当谈到他和齐达内一起踢球的那段时光时，德尚提出了一个有趣的观点——他说，这种关系是双向的。是的，他通过确保自己拿到球来配合齐达内，但是齐达内依靠他来传球。他说，齐达内"也需要我"。

我从来没有想到，一名提供配合的球员也能让队员们产生依赖感。德尚，作为主要的中场组织者，通过决定把球传给哪名球员，他可以指挥随后的行动。他的超级巨星队友们不仅指望他传球，还渴望得到他的认可。对德尚来说，挑水工并不是一个逢迎他人的角色，"挑水"是一种领导方式——大多数观众都理解不了甚至没有注意到的命令形式。"我知道我不能单单靠一个动作来改变什么，"德尚说，"但从长远来看，通过数百次细节行为上的配合和管理，我能够逐渐平衡局面，成为不可或缺的一员。"

换句话说，电视镜头通常聚焦在幕前的球员身上，而领导的艰苦工作往往是在幕后进行。

1822 年，巴西宣布脱离葡萄牙而独立，但它和我们大多数人所理解的国家完全不同。它更像是一个广泛汇聚了各种元素的集合体，各个省份、城邦，不同的阶级、种族关系以及各异的政治观点、宗教和亚文化，松散地聚集在巴西的国旗之下。然而，从 19 世纪末第一支俱乐部球队开始组建的那一刻起，每个巴西人都有了一个可以团结起来的理由——足球。"国家足球队是国家身份的象征，"巴西队前教练卡洛斯·阿尔贝托·佩雷拉（Carlos Alberto Parreira）在接受BBC体育频道采访时曾表示，"这是这个国家唯一一次团结在了一起。"

当巴西国家足球队开始在世界杯赛上对阵其他国家时，足球给巴西带来了另一份礼物——巴西例外论这个概念。这不仅仅是因为巴西赢了太多场比赛。这个国家独特的文化融合，从足排球（用脚踢沙滩排球）到桑巴舞的二四节奏，似乎都为发展足球运动创造了完美的条件：各种背景的人都在用自己无与伦比的创造力玩足球。尤其是一位名叫埃德森·阿兰特斯·多·纳西门托（Edson Arantes do Nascimento）的巴西人，他更广为人知的名字是贝利——有史以来最伟大的足球天才。从1956年的首次亮相到1977年退役，他赢得了三次世界杯冠军，为桑托斯队赢得了20多个冠军，在职业生涯中，他在1 363场比赛中共进球1 270次。1969年，贝利踢进了他职业生涯中的第1 000个进球，巴西各大报纸都拆分了他们的头版，让贝利的这个里程碑事件挤占了阿波罗12号登月的部分版面。

很自然地，我认为贝利应该是他们队的队长。然而，我惊讶地发现，其实他并不是。1958年，贝利还只有十几岁的时候，巴西队的队长是希尔德拉多·路易斯·贝里尼（Hilderaldo Luiz Bellini），他是一名强大的中卫，有着电影明星般的外表，因其在球场上的牢固防守而被称为"公牛"。1958年，巴西队首次推出了创新的"平行四人站位",贝里尼是这一阵型的核心。他的任务是守住中场,并且盯住对方最好的前锋——这个角色要求,即使世界上个头最大、速度最快的球员像擒抱人偶一样撞上他时,他也要坚守住自己的阵地。他下场时,腿上经常鲜血淋漓,而且留有被对方球员用鞋钉扎伤的血痕。有时候,还会遇到膝盖和颧骨骨折的情况。

当贝利这种头脑灵活、富有创造力而且脚法敏捷的得分王在巴西受到人民的顶礼膜拜时,贝里尼一直在默默地给得分王传球。他在为巴西国家队效力的十年中,从未进过一球。

1958年,瑞典世界杯决赛之前,巴西队被恐惧吞噬。1950年世界杯是巴西队的主场,他们在赛场上所向披靡,最后却在决赛中输给了乌拉圭队,巴西举国悲恸。1954年,他们在1/4决赛中输给了匈牙利。尽管在1958年世界杯前,巴西队也是夺冠热门,但这两场失利的阴影让球迷们倍感压力,对球员们来说更是如此。传统观点认为他们缺乏韧性。他们当然可以做到领先,但他们能坚守住吗?

决赛进入第四分钟,瑞典队——在斯德哥尔摩主场作战——在几乎没让巴西队碰到球的情况下攻入了第一个球。在那一刻,五千万巴西人目瞪口呆,他们相互交换了下会意的眼神:又要输了。

在瑞典队庆祝的时候,巴西队队长贝里尼毅然走进球网,把球铲了起来。他知道这个年轻的团队动摇了,"这场比赛又是一场灾难"的想法可能会吞噬他们——消耗他们的精力。他走到负责重新开始比赛的中场队员迪迪（Didi）身边，把球递给他，同时，严厉地对他说："稳住队伍。"

迪迪接受了队长的建议。他把球夹在胳膊下，自信地缓步走到中场，告诉队友们要冷静下来，是时候和"这些外国佬"决战了。随后，巴西重新回血，他们四次破门，瑞典队毫无招架之力，最后以 5∶2 大败瑞典，并赢得了他们的首个世界杯冠军。最终，巴西队用卓越的才能造就了这一胜利，但正是贝里尼为他们提供了坚强的后盾。

四年后，在为 1962 年世界杯热身时，巴西队已经确立了其世界顶级足球强队的地位。过去的忧虑已经消散。然而，幕后的情况变得复杂起来。球队的技术总监保罗·马查多·德卡尔瓦略（Paulo Machado de Carvalho）正在考虑一个可能会产生爆炸性效果的问题——希尔德拉多·贝里尼是否仍然是球队里最好的中后卫。

就在巴西队对阵墨西哥队的首场比赛开始前几天，卡尔瓦略办公室的门"砰"的一声打开了。走进来的是在贝里尼的替补球员毛罗·拉莫斯·德·奥利维拉（Mauro Ramos de Oliveira），他被人们称为"毛罗"。毛罗技术优雅，以控球冷静而著称，但他不像贝里尼那样强壮有力。然而，就在这一天，他决定坚持自己的想法。他告诉老板，认为自己应该接替贝里尼的位置。卡尔瓦略看到了毛罗的进步，也为他的自信感到钦佩。令球迷和媒体感到震惊的是，卡尔瓦略不仅同意换人，还任命毛罗为球队的新队长。

当记者得知最后一刻换人的这个消息时，他们成群结队地跑去采访贝里尼，期待他——至少——要说几句尖刻的话。但是，贝里尼发表了一个只有两句话的声明。"这很公平，"他说，"现在轮到毛罗了。"

事实证明，贝里尼的低调反应是恰当的。这次换人并没有在球队内部引起抗议，也没有让球队脆弱的内部关系失去平衡。毛罗走出替补席，带领桑巴军团卫冕世界杯冠军，就好像他一直是队长一样。这次卫冕让巴西队跻身"第一梯队"。八年后，也就是1970年，当巴西再次赢得世界杯冠军时，毛罗和贝里尼早已离开巴西队。时任队长也是一名后卫，一位名叫卡洛斯·阿尔贝托·托雷斯（Carlos Alberto Torres）的右后卫。

尽管巴西队人才济济，但仍然对挑水工有依赖，这一点对我来说并不奇怪——这遵循了"第一梯队"的整体模式。我搞不懂的是，在任用三名不同队长的情况下，这支球队如何在12年内赢得了3次世界杯冠军。在这三个例子中，球队选择新的领导者时，从未把这个职务交给过史上最好的足球运动员。

74岁的贝利，看起来苍白而虚弱，他的眼皮下垂，有点驼背。2015年春天，当在曼哈顿接受记者访问时，有人问贝利，在他看来，在他踢球的年代，为什么巴西队能找到那么多有能力的队长。贝利坐到椅子上，停顿了一下。"原因很难说，"他说，"我不知道原因。"

"他们邀请我当队长,"他继续说,"但我总是拒绝。"贝利解释说,这是出于战术上的考虑。"听我说,如果桑托斯或巴西国家队的队长不是我,那么我们在场上就有两名受到官员尊重的球员——贝利和队长。如果我成了队长,我们就会失去一个名额。"

贝利的回答是有道理的,但这并没有解释关于巴西队的第二个更令人困惑的谜团——在足球历史上最伟大的霸主时期,巴西队培养了大量有能力的领导者。为了弄清事情的真相,我买了一张去里约热内卢的机票,2016年10月,一个阳光明媚的早晨,在巴拉达蒂茹卡(Barra da Tijuca)附近一栋明亮的现代化公寓外,卡洛斯·阿尔贝托·托雷斯打开了大门。

71岁的托雷斯依然精力充沛,他是那个黄金时代唯一一位仍然在世的队长——他曾和贝利一起踢球,举起过1970年世界杯的冠军奖杯,退役后环游世界,后来成为巴西最受尊敬的足球评论员。我这次拜访是想问他,世界上有那么多个国家,为什么巴西能够成为队长之国。

托雷斯首先告诉我,在他的国际职业生涯中,他和许多来自其他国家的队长一起踢过球——他一直很羡慕他们。他说,他们的团队是同质的,他们的球员思维方式相似,而且往往接受过良好的教育,领导这样的团队应该比较容易。"巴西是另一种文化,"他说,"在巴西,没有统一的思维方式,接受正规教育的人也比较少。有一些非常穷的孩子,他们在开始踢球之前只上过几年学——队长必须知道这一点。我们需要领导者去指导各种各样的事情，所以在巴西队当队长会考验你最深层的性格。你必须试着去了解人们，了解他们的背景。如果能更好地了解他们，你就能给他们更多帮助。"托雷斯把自己的双手紧紧握在了一起。"我们需要领导者约束球员，你明白吗？如果你强迫他们接受一个他们心中并不认可的领导者，他们就不会尊重他。"

托雷斯说，有一件事情降低了领导桑巴军团的复杂性。由于其他可能成为队长的球员，或者前任队长，都知道要让巴西球员凝聚成一个有效的整体是多么的困难——他们会毫不犹豫地为新队长提供帮助。"其他领导者会帮助你的。"他说。

我也问了托雷斯关于巴西队的另一个未解谜团——在贝利漫长而辉煌的职业生涯中，为什么球队从来没有强迫他担任队长。延申来说，巴西队有过众多超级球星，为什么从未把队长这项工作交给过他们。

"并不是说最好的球员就是最好的队长，"托雷斯说，"像贝利这样的球员承受着极其巨大的压力——他身上肩负着来自球迷和媒体的压力。对他来说，他更需要以最好的方式准备好比赛，而不是操心队长的那些职责。队长时时刻刻都要操心，他要专心解决各种问题，要和教练进行讨论，要为球队寻找最佳的比赛方式，还要成为球队管理层和球员之间沟通的桥梁。所以，你必须把最好的球员移出球队，这样他才能做好准备。"

换句话说，托雷斯想表达的是，在巴西，明星和队长都面临着巨大的压力，这二者互不兼容。没有人能同时扮演好这两个角色。然而，他没有说的一点，也是一个更不寻常的事实是，巴西队的每一个人，包括贝利在内，都本能地知道这一点。

在我刚开始进行这个项目时，如果你让我说出体育史上最能体现挑水工作用的球队，我肯定想不到巴西国家足球队。但当我从里约热内卢乘飞机回家时，我突然意识到桑巴军团并不是一支神奇球队，因为它拥有世界上最好的球员为之效力。之所以能在"第一梯队"获得一席之地，是因为它建立了一套完善的制衡机制。

这支球队如此强劲的原因在于，球星们知道他们永远不可能成为高效的队长，而像贝里尼、毛罗和托雷斯这样的队长们也知道他们永远不可能成为球星。在巴西队，领导者唯一能做的就是去做挑水工。

本章总结

- 发现特别的人，把他们从人群中找出来，然后对他们大献殷勤，人们的这种渴望由来已久。在名人身上，我们可以看到自身更大的潜能。对于团队来说，这种本能会制造很多问题。要区分团队的影响力和明星成员的魅力带来的影响实在是太难了。在很多情况下，我们没有办法分辨。我们假设团队是明星，明星是团队。然而，在"第一梯队"的16支球队中，队长很少是明星球员，他们表现得也不像明星。他们总是躲避关注。他们倾向于扮演功能型角色。他们为大家提供各种配合。

- 大多数人认为，在比赛中，团队的领导者是在关键时刻扭转局面的人。领导者是那个能打出决胜球的人。一个在场外表现谦逊的球员，或者帮助其他人完成绝杀的球员，从定义上来说，就是一个配角。本书中这些队长们的例子说明我们把情况完全弄反了。在涉及团队的时候，伟大的队长们在任何可能的情况下都会放低自己，以获得道德权威，以便在艰难的时刻推动队友们前进。站在后方，给别人喂球，可能看起来像是一个仆人，但实际上这个人在创造依赖性。事实证明，最简单的领导方式就是服务他人。

第 8 章

肢体接触和安慰

实用性沟通

1940 年 6 月 4 日,伦敦下议院,温斯顿·丘吉尔(Winston Churchill)大步走到讲台上,向议会发表他作为首相的第二次演讲。当时,英国和德国之间的战争刚开始九个月,但是德国国防军的装甲师已经逼近英吉利海峡沿岸。当时美国还没有参战,人们对法国是否会继续抵抗持很大的怀疑态度。一半的人预计英国也会溃败。

在阐述了战争形势之后,丘吉尔在结束讲话时呼吁全国人民做好准备迎接即将到来的挑战。"我们将战斗到底,"他说,"我们将在法国战斗,我们将在海洋战斗,我们将以越来越强的信心和力量在空中战斗,我们将不惜任何代价保卫我们的国家,我们将在海滩上战斗,我们将在敌人的登陆点战斗,我们将在田野和街头战斗,我们将在山区战斗,我们决不投降。"

23年后,《解放黑人奴隶宣言》发表100周年纪念日那天,在3600公里外的美国华盛顿特区,马丁·路德·金(Martin Luther King, Jr.)出现在了林肯纪念堂的台阶上。那是一个闷热的八月下午,他也发表了一段让人们铭记的演讲。"我们今天来到这个神圣的地方,也是为了提醒美国,现在的形势非常紧迫,"他说,"现在绝非奢谈冷静或是用渐进主义缓解紧张的时候。现在是该兑现民主承诺的时候了。"

这两位伟人的演讲词被记录在磁带上,永久流传,听到它们,人们会立刻感受到切实的影响。它们还留下了另一个影响:激动人心的语调让这些精确的语句传递出一种热切的信仰,在我们身体里产生化学反应,提升我们的思想境界。

在好莱坞,大型演讲成了首选的励志故事情节——不仅适用于虚构的政治和军事领导人,还适合体育名人、宇航员,甚至是牧师。为了让团队做好准备,迎接一些巨大的挑战,领导者应该把成员召集到一起,与他们进行交谈。

但在这个方面,"第一梯队"的16名队长严重偏离了我们心中的杰出领导者形象。他们既不巧舌如簧,也不能言善辩,更不会充满激情地激励别人。他们不喜欢演讲。

事实上,他们故意避开演讲。

我曾问过法国国家手球队队长杰罗姆·费尔南德斯,他是否做过鼓舞人心的演讲,他说他只试过一次,但很悲惨地失败了。卡尔斯·普约尔告诉我,他不曾向他的队友们发表过任何正式演讲。"这不是我喜欢的东西。"他说。根据"第一梯队"队长的标准，匈牙利队的普斯卡什是一名相对外向的队长，但即使是他，也放弃了这种鼓劲性谈话——他相信他的队友都很专业，应该能够自己激励自己。"普斯卡什从不说废话。"他的教练古斯兹瓦夫·塞贝斯曾说。尤吉·贝拉在读到八年级后就辍学了，似乎都还没有掌握基本的句子结构。"他几乎没法公开讲话，"体育记者莫里·艾伦（Maury Allen）说，"有些人说他这个人非常乏味。"比赛前让贝拉站在椅子上向队友们发表精辟的演讲，这样的想法极其荒唐。

令人沮丧的是，我没能找到这些"第一梯队"的队长和队友在场外进行交流的例子，甚至连他们谈论沟通理念的信息都没找到。他们老是不参加宣传活动和各种仪式，对他们来说，采访就像做结肠镜检查一样让人难以接受。他们不喜欢谈论自己，也很少讲怎样当领导。当同意接受媒体采访时，他们常常会不高兴甚至充满敌意地对着记者背稿。有一次，匹兹堡的体育记者吉姆·奥布莱恩（Jim O'Brien）去采访杰克·兰伯特，这位钢人队的队长拿着猎枪在门口迎接他。"他一直在擦拭他的枪，"奥布莱恩回忆道，"但是他拿着它就是为了让我慌乱，或者让我紧张。"

人们可能会认为这些队长们属于强壮、沉默的那种类型。然而，根据队友的说法，实际并非如此。在更衣室和球场上看到的队长与媒体看到的队长不太一样。和队友们在一起时，他们并不冷漠。他们不会对大家的提问感到愤怒，回答问题时也不会只有寥寥数语。事实上，他们可能非常健谈。

卡拉·奥维贝克痛恨公众的目光，但比赛一开始，她就丢掉了克制的面具。"我的声音很洪亮。"她告诉我。如果一位队友成功抢断，她说自己会第一个提出表扬，"但如果她们不努力，我也会让她们知道。尽管我会因为队友不努力训练而责备她们，但一旦她们踢得很棒，我会衷心地为她们高兴，并且会告诉她们自己有多棒"。迪迪埃·德尚说，在他的球队里，他总是在说话。"我在热身的时候说话，在更衣室里说话，在球场上说话，中场休息的时候也在说话。比赛结束之后我也一直在说话。你得说话。这是纠正错误的方法。"就连贝拉也以总是在本垒板开玩笑而闻名，他的玩笑对象既有队友，也有对方的击球手。当波士顿队的泰德·威廉姆斯对贝拉的喋喋不休感到非常恼火时，他会转身大喊："尤吉，闭嘴。"

卡尔斯·普约尔应该算是一个沉闷而诚实的采访对象，但在球场上，他却会变得活跃起来。"哪怕一秒钟我都不能松懈，"同队的防守队员杰拉德·皮克（Gerard Piqué）谈到和普约尔一起踢球时说，"我身后总是会响起同样的节奏，'杰拉德，杰拉德，杰拉德。'"当普约尔开始不停地喊他的名字时，杰拉德有时会转过身来问他怎么了——普约尔会说："没事，保持清醒就好。"

"队友们在一起的时候，我确实很严厉，但我从来没有恶意，"普约尔说，"这只是我试图帮助他们集中注意力的方式。"

拥有一位在公开场合沉默寡言但私下却能言善道的队长，有助于营造一种包容的氛围。大多数的"第一梯队"球队都有开放、交谈的文化，在这种文化中，队员们可以表达自己的不满，一起讨论策略，对有意见的事情发表看法。这些团体鼓励所有人畅所欲言。比如，1966年比尔·拉塞尔出任凯尔特人队的球员教练时，他并没有成为一个独裁者。在他召集的公开会议中，每个人都可以发言，所有的决定都要通过大家共同协商。在杰克·兰伯特担任钢人队的队长期间，该队一直保持着在比赛结束后蒸桑拿的传统——远离教练和媒体——通过这样的方式减压，并坦率地讨论比赛中的表现。在这种环境下，大家都很直率，不说废话，每个人都要承担责任，任何人都不能免受批评。这也是兰伯特感到最自在的场合。"这是杰克·兰伯特的庇护所，"他的前队友格里·马林斯（Gerry Mullins）说，"他会是第一个进来的，也是最后一个离开的。"

这种"和谐"是教练发挥重要作用的领域——不一定在于创造"和谐"，而在于保护"和谐"。虽然作为巴萨主教练的佩普·瓜迪奥拉很年轻，甚至和他队里的一些球员还曾是同期队友，但是他不进更衣室，让球员们可以自由自在地谈话，而且他还把巴塞罗那队的训练时间从上午改为下午，这样球员们就可以在训练后一起吃晚饭。明星前锋兹拉坦·伊布拉西莫维奇（Zlatan Ibrahimović）说，他刚到巴塞罗那时，瓜迪奥拉把他拉到一边，告诉他："在巴萨，我们要求脚踏实地。"伊布拉西莫维奇说，他的意思是说让我不要搞"特殊化"。

维克多·蒂霍诺夫是 20 世纪 80 年代苏联冰球队的教练，队员们都不太喜欢他。但是，蒂霍诺夫要求队员们离开家人，在巨大的压力下进行训练和比赛，每年长达十一个月，这让他们忽略了各自不同的身份，紧密地团结在一起。该队的边锋弗拉迪米尔·克鲁托夫（Vladimir Krutov）曾被问及私底下苏联队的球员是什么样子——他们有什么阅读习惯、爱好和兴趣。克鲁托夫认为这个问题很愚蠢。"都一样，"他说，"我们实际上都是一样的。"

"第一梯队"中气氛最愉快的球队是纽约洋基队（1949—1953）。在这支球队中，新人们没有像尤吉·贝拉那样被老队员们欺负——他们总是被老队员们呵护着。洋基队会举办烧烤活动，邀请每个人参加，通过这种方式来消除小团体。1949 年，正是这支球队中的投手老将们一起帮助贝拉成为一个强大的捕手。

当贝拉逐渐成长为球队的领袖，他继续发扬了这一文化——不是靠成为一名雄辩的演说家，而是靠学会如何巧妙地与队友沟通。贝拉被誉为"投手耳语者"。他会花好几个小时和他的投手们进行交谈，了解他们所喜欢的和击球手配合的方式，他还研究他们的性格，并且学会了如何适应他们的情绪。如果一名投手坚持拒绝他的叫球，贝拉也不会因此而怀恨在心。如果他们需要帮助，他会义不容辞。

贝拉和健谈的投手埃迪·洛帕特合作了几年之后，他俩基本上可以读懂对方的想法——之后，他们完全停止了使用投球信号。随着年纪渐长，维克·拉奇的投球速度开始下降，贝拉指导他如何通过改变投球方式和速度打败击球手。当投手们感到吃力的时候，贝拉会做一些他非常擅长的事情。有时他会告诉他们要放松，或者讲讲笑话缓和紧张气氛。有时则会激励他们。"尤吉会让你加倍努力。"投手怀特·福特（Whitey Ford）说。1953年，当福特在洋基队打满第一个完整赛季时，贝拉在解读击球手心理方面达到了无人能及的地步，福特只要按照贝拉的要求投出球就好了。"我很少需要忤逆他，"福特说，"通常当我不按他的要求投球时，事实会证明贝拉是对的。"当24岁的福特焦虑不安并且感到状态不佳时，贝拉就会叫暂停，然后慢慢地走到投手丘前，对他说，"好吧，怀特。电影的主要情节六点开演，现在四点了，我想准时去看。让我们搞定这个吧。"

在贝拉为洋基队效力的十八年中，球队有过几十位投手，很少有投手能跻身统计数据的精英行列。仅1952年一年，贝拉就和十五名不同的投手配合过，他们都投满了至少15局。不断有潜力尚未开发的各种投手来到纽约，并在贝拉的指导下达到他们职业生涯的顶峰。"贝拉不仅证明了自己是一个很好的倾听者，"作家索尔·吉特勒曼（Sol Gittleman）写道，"而且证明了每一名捕手都必须是：一名敏感的心理学家和投手的操控者。"

在好莱坞，没有人会相信这一评价，因为他演讲的时候口齿不清，而且他还有一个胡乱用词的著名嗜好，比如"不到结束就不会结束"。但在尤吉·贝拉所支持的文化中，交谈是秘密武器。说实话，他可以算是棒球史上最健谈的沟通者之一。

人类交流中有一个最古老的谜题：为什么有一些群体（但不是其中的所有人），能够用相同的方式做事情——作为一个整体进行思考和行动。研究群体动力学的科学家们已经发现了一些证据可以证明，随着时间的推移，当一群人习惯于一起完成一项任务时，他们可以产生一种"共同认知"。他们的集体知识和经验会帮助他们形成一个互惠的心理模型，让他们能够预测彼此的反应，并更有效地协调他们的工作。

2000年，在一项研究中，宾夕法尼亚州立大学的一组研究人员对56个本科生团队进行了观察，他们要求这些团队在一款模拟战斗的电子游戏中协作击败虚拟敌人。其中的杰出团队，也就是能够产生这种"共同认知"的团队，在解决问题方面表现出了非凡的能力——不仅是在常规情况下，在他们从未见过的复杂环境中也是如此。其他研究人员揭示，当一个团队开始掌握"无意识"的交流时，其整体表现会显著提高——即使每个成员的技能水平保持不变。换句话说，由于团队成员彼此熟悉，他们也许可以无意识地预测团队中其他成员对所有事情的反应。

这些研究人员在实验室中观察到的现象表明，如果一个运动队的队员能融入团队的某种心灵感应，每个人都知道其他人接下来会做什么，那么他们在赛场上的表现可能会更好。然而，他们没有解释的是，沟通在所有这一切中所发挥的作用——更重要的是，高效团队的成员相互之间应该如何沟通。

从2005年开始，麻省理工学院人类动力学实验室（Human

Dynamics Laboratory）的一组研究人员，花费七年多的时间，研究了来自银行、医院和呼叫中心等21个机构的团队，了解他们如何进行沟通以及这些沟通模式对他们的表现带来了怎样的影响。

在亚历克斯·"桑迪"·彭特兰（Alex "Sandy" Pentland）的带领下，麻省理工学院的研究团队没有采用研究人员的常规做法，拍摄一下这些团队的工作，或者给他们做做问卷调查，而是为这个项目部署了一些重型科学设备。他们给每个团队成员都分配了一个无线多媒体记录器，可以像胸牌那样戴起来，这个设备主要用来拍摄数字图像和录制音频，每分钟可以生成100多个数据点。当团队成员在工作期间相互交流时，设备会记录下谈话对象的身份，他们在交谈时使用的语调，说话时双方是否进行了当面沟通，他们做了多少次手势，以及他们交谈、倾听和打断别人分别花费了多少时间。通过汇总整个团队的"社交度量"设备数据，研究人员详细构建了一个图形化地图用来呈现这些团队的沟通模式。

随即，麻省理工学院的研究证实了我们所有人的猜测：沟通至关重要。无论这些团队是否拥有大量才华横溢、聪明能干、积极性极高的成员，或者过去是否取得了实实在在的成绩，其在任何一天的沟通方式都是衡量团队表现的最佳指标。事实上，彭特兰团队的研究人员可以通过浏览设备数据来预测一个团队对其工作的看法。

那么，最好的团队是如何进行沟通的呢？

麻省理工学院的研究人员发现，在团队效率方面，一个关键因素是，在正式会议以外的社交场合中，团队成员表现出的"能量和参与度"水平。换句话说，在休息室里专心交谈的团队更有可能在工作中取得优异的成绩。每名团队成员在谈话上花费的时间也被证明是至关重要的。在最好的团队中，讲话时间的分配是比较平均的——没有人从头说到尾，也没有人在谈话中畏首畏尾。彭特兰写道，在理想的情况下，"团队中的每个人说话和倾听的程度大致相同，说的内容既简短又让人愉快"。

研究人员还能够分离出这些团队中"天生领导者"的数据签名，科学家们称之为魅力连接者。"设备数据显示，这些人活跃地四处走动，与大家进行简短、高能量的交谈，"彭特兰写道，"他们在时间分配上很民主——与每个人沟通所花的时间都差不多，并且确保所有团队成员都有表达的机会。他们的性格不一定外向，尽管他们很乐意接近其他人。他们花在倾听上的时间和他们说话的时间差不多，甚至更多，而且他们通常在倾听时都非常投入。我们称这为'精力充沛但专注的倾听'。"在读到关于魅力连接者的部分后，我想起了1998年世界杯决赛在中场休息时发生的一件事情，当时是法国队对阵巴西队。其中包括了"第二梯队"中最有成就的队长——迪迪埃·德尚。

法国队出人意料地以2：0领先，中场休息时，球员们冲进更衣室，他们身上散发出一种公众很少看到的原始、发狂似的紧张感。第一批进来的球员包括中场球星齐内丁·齐达内，他踢进了两球。齐达内径直走向他的储物柜，脱下上衣，躺在地板上，用手捂住眼睛——显然他处于极度痛苦的状态。紧随其后的是德尚。虽然德尚没有发表正式讲话,但他在更衣室里绕了一圈,断断续续地说了几句话,没有特别指向哪位队员,"我们必须继续比赛,"他说,"我们不会坐以待毙。"

几分钟后,德尚走到仍然躺在地板上的齐达内面前。他俯身用双手捧住齐达内的脸,直视着他的眼睛,恳求他加强防守。

下半场的时候,像上半场一样,法国队没有留给巴西队任何进球机会,在比赛接近尾声时,法国队再进一球,最终以3∶0的比分战胜巴西队,赢得了其首个世界杯冠军。两年后,同样是由德尚率领的这支球队,赢得了2000年的欧锦赛冠军,巩固了他们在"第二梯队"中的地位。

谈到在更衣室里面对齐达内充满感情的那一幕时,德尚说这是他对待队友的一贯方式。除了使用的语言,他觉得在与人交谈时,触摸他们,并让自己说的话和身体语言同步也很重要。"你必须让你想说的话和你的面部表情相匹配,"他说,"我什么时候开心,什么时候不开心,球员们都知道。他们能听到,也能看到。"

德尚似乎找到了另一个关于沟通的真相,麻省理工学院的研究也已经透露了这一点:对于一个成功的沟通者来说,语言是沟通的重要组成部分——但除此之外还有其他手段。20世纪90年代初,哈佛大学的两位心理学家纳里尼·阿姆巴迪(Nalini Ambady)和罗伯特·罗森塔尔(Robert Rosenthal)开始进行关于肢体语言力量的测试。他们先是拍摄了13名大学水平的教学人员给学生讲课时的情景，然后把每位老师的影像资料剪成 30 秒钟的"短片"，同时进行消音处理。

接下来，他们招募了一个"评委"小组，并交给这些评委一个看起来不可能完成的任务：在不认识教学人员，也没上过他们课的情况下，通过时长仅 30 秒的无声视频，给这些老师的 15 个特征打分，包括诚实度、喜爱度、支持力、可信度、工作能力和主导力等。研究结果出来后，研究人员将这些评分与上过那些老师的课的学生所给出的评分进行了比较，来看看这两组看法区别有多大。令他们惊讶的是，学生和评委给出的评分几乎相同。"无声的"评委非常善于评估教学人员，事实上，当阿姆巴迪和罗森塔尔将无声视频从 30 秒剪短到仅仅 6 秒，评分结果并没有显著变化——一组新评委的准确率仅低了 7%。这个实验表明，当涉及这些老师给人们留下的印象时，肢体语言是迄今为止最重要的因素。他们的语言几乎不怎么重要。

作者写道，研究结果"表明，首先，我们一致的直觉判断可能出乎意料地准确，其次，我们在不经意间交流了大量关于自己的信息"。

心理学家丹尼尔·戈尔曼（Daniel Goleman）在 1995 年出版的《情商》（*Emotional Intelligence*）一书中提出了一个理论，该理论的基础是自 20 世纪 60 年代以来科学家们一直在研究的一个观点。戈尔曼认为，一个人识别、调节、唤起和投射情绪的能力是一种独特的智力形式——无法通过标准智商测试判断。情感流畅度高的人懂得如何利用"情感信息"改变他们的思维和行为，这可以帮助他们在与他人互动时表现得更好。戈尔曼还认为，情商与成为一名有效领导者所需要的技能密切相关，它可能比智商甚至一个人的技术专长更为重要。

肢体语言的力量以及情商的这些相关发现，帮助我们更全面地了解了，在不发表讲话的情况下，这些"第一梯队"的队长是如何传递信息的。我想知道的是，这些伟大队长的沟通方式是否不仅仅在于他们说了多少话，还在于他们通过肢体语言、面部表情、手势以及触摸等方式，在语言背后所注入的情感能量。

为了验证这个想法，我买了一张篮球比赛的票。

2016年，在那场马刺队对阵新奥尔良鹈鹕队（New Orleans Pelicans）的比赛，我坐在第二排，正好在马刺队的替补席后面，我注意到马刺队的球员们一直在不停地对话："来吧，干起来……去中间……退后，退后……不要停止移动……保持节奏，保持节奏……不要太过了，帕蒂……红色，红色，红色……看后面，后后后后面！"

在马刺队独步天下的19个赛季连续闯入季后赛期间，他们凭借顽强的防守，训练有素的掩护以及出色的低位表现，赢得了5次NBA总冠军。在NBA的进攻或防守统计方面，马刺队一直表现平平。但他们在一个方面表现超常：沟通。和其他"第一梯队"的球队一样，马刺队也花了很多时间进行内部沟通，主要是为了加强他们的场上阵型。体育记者比尔·西蒙斯（Bill Simmons）曾说，马刺队让他想起"五个哥们儿在21点的牌桌上不停地对话，试图找出击溃发牌人的方法"。

我坐在这个近距离的座位上观看这场比赛，观察这种交谈的风气。但我有一个更重要的目标，那就是弄清楚"无聊"的蒂姆·邓肯在其中到底扮演了怎样的角色（如果有的话）。对我来说，很难相信邓肯这样一个抗拒和媒体进行沟通的人，可以成为这个团队的"魅力连接者"。

邓肯并不认为自己是一个爱用语言进行表达的领导者。他很少提高嗓门。"这些年来，我和这些家伙们在一起更自在了，话也比以前多了，"他说，"我会走过去拍拍他们的背，而且还会拉着他们走之类的。但在大多数情况下，我一直是一个想给自己施加压力的人。"与大多数"第一梯队"的队长相比，邓肯似乎极度缺乏影响力。无论在什么情况下，他克制的肢体语言和茫然的面部表情都从未改变过（讽刺报纸《洋葱报》(*The Onion*)曾在一篇题为"蒂姆·邓肯为观众微微抬起了左眉"的文章中取笑他）。如果哈佛大学的心理学家阿姆巴迪和罗森塔尔给评委们看邓肯讲课的30秒视频，估计大家都要睡着。

邓肯甚至连声音都是平淡的。在采访中，无论输赢，他说话的语调都没有什么变化，这显得他很冷漠，甚至是粗鲁。邓肯的前队友马利克·罗斯（Malik Rose）说，理解邓肯的关键在于听他在说什么，而不是他怎么说——尽管这并不容易。

在比赛最开始的几分钟里，邓肯表现得像个篮球机器人。他没有浪费任何精力,用了最少的步数到达他的位置,并且在低位谨慎巧妙地采用了可以体现出他扎实基本功的基础动作。他花了一些时间指挥防守阵型 —— 为队友指向地板上的一个位置,并把他往正确的方向推了一下 —— 但几乎没有带什么情绪。在第三节一个罕见的灌篮后,邓肯甚至都没有握拳。后来,在比赛的最后三分钟里,马刺队拿下 10 分,鹈鹕队毫无招架之力,最终马刺队以 8 分优势击败了鹈鹕队,但邓肯并没有露出笑容。正如他的前队友迈克尔·芬利(Michael Finley)曾经说过的:"如果你对篮球一无所知,只是走进体育馆,看到他的行为举止,你不会知道他就是这支球队的领袖。"

然而,邓肯的有一个方面引起了我的注意 —— 他的眼睛。它们不具穿透力,不会让人们觉得他在审视他们的灵魂深处。但他用它们表达不同的意思。当裁判做出他不喜欢的判罚时,邓肯会睁大眼睛,表示震惊。当队友没有完成防守任务时,他会眯起眼睛,垮下下巴。有时他会死盯着队友整整两秒钟,甚至三秒钟。他的脸也许是神秘莫测的,但他的眼睛一点也不神秘,总是直接反映出他在想些什么。

当比赛暂停、他不打球的时候,他的眼睛才会变得充满活力。它们总是在动 —— 四处扫视队友、教练、裁判的脸,现场大屏幕,甚至是球迷。暂停时邓肯有好几种仪式。在哨声响起的那一刻,他会第一个从长凳上站起来,在球员们起身后,走出来和他们击掌。然后,他会走向助理教练们在的地方,去看看他们做的记录（NBA 里很少有球员会这么做）。当圣安东尼奥马刺队的主教练格格雷格·波波维奇跪下来向全队发表讲话时，邓肯会待在他左肩后方的一个位置。从这个有利的位置，他可以看到"波波"正在他的黑板上涂涂画画，并在必要时增加内容。在这个有利的位置，他还可以监控坐在他前面的队友的肢体语言。

每次比赛暂停之后，当波波维奇结束谈话时，邓肯都会找出一到两名队友，轻声而专注地和他们交谈，有时还会一边解释战略要点一边摇着手指。他还经常触摸他们，拍他们的手或屁股，用胳膊搂住他们的肩膀，或者在轻松的时候开玩笑地撞他们。当我看着他在这块场地上奔跑时，我意识到邓肯所有的动作都是经过计算的。和麻省理工学院研究中那些魅力连接者一样，他和队员们广泛接触，并平等地分配自己的时间和大家进行沟通。他觉得接近每个人都很自在。他在倾听和表达方面所花的时间差不多，而且总是不间断地和对方进行眼神交流。

在新奥尔良的这场比赛中，鹈鹕队开场以 4∶0 领先，波波维奇叫了一次暂停，大发雷霆。在比赛的前一天晚上，马刺队打了一场比赛，大家都很疲惫。波波维奇觉得他们看起来没有精神，就狠狠地训斥了他们一顿，还非常生气地用马克笔戳着自己的战术夹板。最开始，他怒斥了邓肯，说他传球很马虎。邓肯指着自己申辩道……"我？"接着，波波维奇对球队的明星后卫托尼·帕克进行了最严厉的指责，因为帕克在防守时显得无精打采。谈话结束时，他说："托尼，你别上场了。"帕克看似从容地进入了替补席。他不服地穿上 T 恤，坐到椅子上。但是让他恢复情绪总是很危险的 —— 因为帕克一受到批评就会有自暴自弃的倾向。

在下一次休息时，邓肯采取了行动。他匆匆离开球场，径直走到帕克身边，把一只手放到他的头上，并抬头与他对视。当帕克扭过头时，邓肯把手放到帕克的后背上，拍了拍。"你还好吗?"他问道。帕克点点头，抬头看着邓肯，脸上露出一丝淡淡的笑容。邓肯在那里站了一会儿，保持着这个姿势盯着队友们看了大约三秒钟，然后他才坐下。

八分钟后，当波波维奇决定让帕克重新上场时，邓肯保护性地把手掌放在了他的胸前。在另一次暂停中，邓肯走到帕克身后，用双臂抱住他，还拥抱了他。他俯下身来，微笑着在他耳边低语。帕克笑了。邓肯把左手放在帕克的肩上，开始帮他按肩。虽然邓肯可能只说了五个字，但他对帕克的支持已经再清楚不过了。

比赛结束后，波波维奇没有解释他为什么这么突然地让帕克下了场。马刺队的大部分球员都没有和记者们交谈，他们飞快地离开了更衣室。我问马刺队的后卫帕蒂·米尔斯（Patty Mills），他是否注意到了邓肯的行为。"很明显，他和托尼相处的时间比较长，他知道怎样处理这种情况，"米尔斯说，"即使传递的信息很少、很简短或者留给传递信息的时间很短，蒂姆也总能找到办法让别人明白他的意思，如果需要说点什么，他会说出来。如果没有什么需要说的，他就不说。所以当他说话时大家都会注意听。"

关于邓肯领导能力的最大讽刺是，尽管他不喜欢说话，但他努力创造了一个鼓励大家说话的环境。在团队中,他为自己塑造了一个推动这种开放性的球员角色。他天生不善于表达,但是他学会了利用自己拥有的工具——尤其是他的眼睛——在关键时刻发出强有力的信号。

"他从不批评人,"波波维奇这样评价邓肯,"他会试图弄清楚他们的身份,他们的成绩,以及他们的优势。他对人的判断力很强。当我们了解到他的这个强项时……我们知道我们几乎可以把所有球员都放到这个队里,除非他们跟谁都没法相处,而他也能想出和他们相处的方法。蒂姆·邓肯拍拍你的后脑勺,或者用胳膊搂住你,又或者在比赛暂停时弯下腰对你说点什么,这些都很重要。他知道,他的关注对这些队员的发展和自信影响巨大,这种认可让他成了领袖。"

那天晚上,我对邓肯和队友沟通的方式有了更清楚的了解,带着这个收获我走回了酒店。他没有做华而不实的演讲,也没有对着他们大喊大叫。一旦出现问题,他会谨慎而有针对性地使用语言进行有实际意义的补救。和其他"第一梯队"的队长一样,为了确保能够强化他要传达的信息,他会触摸队友,用眼神增强自己话中的含义。尽管人们绝不会把"魅力"这个词和邓肯联系起来,但事实证明,邓肯正是麻省理工学院研究人员所发现的那种魅力连接者。

除了探索肢体语言的力以外,哈佛大学对教学人员的研究还验证了另一个想法——是否有人能把手势和表情完美地结合起来。

阿姆巴迪和罗森塔尔注意到，得分最低的老师往往会坐着、摇头、皱眉、坐立不安地摆弄双手。这些姿态是应该避免的。得分最高的老师通常比其他老师更加活跃，但除此之外他们特别爱做各种手势。有些人微笑、点头、大笑或拍手，而其他人则不这样做。无论说话者是否有吸引力，他们的手势是有力还是柔和，这些都不重要。魅力这种特质并不普遍，它无法复制，甚至不容易识别。能够提高给人留下好印象概率的"正确"言谈举止并不存在。最有效沟通者的沟通风格通常有着非常鲜明的特征。"评委可以判断一个人是否让人感到温暖，"研究人员写道，"尽管他们可能无法分辨出驱动这些感知的具体信号。"

换句话说，无论我们如何回答"哪些特质让人有魅力"这个问题，答案都是绝对错误的。人们在与他人交流时，使用什么样的肢体语言或语言模式并不重要。重要的是，他们找到了适合自己的方式。

面对艰难的挑战，大多数的团队领导者都习惯于努力想出完美的词汇，并找到理想的时机传递出去。蒂姆·邓肯、尤吉·贝拉、卡尔斯·普约尔、卡拉·奥维贝克和其他"第一梯队"的队长则另辟蹊径。他们经常和队友们交流——倾听、观察、参与每一个有意义的时刻。他们认为沟通不是一种表演。在他们看来，沟通是一场不间断的互动，是一场永不停歇的肢体接触，是拥抱，也是安慰。

本章总结

- 如果面对一项艰巨的考验，你的任务是让整个团队坚定决心，绝大多数人会选择面对镜子练习演讲。传统智慧告诉我们，在最合适的时刻说出正确的话语，是激励人心的关键。"第一梯队"队长们的表现不仅没能证实这一观点——反而说明这个观点是明显错误的。他们不发表演讲。他们接受采访的表现通常也很糟糕，人们认为他们不爱说话，甚至不善言辞。他们的领导方式也比较低调。

- 关于高效团队的一个重大科学发现是，这种团队的成员会彼此交谈。他们的方式很民主，每个人轮流来。这些团队的领导者会广泛地和队员进行沟通，热情洋溢地和大家交流。"第一梯队"的球队也都有这种提倡交谈的文化——由队长培养和保持这种文化。尽管他们缺乏公开谈话的热情，但大多数队长，在他们团队里，一直在说话，并且通过手势、凝视、触摸和其他形式的肢体语言强化他们要传递的信息。高效团队的沟通秘诀不是浮夸。而是一种实用的、面对面的、形成惯例的持续对话。

第 9 章

精心策划的行为

非语言表达的力量

1976 年，匹兹堡

杰克·兰伯特是匹兹堡钢人队的中线卫，他身高 1.93 米，身材瘦长，一头金发，他侧身进入更衣室时，脸上带着一贯的表情，那种带着杀气的眼神，让人会不由自主地退到一旁。兰伯特是一个似乎永远都处在爆发边缘的人。

当时，钢人队刚刚以 23∶6 的比分虐杀了辛辛那提猛虎队（Cincinnati Bengals），兰伯特打了一场近乎完美的比赛。除了八次无人辅助的铲球和一次四分卫擒杀，他还进行了一次拦截，让钢人队触地得分，并在挽回一次失误的过程中射门得分。兰伯特不仅通过进攻贡献了 10 分，还帮助防守队员将辛辛那提队挡在了得分区之外。在一场有 22 名球员的比赛中，他单枪匹马地扭转了比赛结果。

那些疲惫不堪的媒体记者们，穿着皱巴巴的卡其裤和衬衫，在兰伯特的储物柜前排成半圆形，等着他说几句话。没有人喜欢这项工作。尽管兰伯特富有张力、充满力量的表现在赛场上吸引了所有的注意，但他讨厌媒体。他不喜欢成为关注的焦点，曾经还公开蔑视过记者。兰伯特轻蔑的对象不仅限于记者，他对自己的队友也很严厉，如果他们排错队或是犯懒，他会对着他们咆哮。他曾经告诉球队的进攻队长萨姆·戴维斯，你该节食了。兰伯特在桑拿房里总是滔滔不绝，但自驾游时，他会一个人坐在酒店的酒吧里喝酒，在房间里读小说，或者独自坐在长椅上，让人觉得他很孤独。"我不是一个爱大声喊叫的人，"他曾说，"私下里我的话会多一些，但大部分时间我都不太爱说话。我一直觉得你应该用实际行动做出表率，而不是空口说白话。"

当兰伯特走到他的储物柜时，站在旁边的记者们都感到局促不安。比赛之前，他们指着钢人队 1 胜 4 负的战绩，不断唱衰，认为钢人队进不了季后赛。兰伯特在场上的表现让他们看起来像傻瓜一样。尽管当时并没有人知道，匹兹堡钢人队还将赢得后面的比赛，并且淘汰五名对手，创下 NFL 的纪录。

然而，他们保持沉默还有另一个原因。钢人队的助理教练鲍勃·米利（Bob Milie）也一直在等兰伯特，兰伯特一到，米利就拿着一把手术剪刀开始处理他的右手。一道深深的伤口划过他的手掌，这个区域无法固定缝线。在比赛前，助教们已经尽力包扎了伤口，但绷带没有包扎好，纱布、胶带和兰伯特撕裂的皮肤搅在一起，变得血肉模糊，难以分辨。伤口的血流得到处都是，兰伯特的白色球衣和黄色球裤上都留下了深红色的血渍，他看上去好像是刚宰了一头鹿。记者们被这血淋淋的场面惊呆了。

"嗯？"沉默了一分钟后，兰伯特说。"有人要问我什么吗？还是你们都只是想站在那里？"

"你的手怎么了？"终于有一位记者问道。兰伯特把血肉模糊的手掌举过头顶，这样记者们可以看得更清楚。"只是一点小伤，"他说，"你们也知道，这是一场艰苦的比赛。"

美式橄榄球在团队运动项目中非常独特，因为它的球队由进攻和防守这两个不同的部分组成。这两个小组互不相干，他们有各自的球员和队长。然而，对于 20 世纪 70 年代的钢人队来说，他们的进攻仅仅是装装门面。让钢人队如此强大的，正是这支球队的铁血防守——NFL 历史上最好的防守。

虽然直到下个赛季兰伯特才成为队长，但大家都公认，他是防守组的引擎。"毫无疑问，杰克·兰伯特是组里的催化剂，"钢人队的防守协调员巴德·卡森（Bud Carson）说，"是他把这支球队从一支非常优秀的橄榄球队和防守队变成了一个伟大的防守队。他是一位非常富有感召力的球员，一位坚强的球员。我从未见过像他这样的人。没有杰克·兰伯特，我不知道我们是否还可以渡过难关。"

兰伯特已经在 NFL 待了几个赛季，但是他上升成为明星球员的迅猛程度，让人们感到非常惊讶。作为一名后卫，他不仅脚步过于迟缓，而且他还很瘦，新人时期，他的体重只有 90 多公斤——远低于联盟的平均水平。当钢人队选中他时，一些 NFL 球探和专栏作家把他比作球杆或稻草人，并预言他永远不会成为常规的首发球员。兰伯特在运动能力、速度、力量和敏捷性方面的评级，钢人队球探给出的是 B 级。

然而，他的态度得分却打破了纪录。

从 1974 年出现在匹兹堡钢人队的训练营那一刻起，兰伯特就表现出了一种不可思议的能力，他能够挑战自己的体能极限。虽然个子不大，但他却非常幸运地拥有了出众的平衡感和天生的神力。他的擒抱技术——抬头，舒展臀部——是从教练手册上复制的。他研究了非常多的视频，这让他对球有了第六感，而且似乎总是能出现在一个完美的地点接到球。

然而，在赛场上，兰伯特最有力的武器却是某种无形的东西。他可以把人吓得半死。上高中的时候，兰伯特在一次篮球比赛中被撞掉了几颗门牙。牙医给他装上了假牙，但在赛场上他从来都没有戴过。这张没有牙齿的嘴让他看起来像个精神错乱的疯子，或者像《体育画报》(*Sports Illustrated*) 对他的著名描述——"穿钉鞋的吸血鬼"。每次拍照前，兰伯特都没有像大多数中后卫那样僵硬地蹲着——相反地，他疯狂地摆动双腿，愤怒地抽动着身体。他因对四分卫毫不留情而得名，就算四分卫为了躲避他而匆忙跑到界外，他也如此。兰伯特会把他们打得落花流水。

丹佛野马队（Denver Broncos）的约翰·埃尔韦（John Elway）

是一名四分卫，后来进入了名人堂，回忆起第一次抬头看到兰伯特在争球线对面盯着他看的情景时，埃尔韦说："他没有牙齿，口水流的全身都是。我当时想的是：'你可以把你的钱拿回去。只要能让我离开这里。我愿意去做个会计。'我无法描述当时我有多想离开那里。"

实际上，兰伯特是一个内向、理智的球员，他通过钻研比赛视频、磨炼技术克服自己体型上的不足。然而，球迷、对手球员和记者普遍认为他是一个口吐白沫的疯子。

兰伯特很清楚自己在公众心中的形象。他说，橄榄球是一项情绪运动，有时他需要做些事情激励他的球队。但他也专门澄清了一下——他并不暴力。"我不会坐在储物柜前想着打架或伤害什么人，"他说，"我希望能够更努力、更积极地踢球，这是橄榄球的正确打开方式。"兰伯特也否认了自己失控的说法："我也没那么狂野。我很情绪化，但我知道我在做什么。那是一系列精心策划的行为。"

在对阵辛辛那提猛虎队那场关键的比赛中，不太合理的是兰伯特的手伤竟然弄得如此严重——他的球衣也不至于浸透鲜血。每次他下场时，训练员都可以用新绷带包扎伤口。当被问及此事时，教练鲍勃·米利说，教练组已经学会了永远不要靠近兰伯特去帮他处理伤口。每当他们这样做的时候，兰伯特就会尖叫着让他们别碰自己。"他可能是球队中最吓人的凶汉，"米利说，"他喜欢自己的球衣上有血。"

在前一章中我们看到，为了提高团队的水平，像蒂姆·邓肯这样的"第一梯队"队长会持续不断地和队员们进行有实际意义的交流，使用手势、触摸和眼神交流来强化他传递的信息。杰克·兰伯特也做了一些类似的事情。作为钢人队防守组的四分卫，在赛场上，他会给队友们打信号，有时也会反对队友的意见，赛后，在桑拿室里，他会给出直言不讳的反馈。可是，兰伯特还有一个和邓肯不同的特质。在球场上，他竭力表现出极端的激情和情感。在我看来，这像是一种完全不同的冲动——一种属于另一个范畴的更原始的交流形式。

1927年7月15日上午，21岁的研究生埃利亚斯·卡内蒂（Elias Canetti）骑着自行车，穿过维也纳的大街小巷，他只是模糊地意识到，一场闹得沸沸扬扬的政治闹剧正在席卷全城。当他骑车路过奥地利最高法院所在的正义宫时，他看到数千名社会民主党成员聚集在法院门外。由于对一起谋杀案中陪审团的裁决感到愤怒，整个上午他们都在不断蓄势，从一座市政大楼转战到另一座市政大楼，呼吁同胞加入他们。卡内蒂从自行车上看到，抗议活动爆发了。

抗议者砸碎了大楼的窗户，爬了进去。开始的时候，他们只是毁坏家具。后来，他们把书和文件扯出来，点燃了它们。大楼起火时，消防队员赶到现场，但暴徒切断了水管。最终，维也纳警察局长别无选择，给警察们配发了步枪。他们将射杀89名抗议者，结束抗议活动。

在最严重的屠杀发生之前,卡内蒂已经骑着自行车离开了,但暴徒们突然开始疯狂地抢劫、放火,给他留下了深刻的印象。他被眼前的景象吓坏了,但也被人群形成自己思想的方式所吸引。

在接下来的几年里,随着法西斯主义和战争席卷欧洲,暴徒受到一致思想和对暴力的渴望的驱动,成了全球关注的对象。看着这些事情发生时,卡内蒂回想起他在维也纳看到的场景——在近距离看到的那种动物力量。暴民问题从此成了他学术研究的重点,他将成为全球群体心理学方面最杰出的权威专家。

在 1960 年出版的《人群与权力》(*Crowds and Power*)一书中,卡内蒂描述了情绪如何迅速、无声地席卷人群,并创造出一种让人不可抗拒地想要加入的冲动。"他们中的大部分人其实并不知道发生了什么事,如果被人问到,他们也给不出答案,但他们会赶着去大多数人在的地方,"他写道,"他们的行动中有一种决心,这与普通好奇心的表现截然不同。似乎其中一些人的行为被传导给了其他人。"在人群中,"个体认为正在超越自己的极限"。

卡内蒂认为,人们并没有决定加入暴徒的行列,他们之所以这么做,是因为一种在无意识情况下渗透他们的情绪感染,产生了生物学上的同步联合。这种情绪传导将驱使他们采取某种统一的行动方针,甚至冒着受伤或死亡的风险。人群,卡内蒂写道,"想亲身体验其动物力量带来的最强烈感受。"

30 年来,卡内蒂的观察结果一直是这个领域的权威观点。为了更好地了解他所描述的神经力量,科学家们进行了实验,但结果不尽人意。然而，20世纪90年代，在先进的大脑扫描仪的帮助下，意大利的研究人员取得了重大突破。

帕尔马大学（University of Parma）的一组神经科学家非常偶然地发现，猴子大脑中有一类细胞，当猴子看到其他人在做各种各样的事情时，比如吃冰激凌甜筒，这些细胞就会活跃起来。研究人员接下来对它们大脑中模仿或反馈他人行为的神经元进行了识别。这些活性细胞被科学家称为镜像神经元，这一发现为研究人员在小组中观察到的大脑互联现象提供了首个实物证据，这种现象可能是我们身体里复杂的神经化学系统在无意识状态下运行的结果。它还表明，这一系统的通道可以被其他人操纵，人类可能会被动地感受到强大的情感。换句话说，卡内蒂在维也纳暴徒身上看到的现象是生物学在起作用。

自镜像神经元的发现以来，科学家们对情感"传导"的本质以及它们的传导速度有了更多的了解。2004年，《科学》杂志发表了一篇威斯康星大学的神经学家保罗·惠伦（Paul Whalen）和同事的研究文章，他们发现，当我们看到传达强烈情绪——如恐惧——的图片时，大脑就会释放情绪并开始快速地进行活动，这一切发生在17毫秒内。在我们意识到我们看到了一个可怕的画面之前，我们的大脑就已经在处理它了。

此时，科学家们仍不知道在这些关键因素被触发后，人体内部会发生什么，也不知道这是否与人们的身体运动方式有关。然而，关于"情商"的数十项实验已经明确说明：许多卓有成效的领导者能够——也确实能够——利用这种潜意识系统控制下属的情绪。2008年，丹尼尔·戈尔曼和另一位心理学家理查德·博亚茨（Richard Boyatzis）就这一课题撰写了一篇文章。他们认为，伟大的领导者是那些"有力地利用了这种大脑互联系统"的人。

具体操作中使用到的一种方法就是科学家们所说的表层行为。通常发生在，当一个人摆出一副表情，或巧妙地做一些动作，试图影响周围的人时。另一种方法被称为"深层行为"，发生在一个人没有假意做出一些行为，而是直接改变了他人情绪时。

要想进行深层行为，人们需要有能力去控制、管理、调整自己的感受，并把它们投射出来。一些实验室里的实验和实地研究表明，当团队领导者有效地表现出这些深层情绪时，他们会对下属的思想、情绪和行为产生强烈的影响。研究表明，一个情绪积极的团队领导者可以增强团队的热情，帮助团队更有建设性地发泄愤怒，甚至可以引导团队在特定任务上表现得更好，比如组装拼图。

所有这些研究表明，任何人想要改变一个群体——无论是维也纳暴徒还是橄榄球队——的情感构成，都可以利用那个将所有人联系在一起的无形网络实现这一目标。如果他们愿意，强大的领导者可以绕过追随者的意识，直接和他们的大脑沟通。

在"第一梯队"队长的行为史上，1976年杰克·兰伯特在比赛时血染球衣，算不上什么独特的事件。在大多数时候，这些队长中的大多数人所做出的事情只能被定义为攻击性行为。这些举动的目的并不是针对某一个人或是要解决任何问题，而是要向空气中释放一些情感力量。

例如，在赛前介绍时，比尔·拉塞尔会极其趾高气扬地大步走向球场，对对手球队怒目而视。一旦加入了他的队友，他就会庄严地交叉双臂，高高地放在胸前，就好像他是他所审视的一切人中的王者。拉塞尔后来说，他是故意摆出这种傲慢的姿势的。

在攻击性表现方面，"第一梯队"队长中排名第一的当属新西兰队的巴克·谢尔福德。在橄榄球场上，谢尔福德令人信服的魔力，加上他在南特让人印象深刻的顽强精神，让人对他的夺冠热情深信不疑。作为队长，谢尔福德有一个最令人难忘的品质——他对被称为"哈卡"的这种赛前仪式的全情投入。新西兰本土的毛利人是著名的勇士，他们的闻名之处有：令人生畏的面部刺青，挥舞由木头或鲸骨制成的巨大手杖的娴熟技巧，以及吃烤过的敌人心脏庆祝战斗的胜利。哈卡舞基本上可以算是一种群舞，是毛利人战斗传统古老的组成部分，实际上是一个精心编排的盛大点火仪式，适合在各种场合进行表演，但主要是在战斗之前。哈卡舞的本意是传达勇士是受神感召而来的想法，让敌人因为恐惧而不知所措。它也被用来在勇士中制造一种集体狂热，让他们的身体达到完美的同步。如哈卡专家伊妮娅·麦克斯韦尔（Inia Maxwell）所说，它传达的信息是："我们要去战斗，我们不期待能安然无恙地回来，所以让我们全力以赴吧。"

19世纪80年代中期，当新西兰国家橄榄球队第一次开始到国外参加比赛时,"全黑队"在比赛开始前表演了哈卡舞来为观众助兴。在过去的几十年里,他们最常用的版本是一种叫作 Ka Mate 的哈卡舞。为了表演这个舞蹈,在开球前,全黑队会面对对手,在中场排成三角形。仪式开始时,站在中间的哈卡领袖大喊:"准备好!"听到这句口令,表演者们把手放到臀部上,大拇指指向前方。然后,领袖喊出一系列的预备号令:

"林加　帕基亚!"("用手拍大腿!")

"乌玛　蒂拉哈!"("挺起胸膛!")

"图里　惠提雅!"("膝盖弯曲!")

"厚普　阿克!"("臀部跟上!")

"瓦维　塔卡希亚　起亚　奇诺!"("使劲跺脚!")

一旦队伍就位,每个队员收紧肌肉,深吸一口气,伴随着雷鸣般的集体吟唱,舞蹈开始了。

"卡梅特,卡梅特?"("我会死吗,我会死吗?")

"卡奥拉,卡奥拉?"("或者我会活下来,或者我会活下来?")

随着这些喉音从他们口中倾泻而出,他们用脚跺着草皮,拍打着自己的身体,向空中挥拳,球员们在表演时还会增加一些让他们看起来更可怕的细节——伸出舌头，张大嘴巴，翻白眼翻到只剩下眼白的部分。最后，整个队伍都腾空跃起。

"全黑队"唱念的这些句子，对方球员一个词都听不懂，但他们不需要弄懂：这些肢体语言表达得非常清楚。1884年，当"全黑队"访问澳大利亚时，悉尼的一家报纸报道说，"十八对有力的肺快速发出的声音有时候大得惊人，"吓得澳大利亚球员"不知所措"。1949年，澳大利亚运动员戴夫·布罗克霍夫（Dave Brockhoff）第一次目睹了哈卡舞，他说，他相信这种仪式给了"全黑队一种身体上、精神上的优势"。

1987年，巴克·谢尔福德接任队长一职时，哈卡舞正因不被重视而日渐零落。许多有欧洲血统的队长将其视为一项义务，多年来，他们一直在无精打采地履行这一任务。谢尔福德是毛利人，他安排队友们去参观了新西兰的一所毛利人大学，在那里他们可以了解哈卡舞的历史，并看到哈卡舞的正确跳法。"我还记得那天下午我们开车进学校时，整个学校都在跳哈卡舞，地面轰隆作响，"肖恩·菲茨帕特里克回忆说，"那种感觉太棒了。"谢尔福德强制要求整个"全黑队"练习这个仪式，并且逐渐增加练习的次数。几周之后，这支队伍在表演的时候越来越专注。"这开始对他们有意义了。"他说。

如果认为赛前舞是"全黑队"连续三年保持不败的主要原因，那就太天真了，但是谢尔福德重振的哈卡舞显然成了球队能量的源泉，也影响到了对手。一些竞争对手为哈卡舞带来的影响感到焦虑，他们还专门召开了会议讨论应对方法。新西兰的球员也开始理解和欣赏它的力量。"这是一个很大的优势，"菲茨帕特里克告诉我，"如果做得好，它会非常激励人心。"

无论表演哈卡舞是否让"全黑队"的比赛打得更好，但这一表演可能确实可以增强他们的决心。这也让巴克·谢尔福德站到了核心的重要位置，队友们能够看到、听到——甚至感觉到——在他身上涌动的攻击性。哈卡舞和兰伯特的血腥球衣，或者比尔·拉塞尔的傲慢姿态一样，是那种可能会激发人们镜像神经元的东西。对于一个队长来说，这是一种向队友们传播自己狂热行为的极好方式，可以生成卡内蒂所说的那种情绪感染。

在与队友交流的常规话题上，我很难理解的一位队长是冰球传奇人物"火箭"莫里斯·理查德（Maurice Richard）。

"第一梯队"的队长中，在有一方面理查德是个异类——他几乎不和任何人交往。队友们说，在整整六个小时的火车旅行中，理查德可以一言不发，一直坐着盯着窗外，像狮身人面像一样。在一些比赛的日子里，他说的话不超过十个字。虽然理查德不像迪迪埃·德尚那样经常开玩笑，也不像蒂姆·邓肯那样是魅力连接者，但他在蒙特利尔加拿大队的队友们仍然觉得他非常鼓舞人心。传奇中锋让·贝利沃（Jean Béliveau）曾写道，理查德"体现了一种力量、一种能量，这感染了他的许多队友，让我们连续五次获得冠军"。

"'火箭'不仅仅是一名冰球运动员，"他的前教练迪克·欧文

（Dick Irvin）说，"正是他的愤怒、他的欲望和他的激情激励着加拿大人队。"

理查德不是一个体格健壮的人，传接球的技术普通，尽管外号叫"火箭"，但他的速度也不是特别快。毫无疑问，他脾气火爆（更多是在后来），打球的时候带着他招牌式的激情和无情。人们对理查德印象最为深刻的是他眼中的激情。虽然他的眼睛实际上是棕色的，但近距离看到它们的人说看起来是黑色的。在理查德浓密的眉毛下，他的眼睛是那张狭长的三角脸上的焦点，这是一张锥子脸，下巴尖细突出。

因为他所处的时代还没有强制要求球员佩戴带面罩的头盔，他的眼睛一直露在外面，人们说在他的眼睛里看到了"火光"，特别是当他打球时，让人印象深刻。当时，弗兰克·塞尔克（Frank Selke）是蒙特利尔加拿大人队的总经理，他将这种"火光"描述为一种"具有穿透性的激情"，体育记者称之为"火箭发出的红色眩光"。威廉·福克纳（William Faulkner）初为冰球记者的时候，曾在1955年为《体育画报》报道过加拿大人队的一场比赛。一见到理查德，他就被其身上的热情惊呆了，他称之为"蛇类那种闪耀着激情，又令人窒息的可怕特质"。

对手球队的守门员们也谈到过理查德的眼睛。当理查德带着冰球向他们猛冲过去的时候，他发出的咆哮和紧绷的下颚已经够吓人了，但真正让他们害怕的是他的眼睛。"当他推着冰球飞向你时，他的眼睛都亮了起来，像弹球机一样闪闪发光，"守门员格伦·霍尔（Glenn Hall）说，"这太可怕了。"蒂姆·邓肯的眼睛极富表现力，而理查德的眼睛却只有两种状态——平静和狂暴。

理查德从来没有在更衣室发表过演讲，但据他的队友乔治·格罗斯（George Gross）说，他确实有一种特殊的仪式。在比赛前的最后几分钟，理查德会在更衣室里有条不紊地把他的头从房间的一侧转向另一侧，停下来盯着每个队友，直到他们和他的目光相遇。做完这些之后，他会说一些简短的话，比如"让我们出去赢得这场比赛"。由于我们已经了解了情绪感染、深层与表层行为、镜像神经元以及大脑释放强烈情绪的速度，所以不难理解这种手段可以起到的作用。理查德似乎知道，只要把他的目光锁定在人们身上，让他们看到他的脸，他就能把自己的激情直接传导到他们身上。

事实上，理查德是个沉默寡言的人。他不会经常和队友们互动，也无法像蒂姆·邓肯那样，成为团队中的魅力连接者。然而，他可能已经意识到了，沟通的方式不止一种。

在像 NHL 这样的超负荷环境中，运动员面临着精神和身体上的双重挑战，这种更深层次的沟通——基于行为而不是语言——似乎是一种非常有效的替代方式。

"第一梯队"的队长们都不是埃利亚斯·卡内蒂的学生。如果他们中有人沉迷于意大利人关于镜像神经元的研究，或者非常在意深层行为在科学上的细微差别，我会感到非常震惊。如果他们向队友表现出来的积极行为是有意为之（他们似乎的确是故意的），那么他们一定是凭直觉来做的。这是另一种形式的竞争谋略。

如果有这样一条通往人类思想的路径，它可以绕过意识并吸收他人的情感，如果一件血淋淋的球衣，一场令人毛骨悚然的部落舞蹈，或者仅仅是一次深深的凝视就能够激活这条路径。如果这些表现能够推动球队跑得更快、跳得更高、打得更努力、克服疼痛和疲惫，那么这些队长们一定是这门艺术的大师。

很难想象，在工作场所中，积极的表现对一个普通团队会有多大的用处。想要通过表演单人哈卡舞激励销售团队，只会引来人力资源部门的询问。做出某种情感表达似乎更适合"表演性"团队，比如飞行机组人员或管弦乐队，因为工作性质让他们只有一次机会把事情做好。然而，在体育领域，有很多证据表明，这样的表现确实会产生影响。

德国足球队队长菲利普·拉姆（Philipp Lahm）和德尚一样，带领了两支不同的球队进入"第二梯队"（稍后会更多地谈到他）。拉姆认为，如果没有激情，即使是最好的球队也不会赢得比赛，一名球员的激情可以提升整个球队的表现。当领导者在赛场上做出一些夸张行为时，他说，"它会帮你释放出甚至连你都不知道自己所拥有的能量"。

本章总结

- 人们对于沟通的最大误解是，认为沟通时必须要说话。在过去的几十年里，一系列的科学突破证实了我们大多数人的猜测。我们的大脑能够快速地与周围人的大脑建立起深刻、强大的情感联系。这种协同作用不需要我们的参与，它是自动发生的，无论我们是否能意识到这一点。

- 我曾多次找到"第一梯队"队长的相关例子，他们在重要比赛期间或者正好在赛前做了夸张、奇怪，有时甚至是令人感到恐惧的事情。这些事情有两个共同点：首先，不需要使用语言；其次，他们是有意为之。"第一梯队"的队长都没有了解过有关情绪感染的科学知识。但他们似乎都明白，有时候，实际的沟通是不够的。

第 10 章

更衣室表演

敢于挺身而出

　　二月的一天，由苏联制造的一架伊尔-62客机穿过大西洋上空的寒冷空气，从纽约飞往莫斯科，飞机上没有人期待着着陆。后舱的乘客主要是20名苏联最优秀的冰球运动员，他们都多多少少地喝了些伏特加，正瘫倒在椅子上。尽管自负的苏联队是1980年普莱西德湖冬季奥运会的夺冠热门，但现在他们已经分崩离析。

　　在奥运会上——刚好是冷战期间在美国举办——错失金牌，对于一支在过去的17届世锦赛中获得14次冠军和四连冠的球队来说，非常丢脸。在奖牌争夺赛中以3∶4的比分输给美国队，这给他们带来了无尽的沮丧——或者更糟。美国队的成员都是业余选手，由一群留着长发的大学生组成，这让苏联队的这次失利成了体育史上最令人意外的比赛，在美国，这场比赛被永远铭记为"冰上奇迹"。苏联队球员对他们获得的银牌非常反感，甚至不愿在奖牌上刻上自己的名字。

这个结果让克里姆林宫极为尴尬，后来，它迫使球员们像奴隶般地连续训练了 11 个月，由一位专横的教练亲自挑选队员并负责训练，以确保比赛失败这样的事情永远不会再次发生。比赛失利后的第二天，政府媒体《真理报》(*Pravda*) 甚至没有报道这场比赛。

在飞机达到巡航高度后，其中一名苏联队球员——经验丰富的防守队员瓦列里·瓦西里耶夫厌倦了沉浸在痛苦之中。他也因为这次失利而感到沮丧，但在他为球队效力的 10 年中，瓦西里耶夫曾经历过几次这样的失望。他一生中经历过许多艰难困苦，并不是一个自怨自艾的人。他离开座位，走向驾驶舱和飞行员聊天。

瓦西里耶夫在莫斯科以东约 400 公里的戈尔基长大。在他出生之前，父亲在一场战斗中被枪杀，将抚养他和他的兄弟姐妹的重任留给了不知所措的母亲。"我们是在街头长大的。"他曾说。瓦西里耶夫是个倔强的孩子，有人说他是个流氓，喜欢喝酒和抽烟，他对权威没什么概念，浓重的口音说明他没受过什么教育。虽然长得粗犷英俊，但他宽大凸出的鼻子上有好几处钝器撞击的痕迹。他的队友们喜欢讲他的故事，说瓦西里耶夫可以用拳头击穿木板，徒手掰弯钉子，或者徒手抓鸟。"他就像一个民间英雄，"他的队友——防守球员维亚切斯拉夫·斯拉瓦·费提索夫（Viacheslav "Slava" Fetisov）告诉我，"有个故事说，有一次他咬掉了一只鸽子的头。我不知道这些说法都是从哪儿来的。"

有一个关于瓦西里耶夫的传说却是事实。1978年，世界锦标赛在布拉格举行，苏联队的夺冠希望落到了对战东道主捷克队的那场决定性比赛上。苏联队需要净胜两球才能赢得冠军，他们很快就取得了3∶0的优势，但东道主队奋力反击扳回一球，将苏联队的领先优势缩小到2分。在之前一年，捷克队就曾击败过苏联队，比赛的节奏太快，即使最健壮的球员也感到疲惫不堪。第三局后半段，瓦西里耶夫觉得喉咙哽住了，开始感到呼吸困难。当他从冰上下来时，疼到不得不躺下。不过，当再次回到冰面上时，他抓起冰球杆，砰的一声从木地板上跳了起来。最后，苏联队以3∶1获胜。

回到莫斯科后，瓦西里耶夫去做了一次体检，想弄清楚为什么他在比赛的最后阶段感到如此难受。医生给他做了一些检查并给出了诊断结果。他在比赛时遇到的不是普通疾病，而是心脏病发作了。

在苏联队里，最耀眼的明星是闪电前锋，他们最出名的是绕圈将对方防守球员团团围住。相比之下，瓦西里耶夫的滑冰风格显得有些笨拙，而且他对得分也没什么兴趣。他身高1.80米，体重85公斤，作为一名防守队员，这种身材略显矮小，但他是球队的执行者，以让对手前锋痛苦不堪而闻名，他的一记完美撞臀甚至可以把对手撞飞。在苏联联赛中，他是令人畏惧的，一些球队在他上场时，都会把他们最好的前锋换下场，以避免他们受伤。在比赛中，和他对峙的NHL球员称他为"铁臀"（Iron Ass）或

"泰加之王"(Lord of the Taiga)。伟大的冰球运动员鲍比·赫尔(Bobby Hull)曾经承认,当他看到瓦西里耶夫向他逼近时,他会尽快扔掉冰球。

"他是一个简单的人,不耍手段,"苏联队门将弗拉迪斯拉夫·特雷蒂亚克(Vladislav Tretiak)说,"他是一个真正的俄罗斯人——坚强、坦率。他很少说话,但他的行动说明了一切。"

在1987年出版的回忆录《冰球真英雄》(*The Real Men of Hockey*)中,一手打造了苏联红军队的阿纳托利·塔拉索夫教练盛赞瓦西里耶夫,说他"对他的队友们保持着单纯和善良,对对手则保持着好战精神和威慑力。他是那种不说话,只凭行动的力量,就能团结队友发起进攻的球员"。

在前往莫斯科的长途飞行中,瓦西里耶夫和飞行员一起坐在驾驶舱的弹射座椅上,听到了一个熟悉的声音。原来是他的教练维克多·蒂霍诺夫,当时他坐在头等舱。蒂霍诺夫身材瘦削,面无笑容,有一头孩子气的浓密头发。三年前,苏联体育部得出结论,认为之前的教练对球员训练方式过于温和,在体育部的要求之下,蒂霍诺夫掌管了球队。蒂霍诺夫在外有着苛刻监工的名声,他赢得过两次世界锦标赛冠军,1979年,在纽约举办的一场表演赛上,他(带领球队)以2∶1的比分击败了NHL的最佳球员。但现在,在普莱西德湖的溃败之后,他的命运也变得扑朔迷离。

在离开普莱西德湖之前的最后一次球队会议上,蒂霍诺夫恳求队员们不要相互指责。他说,回国陈述时应该说,他们是作为一个团队输掉了比赛。然而,坐在头等舱里,面对身旁坐着的助理教练和各种苏联高官,他表达了截然不同的观点。他猛烈抨击球队的老将,尤其是前锋瓦列里·哈拉莫夫(Valeri Kharlamov)和队长鲍里斯·米哈伊洛夫(Boris Mikhailov)。他抱怨说,他们不仅年纪大了,速度下降,而且对他的教练方法也很抵触。

"我们为什么要带他们去比赛?"他问道,"因为他们,我们输了。"

蒂霍诺夫没有意识到驾驶舱的门是开着的,瓦列里·瓦西里耶夫能听到他说的每一句话。

瓦西里耶夫后来于 2012 年去世,他从未正式地讲述过接下来发生的事情。瓦西里耶夫去世后两年,蒂霍诺夫去世,他也从未公开谈论过这件事情。但据一名在场人士介绍,瓦西里耶夫从座位上跳了起来,冲出驾驶舱的门,直奔蒂霍诺夫。"我们大家都认为是我们队输掉了比赛!"瓦西里耶夫喊道。然后他抓住提霍诺夫的后颈,开始摇晃他。"我现在就把你扔出这架飞机!"

最后,周围的人拉开了瓦西里耶夫和他的教练,瓦西里耶夫被拖到后舱冷静。大家都在猜测,回到莫斯科后,他会怎么样。这不是他第一次惹上麻烦了。他经常违反球队严格的训练计划,不是偷偷抽烟,就是饮酒后去参加训练和比赛。他本来平时表现就不太好,苏联队又刚在普莱西德湖失利,而且那架飞机上有不少体育部门的官员和政治局委员,苏联必然会拿他以儆效尤。

但是瓦西里耶夫并没有被发配到西伯利亚。尽管蒂霍诺夫最终坚持执行了他之前的恐吓，将球队的几名老将送去了替补席或是请出了队伍，其中包括前锋哈拉莫夫和队长米哈伊洛夫，而瓦西里耶夫保住了自己的工作。第二年，当球员们奉命选举新队长时，他们都把票投给了瓦西里耶夫——克里姆林宫也同意了这一决定。从那时起，苏联红军冰球队拥有了一位会毫不犹豫地向当权者讲真话的队长。

老队员的大批离去本应让球队一蹶不振。然而，瓦西里耶夫接任后，球队开始依赖他的顽强精神，队员们也团结在他的领导之下。蒂霍诺夫打造的新团队中有五名速度奇快的年轻天才前锋，由瓦西里耶夫负责指挥防守给了他们足够的安全感，让他们可以尽情发挥，因为，他们知道自己会得到保护，即使偶尔失误也会有人善后。最后出现了一个谁都没有预料到的结果。

苏联红军队没有因此而陷入困境，它反而变得比原来更好了。

在接下来的重大比赛中，苏联在 1981 年的世界锦标赛上，以 13∶1 大败东道主瑞典。接下来，苏联队以 63 粒总进球赢得了比赛，而失球仅 16 粒。随后，苏联队前往加拿大参加了一次表演系列赛，对战加拿大的最强阵容球队——一支由盖伊·拉弗勒（Guy Lafleur）、雷·波克（Ray Bourque）、丹尼斯·波特文（Denis Potvin）和一个叫韦恩·格雷茨基的年轻土耳其人等 NHL 超级明星组成的球队。在最初的几次尝试中，苏联队一直无法阻挡加拿大的这些职业运动员，不停地被他们攻击，这让狭隘民族主义的观众感到非常高兴，在一旁大声欢呼。然而，这一次，瓦西里耶夫率领的红军队以 8∶1 击败了他们。

在四个赛季中,苏联队大放异彩,表现出了"第一梯队"级别的竞赛水平,他们赢得或打平了 96% 的比赛,并在 13 次大赛中拿下 12 个冠军 —— 成了国际冰球史上最强大的霸主。

他们的胜利本来还会持续多年。但在 1983 年,瓦西里耶夫被召到一名官员的办公室,这名官员给了他一个提议,瓦西里耶夫回答说,"这有悖于我的做人准则"。那位官员想让他成为队里的告密者,告诉他球队内部的事情。瓦西里耶夫对此不感兴趣。"我打了那家伙一拳就走了,"他说,"从那以后,他们就开始排挤我。"

在瓦西里耶夫被迫退役的同一年,另一名后卫斯拉瓦·费蒂索夫(Slava Fetisov)被任命为队长。在 1984 年的奥运会上,苏联队延续了之前的出色表现,获得冠军,但在那之后后继乏力,1985 年的世锦赛他们未能夺冠,获得了第三名。

在短短三年的队长任期中,瓦西里耶夫表现出了"顶级队长"的所有典型特质。他在冰上顽强拼搏、决不退让;不计较个人得失,努力为队友们提供配合;为了获胜,积极挑战规则的极限。他不擅长演讲,但队友们说,他一直在为教练提供建议,并且心平气和地为球员们提供指导。"当周围没有教练的时候,他会和球员们交谈,"特雷蒂亚克告诉我,"不管是在更衣室里,还是在冰上,他说的话总是对的。"

1980 年,普莱西德湖的惨败结束了苏联队长达 20 年的霸主时代，似乎已经到了苏联队跌下神坛的时候。有些体育王朝球队之所以崩塌，仅仅是因为运动员们老了，失去了进取心，也没了优势。有一些球队覆灭是因为球员间的个人冲突导致形势失控，破坏了团结。这种情况经常发生，球迷、记者和体育界高管逐渐开始把球队内部的异议或分歧行为视为潜在的致命灾难。由于现代球队决意要减少内部冲突，所以制造冲突的球员通常会被炒鱿鱼。

然而，瓦西里耶夫的极端反叛行为并没有带来这种负面影响。相反，这引发的一系列事件，让他的队友们关系更加密切，不仅巩固了他的领导地位，而且为球队获得16次连胜夯实了基础，让苏联冰球队成了体育史上最强大的霸主球队之一。一个强有力的旁证是，瓦西里耶夫攻击教练的那一刻，正是他们球队走向伟大的转折点。我心目中的队长——我觉得很多人和我的想法应该一样——不是那种会威胁要把自己的教练扔出飞机的人。但"第一梯队"的所有队长，在他们的职业生涯中，都不同程度地站出来反对过管理层。1995年，美国足协不仅没有满足卡拉·奥维贝克及其队友提出的涨薪要求，反而在奥运会前禁止她们进行训练。尤吉·贝拉、米雷亚·路易斯、巴克·谢尔福德以及悉德·考文垂也曾因为薪资问题与球队管理层发生过冲突。有一次，匹兹堡钢人队想让队员们的饮食习惯更健康，在食物里减少了肉类，杰克·兰伯特拿出一个纸杯，在里面装满橡子、树枝和泥土，然后把杯子放到了他的主教练查克·诺尔的桌子上。"后来，我们把菜单改回去了。"球队主席丹·鲁尼（Dan Rooney）说。

在所有的"第一梯队"队长中，卡尔斯·普约尔——至少从外部看起来——似乎和管理层的关系最为和谐。他说，当发生冲突时，他会尽量不让公众看到。尽管如此，普约尔说，他认为巴塞罗那队的优势之一是选举队长的传统。他说，这让球队教练不能简单地任命一个"什么都听他的"的人。

在商界，这种制度化异议正在开始流行。一些公司非但没有摒弃那些讨人厌的人，反而给了他们崇高的地位。为了避免集体审议，一些公司采用了一种叫作"红队联盟"的方法，根据这种机制，项目小组会指定一个人或几个人，由他们拿出最有力的理由说明为什么现有计划不好。这些公司认为，通过以这种方式接纳不同的意见，他们能够更好地避免由轻率的表态和自满情绪带来的影响。

瓦西里耶夫和其他"第一梯队"队长的普遍行为模式表明，存在异议是件好事——一位强有力的领导者应该为团队挺身而出。文斯·隆巴迪曾经说过，队长的领导力应该建立在"真相"的基础上，而且优秀的队长应该认同自己的团队，并且不论什么时候都要支持这个团队，"即使冒着惹恼上司的风险"。尽管如此，对一个团队来说，有的异议可以提高团队效率，有的异议则会破坏团队的凝聚力。如果队长不断地挑战管理层、抵制共识、制造混乱，那么球队将无法继续取得胜利。在棒球运动中，球队一起比赛的时间会长达八个月，有些球员本能地坚持自己的原则，甚至还会因此而发怒，他们被人们轻蔑地称为"俱乐部律师"。

瓦列里·瓦西里耶夫挑战教练的权威，为其他球员辩护，这并不是"律师"行为。这是一种大力支持和保护球员的姿态。队友们欣赏他的勇气，因此而喜爱他，并且团结在他这位队长身边，也就不足为奇了。他所承担的风险是教练会把他踢出球队，或者球员们觉得无法忍受这种氛围，以至于失去获胜的意愿。

然而，在我的研究中，有几位队长以一种与众不同、更具冲击力的方式表达过异议。他们不仅公开批评教练或经理，也公开批评过队友。这和飞机事件有很大的不同。在这些情况下，领导者并不谋求支持和捍卫集体荣誉，而是通过号召的方式来激励大家提升自己。

2009 年，慕尼黑

德国足球界的王座保留着一个实际的真实地址，即萨本纳大街（Säbener Strasse）51-57 号，这里位于慕尼黑市中心以南几公里处，是一个属于拜仁慕尼黑的庞大训练基地。

2009 年赛季开始时，在这个绿树成荫的场地，展示柜里陈列着拜仁自 1900 年（拜仁成立的那年）以来赢得的 21 届德国联赛冠军奖杯。然而，在这个展示柜里，2009 年的奖杯有一个最显著的特点，这里面没有他们击败欧洲其他顶级俱乐部而获得的奖杯。在 20 世纪 70 年代中期称霸欧洲大陆之后，拜仁只赢得过一次欧洲冠军联赛的冠军——而那已经是八年前的事了。

萨本纳训练基地的所有人都认为，一雪前耻的时刻已经到来。足球运动在全球范围内的蓬勃发展，给拜仁带来了前所未有的丰富资源供其支配。四年前，拜仁搬进了耗资 3.4 亿欧元的慕尼黑安联球场（Allianz Arena），这是一座专为他们建造的未来主义风格的庞大建筑，采用了白色、红色和蓝色的聚合面板，在 80 公里外邻国奥地利的山上都可以看到。在俱乐部收入首次接近 3 亿欧元的那个赛季，拜仁聘请了荷兰著名教练路易斯·范加尔（Louis van Gaal），并斥资 5 000 万欧元购得两位杰出的得分手，德国前锋马里奥·戈麦斯（Mario Gómez）和荷兰边锋阿扬·罗本（Arjen Robben）。在 2009 年赛季开始之前，球队阵容中满是天才球员，前拜仁球星、拜仁董事会成员弗朗茨·贝肯鲍尔称这是拜仁有史以来最杰出的球队。

尽管如此，在德甲联赛中进行了十三轮比赛之后，拜仁的超级球队还是一片混乱。他们只赢了五场联赛，并在欧洲冠军联赛的小组赛中 0∶2 负于实力较弱的波尔多队。

由于联盟规定禁止私人拥有球队，所以，严格来说，拜仁是一个由 27 万股东拥有的公共信托机构。事实上，球队庞大的董事会严格控制着球队的运营——从电视转播权的谈判，教练的聘用到球员的挑选。董事会成员并不是一群脱离实际的官僚。他们包括前拜仁球星贝肯鲍尔、乌利·赫内斯（Uli Hoeness）和卡尔-海因茨·鲁梅尼格（Karl-Heinz Rummenigge）。他们组成了德国足球运动的顶级机构。

当球迷和专栏作家抱怨球队沉闷的开局时，董事会保持了沉默。他们已经制定了路线，并计划坚持下去。董事会要求服从并渴望秩序，而球员们批评董事会的决定并不能解决问题。公开反对拜仁董事会是德国体育界的雷区。

在赛季开始之前，拜仁主帅范加尔做出了一项非常规的任命，让菲利普·拉姆担任球队新的副队长——队长马克·范博梅尔（Mark van Bommel）的副手。拉姆是一名防守型中场球员或后卫，他只有 25 岁，这个年纪的球员通常不在管理层选择领导者的考虑范围之内。身高 1.70 米，留着保罗·麦卡特尼（Paul McCartney）式的拖把头，长着一张娃娃脸，他看上去一点也不像是一位队长。

20 世纪 60 年代末，拜仁成功地成为足球史上最强大的霸主球队，从那时起，球迷们就期待着一位具有德国男子气概的高大球员能成为球队的队长。1968 年成为队长的贝肯鲍尔一直是他们心中的队长原型——他比较专横，具有潇洒的外表和领袖特质，他的天赋让他能够从所处的中卫位置上抢断长传，并利用速度和球技，优雅、轻松地压制对方的防守球员。这为他赢得了"足球皇帝"（der Kaiser）这一绰号。贝肯鲍尔帮助拜仁赢得了四次德甲冠军，连续三次获得欧洲冠军杯冠军，同时还带领德国国家队赢得了 1974 年的世界杯冠军。和法国队的迪迪埃·德尚一样，他是仅有的三名带领着两支不同的球队——他所在的俱乐部球队和国家队——进入"第二梯队"的队长之一。

执行层领导力

在足球皇帝之后，拜仁的队长名单中陆续出现了洛塔尔·马特乌斯（Lothar Matthäus）——一个情绪太不稳定，长相英俊的花花公子，阿根廷巨星迭戈·马拉多纳（Diego Maradona）曾把他视为自己最强劲的对手；斯蒂芬·埃芬伯格（Stefan Effenberg），有着一头金发的中场球员，身高1.88米，绰号"老虎"，他一共领到了109张黄牌，创下了联盟纪录，并曾与队友的妻子有过绯闻；守门员奥利弗·卡恩（Oliver Kahn），他很容易情绪大爆发，球迷们称他为火山（体育记者更喜欢称他为"巨人"）。德国人甚至想出了一个讨人喜欢的德语词来形容这位健壮而有血性的队长：die Führungsspieler。从字面上翻译的话，它的意思是"球员向导"，但实际上，它暗指狂热的极权主义者，这种类型的队长会毫无顾忌地对队友大喊大叫，要求他们打得更努力。

站在上面提到的这些人旁边，菲利普·拉姆可能会被误认为是一个来索要签名的少年球迷。

尽管他在11岁时就进入了拜仁青年队的训练营，并且得到了教练们的认可，但是拉姆的德甲之路并不顺遂。一些德国俱乐部因为介意他矮小的身材，而拒绝租借这位中场球员。虽然拉姆自称是来自慕尼黑的当地男孩，但他却非常朴实。他远离夜生活，保证自己有充足的睡眠时间，他曾在一次采访中说，自己把钱都放在银行里做了定期存款。在球场上，拉姆不是一个身材高大的得分手，也不是一个积极的抢断球员——事实上，他曾告诉我，在他的职业生涯中，从来没有领到过一张红牌。"我想我从来没有接近过（红牌）。"他说。不同于之前的拜仁队长，拉姆不是一个独裁者。他不摆架子——总是以平静、清晰的语调和队员们交谈。"我的风格是不断地谈话。这对于很多问题的解决都很重要，尤其是在训练方面。这是最适合我的方式。"

其他的拜仁队长都是备受瞩目的超级明星，而拉姆却非常满足于给队友们传球。"从我很小的时候起，我在比赛里就是为队友们提供配合。"他说。球迷们能为他想出的最好绰号是Zauberzwerg（魔法小矮人）。

要欣赏拉姆的空间感，在赛场上的预测能力以及他通过精准传球发起进攻的技能，需要了解一些战术知识，并且要观看大量的录像带。几乎没有人注意到，他曾经在一次比赛中完成了133次传球而没有一次失误。更值得注意的是，他踢的不是固定位置。根据球队在任何特定时刻的战术需求，他会在后卫和中场之间进行角色切换，从左侧到右侧。"拉姆唯一不能打的位置是守门员，"贝肯鲍尔告诉我，"因为他太矮了。"在2009—2010赛季中，拜仁以5胜2平4负的糟糕战绩开局，拜仁董事会的用人策略让拉姆感到怒火中烧。经过一场艰难的比赛拿下平局后，他在赛后的电视采访中列举了他认为球队表现不佳的几个原因，最主要是因为中场缺乏组织。

采访结束后，拉姆被叫去和董事会碰面。这对他来说并不是意外——一年前，也就是2008年，拉姆拒绝了转会到巴塞罗那队的邀约之后，他告诉董事会，希望偶尔能让他在战术问题上给出自己的意见，董事会接受了这个条件。当走进房间时，他准备坦率地和他们讨论球队所面临的困境。然而，董事会成员并不想听他的意见。他们让他停止在电视上批评球队，并叫他离开。

拉姆被这一指责惊呆了——但他非但没有被吓倒，反而更加坚定了发表自己观点的决心。唯一的问题是应该怎样做。拜仁董事会憎恨不忠。其他的队长，尽管在赛场上英勇无比，但从来不敢向管理层开火。不仅如此，拜仁明确规定，在没有俱乐部事先批准的情况下，禁止球员接受媒体采访。然而，在11月，当球队磕磕绊绊地进入联赛中对战沙尔克队的关键比赛时，拉姆认为保持沉默的后果比违反规定的风险更大。他让经纪人安排了一次与慕尼黑《南德意志报》(*Süddeutsche Zeitung*)的会面。

欧洲足球队并不允许球员自由接受采访。除了赛后的一些评论，或者偶尔的匿名泄密外，直到赛季结束后，球星们才会和媒体有一些交谈——即使是在那个时候，也不会太坦率。因此，11月7日（周六）早上，也就是拜仁对阵沙尔克队的赛前几个小时，当慕尼黑的市民打开报纸时，他们震惊地发现一个整版都是拜仁的副队长给出的未经授权和审查的赛季评论。第二天，《卫报》称这是"最坦率、毫无保留的球员采访"。

拉姆一开始很谨慎，他告诉记者他相信拜仁有能力解决目前的困境。他坚称，作为拜仁的终身球迷，他十分关心俱乐部的最大利益。"但如果我认为球队无所作为，"他说，"或者球队不知该何去何从，那么我就会介入并说出令人不安的事实。"

拉姆继续说道，拜仁未能获胜的主要原因是严重缺乏战略思维。董事会安排了戈麦斯和罗本这些昂贵的得分手上场，却没有考虑到他们已经习惯了在不同的阵型中踢球。同时，球队的中场非常混乱，这个位置的球员技术不够全面。有些人有能力控球，但缺乏发动进攻的技能——而其他人则有相反的问题。"要想和巴萨、切尔西以及曼联竞争，那么就需要一种比赛哲学。"他说。像这些欧洲的顶级俱乐部会选择一个体系，然后出去找到合适的人执行。"不能仅仅因为球员好就购买他们。"

不出所料，拜仁董事会震怒。

"副队长菲利普·拉姆的采访……公然违反内部规定，这一行为不可原谅，"董事会在给媒体的声明中说，"公开批评俱乐部、教练和队友是绝对禁止的。"董事会承诺拉姆将会收到有史以来对球员开出的最高罚单。

接下来的一天，在1∶1战平沙尔克队后，拉姆被拖到了董事会面前。这个会开了两个小时。"在一次非常详细和有建设性的公开讨论中，菲利普·拉姆为自己的言论以及他所选择的公开方式进行了道歉，"董事会在另一份声明中表示，"拉姆已经接受了董事会的罚款，对双方来说，周末的问题已经解决了。"

尽管当时没有说，拉姆确实对这一事件有不同的看法。他告诉我，他是为事情带来的影响而道歉，并不是为了自己的言论。"违背雇佣你的俱乐部并不容易。出来反对队友也很困难。很多人对这些事情都闭口不谈，当然，最好的方法是——在心里说。但有时你必须利用公众的帮助让别人听到你的声音。"

采访文章发表后的第二天，拉姆的几位队友公开支持他的建议。但是其他人，尤其是那些赛场表现曾被拉姆批评过的中场球员们，对他感到非常愤怒——由于他对他们的评价以及他有预谋的反叛行为。前拜仁队长、标杆人物斯蒂芬·埃芬伯格认为拉姆的批评有些过火，"拉姆面临的未来将是残酷的，"他告诉记者，"现在，每场比赛之后，他的表现都会被细查。"

至少，人们会认为拜仁的球员们已经被他们副队长的采访搞得心烦意乱，他们之后的表现不是继续令人失望，而是变得更糟。但在采访文章发表的那天，拜仁1∶1战平沙尔克后，事情发生了逆转。拜仁在接下来的十场比赛中赢了九场。尽管开局很糟糕，但拜仁还是赢得了2009—2010赛季的德甲冠军。

和瓦西里耶夫的行为相比，拉姆违反规定的行为可能造成了更大的不和，但带来的效果是一样的。这让他的团队变得更好。

哈佛大学的组织心理学家理查德·哈克曼，曾对团队表现进行了研究，并对功能型领导的优点大加赞赏，他还观察过在帮助团队应对冲突方面，领导者所发挥的作用。他的所有研究都支持一个强有力的结论——所有伟大的领导者都会发现自己身在其中。哈克曼写道，为了保证效率，团队领导者的"行为必须符合成员当前的喜好和需求，而不是以集体共识为指导"。

哈克曼认为，提出异议不仅是领导者的一项重要职责，也是一种勇气。破坏团队既定规范和惯例的领导者往往会为此付出巨大的个人代价——后来的研究人员将这种现象称为"独立的痛苦"。

毫无疑问，哈克曼的研究表明，团队需要一些内部的推力和拉力才能成就伟大。但我之前的问题仍然没有得到解答——积极的异议和消极、破坏性的异议之间有什么区别。为了探究这个问题，我转向了群体冲突方面最著名的权威——管理学教授凯伦·杰恩（Karen Jehn）。

在漫长的职业生涯中，她曾在斯坦福大学和宾夕法尼亚大学任教，她对于团队的研究显示，某些分歧并不会带来负面影响——事实上，有着较高程度冲突的团队更有可能进行开放式讨论，从而帮助他们找到新的解决方案。最糟糕的结果是，一些团体轻率地达成了协议。然而，通过数百次实验，其他研究人员得出的结论是，冲突会对团队表现造成不利影响。

2012年，杰恩和两名同事发表了一篇综述分析的论文，该分析基于针对8880个团队进行的16项不同实验。这篇论文的目的是检验杰恩提出的关于群体冲突本质的理论。杰恩认为"冲突"需要更准确的定义。她认为团队内部的异议有几种不同的形式。一种是她所说的"个人或关系冲突"，被定义为某种个性冲突的表现——团队成员之间由自我驱动的人际关系对决。这种争端与另一种形式——任务冲突——截然不同，任务冲突指的是非个人分歧引发的冲突，它源自并聚焦在手头工作的实际执行上。她认为，有的团队因为成员互不喜欢而争吵；有的团队则是为了解决他们正在处理的问题，因为观点不同而争吵。尽管都是争吵，但这二者之间是有区别的。

杰恩和她的同事们将8 880个团队分成了两类，一类是个人冲突占主导，另一类是任务冲突成了主要矛盾，观察他们的表现是否有何变化。这二者的差异非常明显。个人冲突占主导的团队在相互信任、凝聚力、满意度和做出承诺方面的表现显著下降——所有这些都对他们的表现产生了负面影响。对于那些发生任务冲突的团队来说，冲突对团队表现产生的影响基本上是中性的。争论手头的工作既没有帮助他们提升表现，但也没有给他们的表现带来损害。

但是有一个例外：在高压力环境下工作的团队。这些团队与其他团队的不同之处在于，他们的工作产生的是直接、可量化的结果——比如财务业绩——他们的工作成果如何一目了然。像这样的团队，通过一些统计系统就能即时得到业绩反馈，任务冲突带来的影响根本不是中性的，他们的表现高出平均水平40%。"我们发现，任务冲突不一定会对团队产出产生破坏作用，"作者写道，"相反，让任务冲突和团队表现呈正相关的条件是存在的。"换句话说，如果团队像在体育比赛中一样，能够快速得到对自己工作的具体反馈，那么他们在细节问题上的争执则有助于团队取得更好的工作成果。

阅读拉姆的采访全文时，我注意到，他的批评并非出于自我或恶意。他避免了人身攻击，并明确表示，他认为球队管理层完全有解决问题的能力。拉姆并没有进行猛烈抨击，他的指责主要集中在战术上。在指出问题之外，他花了差不多同样多的时间谈论这些问题的补救措施。

在惩罚拉姆之后不久，拜仁董事会就开始采取措施，完全按照拉姆给出的方案进行改进。之前球队疯狂购买强力得分手的做法得以纠正——取而代之的是，耐心地花了几年的时间裁掉一些和球队不匹配的前锋，并进行中场球员储备，他们选择的球员必须具备拉姆所说的更具创造性、进攻风格的特性。当这些举措完成时，整个球队得到了提升。在接下来的赛季中，范博梅尔离开了球队，拜仁将拉姆任命为新队长。在那之后的一个赛季，随着重建工作的完成，拜仁终于发挥了自己的潜力，赢得了该赛季四冠王中的第一个冠军，并获得了十二年来一直未能获得的大奖——欧洲冠军联赛冠军。第二年夏天，也是由拉姆担任队长的德国国家队，在巴西赢得了2014年世界杯冠军。那一年，这支球队收获了历史上最高的埃洛评分——打破了六十年前匈牙利队创下的纪录。

这位魔法小矮人不仅挺过了2009年的动荡，还帮助他的球队调转方向，创造了历史性的卓越表现。他自己也很成功。带领拜仁和德国国家队进入"第二梯队"，让他和迪迪埃·德尚和弗朗茨·贝肯鲍尔一样，成了同时带领两支球队进入"第二梯队"的三位队长之一。

2015年冬天，在拜仁位于萨本纳大街的训练基地里，拉姆告诉我，尽管采访带来的后续影响很难应付，但他认为自己的反叛行为，就球队的未来而言，是一笔有价值的投资。"这次采访很有帮助，因为现在我们可以和球队一起走上胜利之路。"他说。

传统观点告诉我们，当团队成员之间有着较高程度的友爱与和谐时，团队的表现会更好。在写这本书之前，我会把任务冲突和其他所有更衣室的矛盾归为一类。拉姆的例子表明，心中的安宁并不比说真话——至少是一位以忠诚著称、努力为球队服务、避免人身攻击的队长所说的那种——更重要。拉姆认为，要想有效地领导球队，队长不仅要向当权者说真话，还要对队友说真话。"成为所有队员的朋友，这绝对只是一个浪漫的想法。"他说。

人们心目中的德国足球队长，应该富有男子气概，可以肩负起整个团队，并带领它走向辉煌，拉姆可能并不符合这一形象。但是，虽然他不是德国球迷所渴望的那种领导者，但他经过深思熟虑，不动声色地准确表达了对董事会的异议——目的是为了改进球队的战术——这远比他的前辈们所做的任何事情都要勇敢和有效。

和大多数德国球迷一样，拉姆说他从小就相信"球队即队长，队长即球队"。19岁的时候，拉姆首次进入拜仁一线队，仅仅是看到当时的队长奥利弗·卡恩，他就充满了敬畏和"难以置信的尊重"。但他说，随着时间的推移，他的看法发生了变化。他开始认为队长是娱乐表演的产物，没有任何真正的用处。"也许，"他说，"我对什么是领导者有不同的定义。"

尽管我们可能会习惯性地害怕异议，但团队内部的不同意见可能会成为一股促进团队提升的强大力量。同样明显的是，在他们认为有必要时，伟大的队长必须愿意站出来——忍受研究人员所说的"独立的痛苦"。当然，这是有限制的。如果队长或其他任何人挑起了那种基于小仇恨或个人恩怨的冲突，任何球队都无法长期维持下去。他们选择的原则立场必须像瓦列里·瓦西里耶夫那样，旨在维护他们的队友，或者聚焦在战术上，又或者像菲利普·拉姆那样，剖析拜仁的人事决定。

所有这一切都表明，在任何高压的团队环境中，甚至在体育领域之外，异议也是一种无价的商品。敢于面对老板，或老板的老板，或只是在团队会议中站起来说，"这就是我们做错的地方"。这样的领导者是团队实现卓越的重要因素。

本章总结

- 一个肯定会让运动队高管们感到恐惧的词是,"更衣室表演"。尽管精英运动员身体强壮、意志坚韧,但传统观点认为,团队是脆弱的群体。即使是几度的温度变化,也能让它们的内部关系重新调整,降低它们的效率。团队管理者倾向于消除积怨,把引发怨恨的球员踢出队伍。可是,体育史上最伟大球队的队长们,不仅桀骜不驯、会提出异议、做出可能造成分裂的事情,而且他们还经常这样做。

- 关于"团队内部冲突所带来的影响"的研究已经得出了人们可以想象到的各种结论——影响是负面的,影响是正面的,影响是中性的。事实是,最终影响取决于我们所谈论的是哪种冲突。因为,冲突有几种不同的类型,包括"个人"冲突(由仇恨或厌恶所驱动)以及"任务"冲突(发生在团队内部就工作方式进行争论之时)。在处于竞争环境的团队里,个人冲突是有害的——但精英队长们不会参与其中。当这些队长闯祸时候他们这样做,要么是为了维护队友而反对管理层,要么是针对团队的错误提出切实的意见。这些不是自我意识驱使之下的任性之举,而是充满勇气的行为,目的是帮助团队更好地协作。

第 11 章

切断开关

调节情绪

2009 年，萨格勒布

2009 年，在世界手球锦标赛半决赛中，法国队以 27∶22 战胜丹麦队。赛后，新上任的 31 岁队长杰罗姆·费尔南德斯几乎没有时间庆祝，他脱下内衣，把自己泡在由一个巨大的塑料垃圾桶改造成的临时冰浴桶里，在这之后，他还得收拾行李，准备飞往萨格勒布参加决赛。但是费尔南德斯确实挤出时间做了一件事。只要一有空，他就会给在波尔多的父母打电话。

当母亲碧姬（Brigitte）接起电话时，费尔南德斯从她的声音中听了出来，出大事了。

几个星期以来，他的父母一直瞒着他，希望他能专心参加比赛。但他们不能再等了。"杰罗姆，"他母亲说，"你父亲病危，现在在医院里，他可能剩不了几天了。"

费尔南德斯吓得说不出话来。父亲雅克（Jacques）在两年前做了一次手术，切除了肺部肿瘤，但是医生告诉他的家人他已经完全康复了。由于杰罗姆的职业生涯进入上升期，法国国家队和他所在的西班牙俱乐部球队的日程让他忙得不可开交，完全顾不上考虑父亲的病情。他不知道父亲的癌症复发了。

雅克和杰罗姆·费尔南德斯之间的关系在父子间很少见。杰罗姆出生时，雅克只有20岁，年龄接近让他们之间形成了一种杰罗姆所说的不同寻常的"融洽"。他们交谈不多，因为没有必要说话，双方都知道对方在想什么。"那是一种亲密的关系，"杰罗姆说，"我们很相似。"

过去他们一直关注的都是手球。雅克·费尔南德斯非常喜欢这项运动；他自己是一个相当好的手球运动员，而且还教杰罗姆和他的两个兄弟打手球。当杰罗姆长到1.98米时，他是一名手球奇才的事实愈发明显。从杰罗姆1997年进入国家队开始，雅克观看了他参加的每一场比赛。在病情明显严重之前，他拒绝住进医院，因为医院的电视里没有世界锦标赛的转播。

在电话里，等到终于说得出话的时候，杰罗姆告诉他的母亲，他会马上回家。"但她对我说，'你必须为你父亲比赛，你必须赢，你会有时间回来和他说话的，你要拿着奖牌跟他告别。你必须为他赢得比赛。'"

父亲的病情让费尔南德斯陷入了深深的痛苦。几个月前，他被任命为法国手球队队长，但他还在努力适应这个角色。他的一些队友也想当队长，并不认为他是队长的最佳人选。费尔南德斯脸颊狭长，黑发，蓄寸头，脸上总是挂着友好而纯真的微笑。他不擅长演讲，向队友发表讲话时，他的语调总是低沉、慎重的，不能表达出斗士的激情。

如果他回国，而法国队未能赢得决赛，人们就会对他的领导能力提出质疑。"我不希望结果是那样。"他告诉我。距比赛只有24小时了，费尔南德斯去找了教练克劳德·奥涅斯塔，告诉他自己父亲的病情。与费尔南德斯相识多年的奥涅斯塔很同情他——在某种程度上。"我理解，"奥涅斯塔说，"你还这么年轻就要失去你的父亲。但是你还有世界锦标赛的决赛要打。"如果费尔南德斯选择比赛，他将不得不把父亲放到一旁。如果他不愿意继续比赛，奥涅斯塔又说，"现在就告诉我，我安排别人上场，你回法国去。但你必须做出决定。"

费尔南德斯不知道他是否能打好这场比赛，但他在那里下定了决心。"我要为我的父亲而战。"他说。

当费尔南德斯打起了精神准备对阵克罗地亚的决赛时，他又遇到了另一个问题——该跟队员们怎么说，或者该不该告诉他们。他担心这个消息会让队友们分心，或者导致他们在赛场上不能像往常那样对待他。"如果一名队友说，'我父亲快要去世了，'这可能会扰乱整个团队，让球队输掉比赛。"他说。尽管他本可以利用他们的支持，他还是决定瞒住他们。

在任何一天的任何比赛中，总有一些参与者要面对痛苦的个

257　第二部分　队　长

人情绪带来的干扰。在极端的情况下，当一个运动员的家庭成员去世或家中有孩子生病时，每个人都会知道这件事。队友会拥抱他们，球迷们会给予他们热烈的掌声，电视评论员们会向他们的勇气致敬。费尔南德斯所面临的情况既不寻常又很极端。到当时为止，对阵克罗地亚的决赛是他一生中最重要的一场比赛。他不仅要把自己的情绪放在一边，还要在队友面前表现得若无其事。他没有匆匆赶回家和父亲道别，而是选择了一场危险的赌博。如果他的球队输了，他又因为回家太晚而见不到父亲最后一面，他会是什么感受？

现代手球运动可以追溯到1906年，当时一位名叫霍尔格·尼尔森（Holger Nielsen）的丹麦体育老师发布了第一份官方规则。它背后的基本理念是一个相当厚颜无耻的想法——如果足球运动的规则被颠倒过来，它可能会更有活力。球员们被限制只能使用他们的手、禁止用脚。

在早期，这项运动是在户外草地上进行的，但最终被迁移到了室内的硬地球场上，同时吸纳了篮球的运球和地板战术，以及冰球的窄球网和身体对抗。在比赛中，选手们设置掩护、甩肘、推搡，以接近每小时150公里的速度掷出椰子大小的球，这些精彩的表演让手球成为欧洲最受欢迎的运动之一。这项运动一直是国家队之间的竞争，仅次于奥运会的最大奖项是两年一度的世界锦标赛。

在2009年的决赛中，法国队的对手是东道主克罗地亚队，比赛在萨格勒布体育场（Arena Zagreb）举行，现场有 15 000 名喧闹的克罗地亚铁杆球迷。克罗地亚队在这次世锦赛中从无败绩，就在五天前，在预赛的一场非决定性比赛中，他们以 22∶19 击败了法国队。此前一年，法国队在北京奥运会上首次夺得奥运会冠军，但几乎没有人认为他们会在克罗地亚的主场击败对方。伦敦博彩公司认为克罗地亚队的获胜概率要高出法国队 16%。

法国队走出地下通道的那一刻，克罗地亚球迷们已经挤满了整个体育场，他们开始发挥主场优势，吹响了球场门口分发的橙色塑料噪音器。这种声音听起来就像一群被困在电话亭里的蜜蜂鸣叫，让球员们连运动鞋撞击地面的声音都无法听到。

世界各地共有 1.29 亿观众观看了这场比赛的直播，法国队——借助其不屈不挠的防御——在上半场保持着竞争优势，他们严密地守住了克罗地亚队的最佳得分手——九指边锋伊凡·奥比（Ivan Cupic）。中场休息时，法国队落后一分，还剩 20 分钟时，法国队艰难地取得了平局。比赛还有两分多钟，法国队发现他们居然以三球领先，并且还获得了一个锁定胜局的机会。在球场中央，距离克罗地亚球门大约 4.5 米的地方，费尔南德斯在众人争抢中接到了一个传球。他腾空而起，抬起右臂准备射门。然而，就在他跳起来的时候，一名克罗地亚后卫身体前倾，用肩膀顶住费尔南德斯的肋骨，用力将他向后撞去。

而克罗地亚队的守门员，期待着一个快速封堵，他从门线冲出来想要拦住球，但费尔南德斯有另外一个计划。他决定再等等。

当他摔倒在地时，他的身体距离他被撞的位置只有5厘米远，他绝望地随手一扔，球从守门员张开的手臂下飞入空网。

他的进球给法国队带来了23：19的绝对领先优势。

整个球场陷入一片寂静。一开始看起来充满怒火、强健的克罗地亚球员，被彻底打败了。时间一到，法国电视评论员就情绪失控了。"一切都结束了！"他尖叫着，由于在喧闹声中大喊大叫，他的声音已经嘶哑了。"世界冠军！"兴高采烈的法国选手们冲到球场中央，他们在那里手挽手，开始跳起了圆圈舞——所有的人都在那里，除了一个人。

尽管他杂耍般的进球帮助球队夺取了胜利，尽管这是他作为法国队新任队长的首次重大比赛，但费尔南德斯还是跪倒在地。他的前额埋在地板上不断抽泣。其他法国队球员看到自己的队友如此悲痛，都冲到他身边。他们以为费尔南德斯受伤了。大约过了一分钟，他们把他抬了起来，带他过去领奖。颁奖仪式结束后，当其他球员发现他们的队长经历了什么时，他们惊呆了。"他们不知道我是怎么做到的。"费尔南德斯说。

获胜后的第二天早上，费尔南德斯乘飞机回了家，带着年幼的儿子直奔医院。他父亲还活着。费尔南德斯把金牌给了他，他们坐在一起聊了好几个小时——主要是关于世锦赛，他们也谈到了过去和未来。"他说他为我感到骄傲。"费尔南德斯说。雅克把他的小孙子抱在怀里。"我看得出来父亲非常难过，"费尔南德斯说，"因为他知道自己看不到他长大了。"五天后，雅克去世了。

在接下来的几年里，以费尔南德斯为队长的法国手球队完成了向"第一梯队"的转变。它以大幅优势成了手球历史上最强大的霸主球队：在连续两届赢得奥运会冠军后，他们在四届世锦赛中赢得了三次冠军，还获得了两次欧洲冠军——成了唯一一支同时获得三大赛事冠军的球队。

2015年冬天，我采访了费尔南德斯，我问他是否认为自己那天坚持比赛的决定让法国队变得更加强大，他很快否定了这个观点。他坚持认为，即使没有他，球队也可以赢得比赛。但他确实发现2009年萨格勒布的那场决赛改变了队友们对他的看法。"当他们发现我们能够一起赢得比赛，而我不是自己一个人的队长——我是一个集体的队长——他们接受了我的队长任命。他们说，'杰罗姆是个好队长，我可以跟着他'。"

在之前的章节中，我们已经看到，在球队开启"第一梯队"连胜之初，队长们做过的很多戏剧性、无私的事情，似乎起到了促进作用——包括极端的竞争意愿或固执行为，表示支持的小手势，情绪大爆发，保护队友或表达异议。但是费尔南德斯在萨格勒布所做的却完全不同。在这种情况下，队长的标志性时刻是对情感力量的无私展现。

20世纪70年代，威斯康辛大学的心理学和精神病学教授理查德·戴维森（Richard Davidson）还在读研究生，他开始探究他所在领域里一个相对没什么进展的研究方向——情绪的本质。他认为最重要的是情绪复原能力。为什么有些人能很快从挫折中恢复过来，而有些人却被挫折打败了？

戴维森和他的同事们制作了一顶带有传感器的网帽，并让研究对象戴上。然后，让他们看一些令人不安的视频片段或照片，目的是要引起强烈的负面情绪反应。研究人员利用这些帽子了解这些研究对象在尝试处理自己的感受时他们大脑内部的活动，人们在这方面的差异可以通过大脑前额叶皮层区域的活动水平判断。我们现在知道，前额叶皮层的左侧是大脑控制积极情绪的中心。右边是处理较阴暗、负面情绪的区域。当戴维森的研究对象感到痛苦时，左右两侧的活动水平都提高了。但有一个显著的区别——那些恢复能力强、能更快地恢复到中性情绪状态的人，他们的左侧前额叶皮层表现出了更高的活动水平。

实际上，这些差异可能是巨大的：一个复原力强的人在这个区域的大脑活动量可能比一个复原力弱的人高出 30 倍。

在后来的实验中，戴维森发现，复原能力强的人也会从左前额叶皮层将某些信号发送到大脑的另一个区域——杏仁核，这里是大脑对威胁和危险的快速行动和响应中心。他认为，通过这条管道的信号是"抑制"信息，用来告诉杏仁核安定下来——一切都会好起来。情绪复原能力得分低的人通过这个神经通道的信号相对更少或更弱。

这些差异在很大程度上取决于一个人与生俱来的颅骨条件。对于那些有着强大、活跃的左侧前额叶皮层的人来说，这些发现是非常令人鼓舞的——他们天生拥有更强的能力，可以把分散注意力的负面想法放在一边，专注于当下，在逆境中勇往直前。例如，如果这些人犯了一个错误，他们可能更容易将其归咎于睡眠不足或策略不佳，然后迅速恢复正常。

在对阵克罗地亚的决赛中，父亲的噩耗传来之后，费尔南德斯还是出人意料地一战到底，基于这一事实，我们可以断定费尔南德斯属于那种恢复能力强的人，他拥有令人羡慕的大脑。事实上，所有"第一梯队"的队长——包括尤吉·贝拉、卡尔斯·普约尔、巴克·谢尔福德、瓦列里·瓦西里耶夫和卡拉·奥维贝克——都表现出了同样的情绪复原能力。有时候，这种优势反映在受到挑衅后他们保持冷静的能力上。在另外一些情况下，则表现在他们可以带着令其他球员望而却步的痛苦继续比赛。

然而，在"第一梯队"中，有一位队长的情感斗争经历与其他人截然不同。她面对的挑战并不是以一个痛苦插曲的形式出现的——也不是那种在电视屏幕上出现后就突然消失的令人不安的事情。而是一种长期的情况，在十八个月的时间里缓缓展开，可以考验所有人的情绪复原能力，无论他们拥有怎样的大脑。

1999年2月，澳大利亚女子国家曲棍球队（又被称为Hockeyroos）的主教练里克·查尔斯沃斯，邀请莱切尔·豪克斯在珀斯市苏比亚科区的一家咖啡馆共进午餐。教练和他麾下的队长聚在一起谈论即将到来的赛季，这没什么稀奇的，特别是在距离2000年悉尼奥运会还有一年半的时候，但查尔斯沃斯的计划却出人意料。

豪克斯担任队长的六年里，澳大利亚女子国家曲棍球队成了这项运动历史上最强大的霸主球队（无论男女）。澳大利亚已经连续七次在重大赛事中夺得冠军，并一直保持着世界排名第一的位置。这支球队享有盛名，她们在机械般精准的效率下，以令人筋疲力尽的节奏打败对手——从不向裁判抱怨，从不奚落对手，甚至从不露出一丝脆弱。

32 岁的莱切尔·豪克斯已经是曲棍球界的传奇人物。她是西澳大利亚州一名警察的女儿，身材苗条，有着淡褐色的大眼睛和一对酒窝，乌黑的头发上绑着她在赛场上用的白色发带。豪克斯具备"第一梯队"队长的所有典型特质。她得分不多，速度也不是特别快，也没有展示出炫目的控球技术。她专注于自己的训练，不断完善这项运动中不太起眼、更偏重团队合作的技巧——截球、传球、铲球、换位。她是出了名的低调，在聚光灯下会感到不自在，也从没发表过情绪激昂的演讲。在打破了为澳大利亚国家队出场次数最多的纪录时，她也只是告诉记者她"非常高兴"。

在前一个赛季里，豪克斯伤病缠身，她曾考虑过退役，但最后还是决定留在球队，争取第三次获得奥运会冠军的机会，以此来结束自己的职业生涯——这次是在悉尼主场作战。除了偶尔受伤以外，她的大部分曲棍球生涯都很平顺，但这种情况即将改变。

在互相寒暄之后，查尔斯沃斯告诉了豪克斯他安排这次见面的原因：他想在领导层做一些变动。他说，从那时开始，每场比赛前都会有一位不同的队长出场。有时候可能是她，有时候可能不是。查尔斯沃斯开始相信，通过取消固定的队长职位，其他球员对比赛结果的责任感会更强，这样她们在赛场上会更加努力。他认为，轮值队长制推出后，球员们就不再会为争夺这个职位而耍手段。他告诉豪克斯，她不应该把这看作针对她个人的决定。"队长只是一个称号。"他说。

事实是，听到这个消息时，豪克斯并不感到震惊。自20世纪90年代中期以来，查尔斯沃斯一直在球队里进行一系列的实验，所有实验都基于一位心理学家的建议。这位心理学家告诉查尔斯沃斯的是，由法国科学家马克西米利恩·林格尔曼首先发现的"社会性惰化"现象。为了确保他的球员们在团队中像在单独比赛时一样努力，查尔斯沃斯竭尽全力地压制个人差异，并促使每个人都担任领导角色。他经常要求球员更换球衣号码，而且偶尔还会强迫所有人，甚至包括明星球员，停止参加比赛，从而让她们保持饥饿感和积极性。1996年，他任命包括豪克斯在内的四名球员为"领导小组"的常任成员，后来扩大至六人，该小组的成员将轮流在赛场上担任队长。

豪克斯从来都没弄懂这些谋略的用意。每当查尔斯沃斯滔滔不绝地说，队长这个职位是有着严苛等级制度的19世纪的时代产物，现在已经过时了，豪克斯总会翻白眼。她尽量不让这件事影响自己。她一直保持着一贯的领导风格，遇到困难时，她会带领队友一起前进。不管怎样，她的队友和澳大利亚媒体仍然认为她是领导者——在比赛中，她的名字旁边依旧印着字母C。然而，查尔斯沃斯在咖啡馆里提出的想法却更加极端，这个提议无法保证豪克斯会再次领导球队。

豪克斯并不是一名普通的队长——她是这项运动历史上获得荣誉最多的队长。六年以来，她一直在无私地为球队服务。如今，本土奥运会即将到来，在她们球队的表现将代表国家希望的时候，她深切地感觉到自己被边缘化了。因为，她被降职了。

豪克斯完全有权利感到屈辱。如果她当场辞职，没有人会因此而责备她。但豪克斯并不是一个按常理出牌的运动员。"我也有自我意识，但我的自我不是太大，"她在2016年的一次采访中告诉我，"虽然我喜欢当队长，但我并不认为，我有权利要求让自己继续当队长。我那时候想：我是不是太自私了？说出'等等，我想我应该继续当队长'这句话，是自私的做法吗？难道这一切不都是为了球队吗？"

查尔斯沃斯讲完这些话后，豪克斯坐了一会儿，考虑她应该如何反应。她认为这一举措不会对球队的表现产生很大影响，但她也知道教练的思维模式。查尔斯沃斯英俊潇洒，善于表达，有一双锐利的淡蓝色眼睛，他在澳大利亚体育界是一位受人尊敬的人物。他曾四次参加奥运会，被认为是历史上最优秀的男性曲棍球运动员之一，并因此闻名于世。查尔斯沃斯是一位博学多才的人，他同时也是一位医生、联邦官员和高水平的板球运动员。查尔斯沃斯以他在场上的创新战术和斯文加利①式的激励力量而闻

---

① 指能控制他人思想的人或能使人干坏事的人。——译者注

名。在澳大利亚女子曲棍球国家队，他有着绝对的权威。"你不能和里克争论，"豪克斯说，"他通常不会听别人的任何说辞。"

那天，在咖啡馆里，豪克斯认为反对毫无意义。"我告诉他，'如果你想这样做，那我也没办法'。"

消息一出，澳大利亚媒体的克制程度远低于豪克斯。在一个高度尊重体育队长的国家，查尔斯沃斯的实验被认为是悖理逆天的行为。体育记者嘲笑他所谓的"领导型"团队。一位专栏作家称他为曲棍球的独裁教练。

赛季一开始，开放式的队长制度就成了紧张情绪的根源。球员们互相怀疑，认为对方在为了当队长而进行游说，当宣布队长名字的时候，更衣室里会出现了一些不悦的情绪。小团体更加明显。在接下来的赛季，球队前往荷兰参加2000年冠军杯（这是奥运会前的最后一次重大国际比赛）的比赛时，情况一片混乱。这是澳大利亚女子曲棍球队九个赛季以来第一次失利。"掉链子了，"豪克斯回忆道，"我不知道我能否把这归咎于领导力。下意识地，可能我退了一步。也许失去队长之职对我产生了心理影响，而我没有意识到。"

查尔斯沃斯并不认为队长是问题的关键所在。他告诉记者，他故意在关键比赛中让明星球员休息以了解年轻球员承受压力的能力。他把失败归咎于裁判。

距悉尼奥运会开幕仅几周之遥了，查尔斯沃斯比以往任何时候都更加努力地训练球员。由于球队表现不佳，他严厉地斥责了她们，并拒绝确定奥运会参赛人员名单，让所有人，甚至像豪克斯这样的老将——都怀疑她们能否成功。在一场比赛后，查尔斯沃斯当着所有队员的面大骂了豪克斯一顿，他以前从未这样做过。由于压力太大，在一个休息日，豪克斯乘渡船去了一个遥远的小岛，想让自己的头脑清醒起来。"我的信心处于低谷，"她说，"我不想辞职，但那并不让人愉快。"

悉尼奥运会开始后，澳大利亚女子曲棍球队在头两场比赛中表现一般，以微弱优势击败英格兰队，并与实力较弱的西班牙队打成 1∶1 平。然而，渐渐地，她们稳住了。她们在决赛轮以 3∶0 击败了韩国队，然后在奖牌争夺赛中以 5∶0 碾压劲敌荷兰队，并以 5∶1 战胜中国队，最终进入决赛。豪克斯觉得胜利似乎已经触手可及，自己仿佛已经度过了最痛苦的时刻——而且挺了过来。但是她的烦恼还没有结束。

9 月 29 日，在对阵阿根廷的决赛前几个小时，豪克斯出现在球队的赛前会议上。这将是她的最后一场比赛，她知道会有跟踪拍摄。那台用来拍摄致敬纪录片的摄像机已经呼哧呼哧地启动了。在开幕式上，豪克斯代表所有运动员宣读了奥运会誓词，赢得了雷鸣般的掌声。如果比赛获胜，她将获得三届奥运会金牌，追平澳大利亚的纪录。无论她是否乐意，她都将成为传奇。

会议举行的地点是队员们同住的房子的起居室。队员们坐在椅子或沙发上，正对着屋子的另一头。查尔斯沃斯走上前，和往常一样，在会议开始时，他先宣布了首发阵容，并任命了比赛队长。就在那时，查尔斯沃斯转向经验丰富的后卫雷尼塔·加拉德（Renita Garard），说了一句大家都没料到的话。"雷尼塔今天会戴上这个袖标。"屋里的每一双眼睛都转向豪克斯。豪克斯将带领球队迈入决赛场地，这本是板上钉钉的事。"我简直不敢相信，"球队的明星前锋阿里森·安南对我说，"这是莱切尔第四次参加奥运会，她是出场次数最多的球员，而且这是她在澳大利亚队的最后一场比赛。我认为，出于对她的尊重，应该由她来当队长。我们都把她看作我们的领袖。"豪克斯不知道如何消化这种怠慢的行为。起初，她像往常一样压抑自己的情绪。"我只是想，'啊，这太糟糕了'。"会议结束后，豪克斯一言不发地回到她的房间。当她关上门躺在床上时，所有的屈辱都涌上了心头。"我感到很受伤，"她说，"这对我来说是一个沉重的打击，因为在某种程度上是我带领着球队走过了这段旅程。有一种精神上的领导还在延续着，我对此感到很失望。"豪克斯戴上耳机，躲进了音乐世界里。几个小时后，她收拾好行装，登上了球队大巴。

决赛开始时，澳大利亚球员有些紧张不安。她们错过了几个很好的进球机会，她们的射门不是擦过门柱就是在接近球门的时候飞过了横梁。在第九分钟的时候，安南在人群中控住球，用力一击，鱼跃而起的阿根廷门将没能拦住这个球。当时的比分是 1∶0。

澳大利亚队一直在为决赛准备一些特别的打法，当她们在半场结束前几分钟赢得角球时，她们决定用掉其中一个。这个打法是为豪克斯准备的。

后卫珍妮·莫里斯（Jenny Morris）负责组织，她站在阿根廷球门圈的顶部。莫里斯身体后仰准备射门，但当她继续前进时，她故意把球打偏——传给豪克斯，球正好落在她的左边。阿根廷队的防守队员盯住了这个假动作，这让豪克斯清楚地看到了球门网。那一刻的压力是巨大的。豪克斯扬起球杆，挥了出去。

接下来并不是故事书中的结局。豪克斯的射门偏了一点，球撞到了右侧门柱，但她的队友朱丽叶·哈斯拉姆（Juliet Haslam）机敏地将球打进球门。澳大利亚队 2∶0 领先。

在这次进球后，电视摄像机发现了豪克斯，当她慢跑回到中线时，镜头对准了她的脸。当两个队友向她祝贺时，她笑了。几秒钟后，她脸上的笑容消失了。她低头看着草地，一时间思绪万千。她深吸一口气，仰起头，然后吐气。"那是比赛的分水岭，"她说，"因为我知道我们几乎已经锁定胜局。"

下半场两队交换了场地，但结果毫无悬念。比赛终于结束了，豪克斯跳向空中，举起双臂，这是一幅展现了喜悦和情感释放的画面——第二天登上了世界各地的报纸。莱切尔·豪克斯终究拥有了属于她的时刻。

当我问里克·查尔斯沃斯为什么决定让雷尼塔·加拉德担任决赛队长时，他说他没有考虑太多；他没有考虑过，或者也不知道，这对豪克斯会有什么影响。他选择加拉德，是因为看起来她头脑最清晰，让她分心的事也最少。

谈到有效的团队领导时，查尔斯沃斯告诉我，他认为一个人不可能拥有所有的必备品质。"有些人擅长在球场上鼓舞人心，有些人在训练时富有感染力，有些人在球场外情绪感知能力强，善于交际。"他说，"所有这些都是领导力，但不是每个人都能做到。"他说，豪克斯"有点粗枝大叶、不聚焦"，社交能力和思考能力都不够，不足以成为团队的"永久"领导者。

我们已经不可能知道，莱切尔·豪克斯和里克·查尔斯沃斯，到底谁才是驱动澳大利亚女子曲棍球队的主要引擎。因为，悉尼奥运会之后，他们都离开了球队，而后魔法消失了——澳大利亚队没能赢得2001年的冠军杯，在2002年的世界杯上名列第四。然而，有一件事是明确的。尽管教练质疑她的领导能力，豪克斯还是有足够的人格力量阻断羞辱给她带来的负面情绪，并且放下自己的担忧，在巨大的压力下，继续带领着队员们前行。"这并不在于我有没有率先跑进赛场，"她说，"这事关一个团队的集体精神——如果我不是一个为球队付出的人，我也就不可能在这个球队效力。我有时确实会回想'这种怠慢'。我曾就此事接受过采访，我总是说：'嗯，最后，人们会记住什么？他们会记住澳大利亚女子曲棍球队在悉尼赢得了金牌。'"

对豪克斯来说，奥运会决赛——在某种程度上——与其说是运动成就，不如说是情感成就。在经历了十八个月的屈辱之后，就在这一切即将结束前的几个小时里，她必须面对职业生涯中最大的挫折。她的大脑正好可以处理这些事情——事情可能就这么简单。但是当我问到她的这种能力时,她并不认为这标志着她在生理上的特殊性。她告诉我,情绪控制只是另一种形式的纪律。

"你必须控制情绪,"她说,"你可以在以后某个时候想起它来,但当知道有事情要做的时候,你可以把它从脑海中移除,放在保险库里,然后继续做你需要做的事情。"

威斯康星大学研究情绪复原能力的科学家理查德·戴维森,曾在世界各地发表演讲,介绍他关于情绪的研究。他在演讲中指出,人类大脑的连接方式并不是不可反转的。即使是那些基因表明有可能被焦虑或抑郁等负面情绪淹没的人,在现实生活中也不一定会对这种连接方式做出反应。他说,在我们的 DNA 中,"每个基因都有一种控制机制,我们可以把它看作情绪容量高低的调节开关。这种容量控制有着高度的动态变化,我们在这个世界上的一切——我们的行为举止,我们参与的活动,我们的情感生活——所有这些都会影响容量控制,并能调节我们的基因。"换句话说,一个人的情感倾向是可以被抑制的。

1992 年,戴维森决定把注意力转向一个更加实际的问题。他想知道人们是否能够通过训练提高自己的情绪复原能力。多年来,戴维森一直坚信神经可塑,即人们的大脑会随着时间的推移而发生物理变化,而这些变化可能取决于他们的生活经历。对我们大多数人来说,这种转变是无意识的,低于意识的活动水平。戴维森想知道的是,人们是否能够有意识地做出积极改变。

他开始探索长期以来他一直认为正确的一种理论——冥想,

尤其是佛教僧侣长期进行的那种艰苦的冥想修行,因为,这可能会引发大脑连接方式的重构。进行冥想的人能更好地从逆境中恢复吗?

戴维森邀请了两个小组到实验室做他的实验对象。第一组由 14 名有经验的冥想修行者组成,他们每人至少进行过一万小时的冥想。第二组是对照组,由 14 名没有冥想经验的人组成,他们的年龄和性别与冥想修行者一一匹配。每个参与者依次接受核磁共振扫描仪的扫描,科学家可以据此观察他们的大脑活动。

在实验开始之前,研究人员使用一种叫作热模拟器的设备,向每个实验对象左前臂的某个部位传递一种疼痛(但并不危险)的热感。进入扫描仪之后,实验对象会被告知他们将受到热冲击,但会得到直接的警示:在听到声音之后 10 秒钟,他们会感到疼痛。实验结束后,研究人员会通过数据来查看,在受到刺激之前、期间和之后,这两组人的大脑内部活动情况。

当对照组的成员听到表明疼痛即将发生的声音时,戴维森说,"他们的大脑失控了……在真正的疼痛热感还没传递的时候"。然后,一旦刺激结束,他们的大脑就会继续超速运转。"他们的疼痛回路一直处于活跃状态——没有恢复正常。"

冥想专家们在一个方面与对照组的实验对象相似——在接收到热感时,他们的大脑活动也有所增强。但正如他们所预料的那样,疼痛发生时以及疼痛结束后,他们的反应截然不同。他们大脑的活跃程度明显较低。戴维森说,冥想专家"展示了我们认为的安宁非常重要的构成要素——迅速从逆境中复原的能力"。

尽管这一科学领域还处于起步阶段，戴维森的研究表明，我们与生俱来的大脑，并不一定是我们一生中伴随着我们的大脑——没有一成不变的模型。我们可能会找到一种更好的方式，或者像戴维森所说的那样，通过"重塑逆境"减弱痛苦给人们带来的极端感受并缩短痛苦持续的时间。换句话说，对于那些过去曾被消极情绪打垮的人来说，他们有可能可以让自己变得更坚韧。

"第一梯队"的队长中，唯一一位有资深冥想经验的是巴塞罗那队的卡尔斯·普约尔。在他职业生涯的后期，他开始练习瑜伽，学习佛教的教义。"这是一种非常有趣的哲学，"他说，"他们总是很平静。他们努力避免冲突——在不伤害任何人的前提下做好自己的事情——我认为这样很好。"在球场上有几次——包括有一次对方球员扇了他一巴掌——普约尔都表现出了一种避免报复的惊人能力。

在普约尔的例子中，唯一的问题是，据我所知，他总是能够控制自己的情绪。事实上，大多数"第一梯队"的队长在其职业生涯的早期都表现出了与末期相同的心理稳定性。

然而，有一个值得注意的例外。

1955年3月13日，在赛季末一场关键性比赛的第三局，蒙特利尔加拿大人队以2∶4落后于波士顿棕熊队（Boston Bruins），加拿大人队的明星前锋莫里斯·理查德在中线后接到了球，猛地冲向波士顿队的场地。理查德不顾一切地想要扳回一城，当时在他和波士顿队球门之间只隔着一个人——戴着眼镜的棕熊队后卫哈尔·莱科（Hal Laycoe）。理查德知道莱科的速度不够快，做不到一对一地阻止他。他们俩曾经是队友。在这次比赛的早些时候，他们已经互相狠狠地打了对方几拳，理查德知道莱科很可能会试图拖住他——推搡他，抓他的球衣，甚至在冰上撞他让他减速。当理查德正准备从他身边飞驰而过时，莱科向前一扑，用一只手抓住了他的腰。当莱科挣扎着抓住理查德时，他另一只手的球杆转了一圈，击中了理查德左耳上方的位置。理查德停止了攻击。他的头挨了一下，被打成了脑震荡，他感到头晕目眩。他脱下手套，用手理了理头发，检查了一下手指。他看到有血。然后莱科犯了个错误，骂了他一句"青蛙"。

1955年，在冰上被殴打，对于莫里斯·理查德来说已经不是什么新鲜事了。他那时已经是NHL的历史最佳进攻球员，其他球队都想要竭力压制他。"火箭"莫里斯·理查德跪着射门已是常事，有时候甚至还会有一两名防守队员趴在他的背上。正如NHL前裁判瑞德·斯托里（Red Storey）曾经说过的那样，"被拉住、被箍住、被持杆过肩击打，历史上没有哪位冰球运动员经历过他在赛场上遭遇到的阻力。"

理查德个子不大，耐力也不是特别突出。在青年队时期，他多次摔断骨头，导致他两次未能通过加拿大的入伍体检。在他职业生涯的早期，由于一系列的伤病，他一度有几周缺席首发阵容，加拿大人队认为他太脆弱了，不适合NHL，因此将他从候补名单中除名，允许其他球队挖走他。

然而，其他球队也并不仅仅是因为理查德的身高和进球天赋而针对他。他很难控制自己的脾气，所以他们经常试图激怒他，让他还手，从而招致报复性惩罚——他经常这样干。在1954—1955赛季，只有四名NHL球员在受罚席待的时间比理查德长。

听到莱科的侮辱后，理查德狂怒。他追着莱科，用球杆狠狠地打在他的背上，把球杆都打断了。裁判把理查德拉开，但他挣脱了，又在莱科的脸上打了一拳，撞掉了他的眼镜。当看到这两个人互揍对方时，波士顿花园球场的观众们都惊呆了。他们以前见过很多打斗场面，但这种程度的混乱却是从未见过。

在混战中，一个名叫克里夫·汤普森（Cliff Thompson）的官员抓住了理查德，并握住了他的手臂。当莱科看到理查德无法自卫时，他滑了过去又打了理查德一拳。理查德变得更加愤怒。他警告那位官员放开他，但汤普森没松手。然后理查德从他手里挣脱，转过身，朝汤普森的脸上打了一拳。接着，又打了一拳。

莱科被处以五分钟的大罚，在他向裁判扔了一条血淋淋的毛巾后，他的处罚又被增加了一倍。理查德被逐出赛场，并被带回更衣室，在那里他的头部缝了五针。后来，他因头部伤势住进了医院。波士顿警方来到更衣室，威胁要以袭击罪逮捕理查德，但他的教练把警察挡在了门外。第二天，《波士顿纪录报》（*Boston Record*）刊登了一张双方发生争执的照片，头版通栏标题是："理查德疯了"。

毫无疑问，NHL 将让理查德禁赛——袭击官员是一种几乎不可想象的重大过错。三个月前，因在多伦多的一场斗殴中，理查德戴着手套扇了一位官员一巴掌，他被处以了罚款并被通报批评。现在唯一的问题是，处罚会有多严重。加拿大人队亟需理查德上场。因为，在常规赛只剩三场比赛的情况下，加拿大人队仅领先底特律队一个胜场。

考虑到他是被莱科激怒的，球队达成的共识是理查德应该在常规赛的剩余场次里停赛——只禁这几场。加拿大人队回国后，NHL 主席克拉伦斯·坎贝尔（Clarence Campbell）召集了各方到联盟办公室开会。理查德为自己辩解说，他当时分不清方向。他流着血，还有脑震荡，也不知道是谁按住了他的胳膊，也不知道那个人是不是想抱住他，好让莱科打他。当天晚些时候，坎贝尔宣布了他的裁决：在本赛季剩余的比赛和季后赛中，理查德将被禁赛。"推迟执行或宽大处理的时候已经过去了，"坎贝尔写道，"不管产生这种行为的原因是情绪不稳定，还是对官员的故意挑衅，这并不重要。任何球员（包括球星）做出这种行为都是不可容忍的。"

理查德的禁赛让加拿大人队付出了沉重的代价。没有了他们的头号射手，他们将很难保住第一的位置，要赢得斯坦利杯就更难了。对球队来说，理查德的情绪爆发是一个行动的号召。"火箭"需要学习如何控制他的愤怒。

莫里斯·理查德不具备费尔南德斯、豪克斯以及其他"第一梯队"队长所表现出的那种情绪控制能力。如果不进一步考究这件事，很容易得出结论：理查德患有某种愤怒障碍，理应受到严厉的惩罚。但事情并没有那么简单。

实际上，这些事情的发生有一个背景故事。

20 世纪 50 年代初，蒙特利尔是一个社会氛围紧张而分裂的城市。3/4 的人口是法裔加拿大人，但其统治阶层几乎都讲英语，法律的制定者和执行者全部都以英语为母语。蒙特利尔的法裔加拿大人被视为下层阶级。他们中只有三分之一的人能读到高中毕业，生活在贫困中的可能性要远高于其他人口。在讲法语的蒙特利尔，1936 年到 1959 年这个阶段被称为"大黑暗"时期。

理查德是第九代法裔加拿大人，他也认为，该市的公共机构歧视其人民；不仅如此，他还怀疑这种偏见延伸到了 NHL。在他看来，其他球队的老板和英加联盟的委员坎贝尔，在一起密谋针对加拿大人队。他很不服气的是，在其他球队恶意中伤蒙特利尔加拿大人队之后，裁判没有惩罚对方，而当发生冲突时，却总是给他们更严厉的惩罚。理查德并没有把这些意见藏在心里。两年前，也就是 1953 年，他的一名队友在一场打架中并未动手，但却被停赛了，在此之后，理查德在一家法语报纸上写了一篇专栏文章，称这个停赛处理是一场"闹剧"，并指责坎贝尔是一个歧视法裔加拿大球员的独裁者。"如果坎贝尔先生因为我敢于批评他而想把我赶出联盟，那就让他去吧。"他写道。对坎贝尔的蔑视让理查德成了蒙特利尔的英雄。

当法裔加拿大球迷听到坎贝尔的裁决时,他们压抑已久的沮丧情绪终于爆发。球迷们打电话到电台节目,威胁要炸毁坎贝尔的办公室。"告诉坎贝尔,我在殡仪馆工作,"一位球迷说,"他会需要我的。"

停赛裁决宣布后第二天,3月17日,当天傍晚蒙特利尔队将在主场迎战底特律队,这将是该赛季最具影响力的一场比赛。那天是圣帕特里克节,决战前两小时,一群喝醉了的抗议者聚集在赛场外,高喊着"打倒坎贝尔!"同时还举着写有"不公正对待法裔加拿大人"的标语。比赛开始后不久,也就是第一局刚开始几分钟的时候,底特律队就快速攻入了两个球。然后情况发生了奇怪的转变。坎贝尔是加拿大人队比赛的常客,他大步走进球场,坐了下来。

起初只有嘲笑和嘘声。但是当底特律队又进了两球,让比分攀升至4∶0时,球迷们开始朝坎贝尔所在的方向扔东西:花生、赛程表、石滚蛋。最后,在第一局结束时,有人引爆了一个催泪瓦斯罐。15 000名球迷在撤离球场时遇到了仍然聚集在球场外的抗议者。人群迅速变得暴力。一群暴徒从球场沿着圣凯特琳街(Saint Catherine Street)一路纵火,掀翻汽车,砸碎窗户,抢劫商店。在这一事件中,共有100多人被捕,30多人受伤。

1955年3月17日晚间的骚乱被称为"理查德骚乱"(Richard Riot),是蒙特利尔历史上的一个分水岭。事情发生后,该市的法裔加拿大领导人们没有谴责暴力事件,而是愤怒地谴责了坎贝尔——因为他对理查德的惩罚以及他进入球场观看比赛的挑衅行为。许多历史学家认为，"理查德骚乱"是加拿大的少数法裔人口发出自己的声音，并争取得到更好待遇的开始。

没有了理查德，加拿大人队最终将失去第一名，也拿不到斯坦利杯冠军。然而大多数法裔蒙特利尔人并不在意这些。他们认为理查德的爆发是其义愤的正当表达。对他们来说，这不是情绪失控，而是一种非暴力反抗的勇敢行为。

不管是否合乎情理，理查德的爆发已经过界了——加拿大人队必须采取一些措施来控制他的脾气。赛季结束后，球队解雇了固执的教练迪克·欧文（Dick Irvin），因为他经常鼓励理查德报复对手，取代他的是43岁的前加拿大人队球员托·布莱克。虽然布莱克执教经验有限，但他有一半法裔加拿大血统，会说两种语言，而且他已经赢得了理查德的信任。布莱克接到一个明确的命令：防止"火箭"发脾气。

在接下来的赛季里，布莱克像唐僧一样，不停地提醒理查德他的行为伤害了球队，告诫他要保持住冷静这个优秀品质，并敦促他以积极的方式疏导自己的沮丧情绪。"如果你想赢，你就必须控制你的脾气，就像你控制冰球一样，"布莱克告诉他，"控制住你自己。把你的愤怒投入打冰球中去。"

很快，理查德就有了接受考验的机会。1956年1月，纽约游骑兵队（New York Rangers）的一名球员打了理查德的弟弟——刚刚加入球队的亨利（Henri）——一拳，然后追着理查德打了两下，打得他满脸是血。过去，在这种情况下，理查德一定会失控。当时，理查德只是和教练对视了一下，然后回到更衣室接受治疗。后来，当他回到长凳上时，布莱克把他拉到一边。"莫里斯，你不能生气，"他说，"但如果你真的生气了，就把冰球扔进他们的球网里。"

尽管有时他的进步也会停滞不前，但是莫里斯·理查德慢慢成了一种与众不同的冰球运动员。在1955—1956赛季里，他的受罚时间从前一年（职业生涯中最高）的每场1.9分钟降到了1.3分钟。当他不再担心自己承担着球队的得分重任时，他的总得分略有下降——名列球队第二，NHL第三。这些没有对加拿大人队带来任何损害，也没有对理查德在更衣室里的形象造成任何影响。事实上，加拿大人队在那个赛季赢得了斯坦利杯冠军。

在接下来的一年，理查德被任命为队长。

成为领导者之后，理查德继续发生转变。他不再试图完成每一次进攻，而是开始更多地给队友们传球，这让他的总得分在NHL降到了第六位。他越来越倾向于把球传给周围的球员，这也减少了对手挑衅他的机会，他的受罚时间也继续减少。在他的最后一个赛季里（1959—1960赛季），理查德几乎没有受罚。尽管他还是一如既往地激烈地打着冰球，然而，队友们发现，球场下的他变得不一样了——更冷静、更有耐心、更满足。理查德和他的妻子露西尔（Lucille）正忙着照顾七个年幼的孩子，理查德非常宠爱他们。他几乎把所有的业余时间都花在了和他们一起玩耍上，他带着他们去滑雪，甚至还给他们的棒球队做教练。

1960年，在理查德的告别赛季中，加拿大人队创造了NHL的纪录——五连冠——并借此在"第一梯队"赢得了一席之地。

莫里斯·理查德已于2000年去世，他生前从未详细讲述过他是如何控制住自己脾气的。那次暴乱让全世界都看到了法裔加拿大人受到的歧视，有可能这减轻了他为自己的同胞挺身而出的压力。前蒙特利尔加拿大人队球员表示，（在那之后）NHL的裁判也开始放松对他们的要求，从而消除了理查德情绪爆发的主要诱因之一。也有可能，当他坐着火车长途旅行，盯着窗外时，"火箭"理查德正在模仿戴维森在实验室里研究的冥想。也许他能够重构大脑的连接方式，帮助大脑克服消极的想法。

然而，我们可以说，从加拿大人队开始连胜的那一刻起，他们就成了NHL历史上最伟大的球队，这个时间恰好与理查德开始试图控制自己情绪的时间相吻合。

我在本章中讨论过的三位队长——杰罗姆·费尔南德斯、莱切尔·豪克斯和莫里斯·理查德——都以各自不同的方式表明，在决定性时刻，领导者控制情绪的能力可以对球队产生深远的影响。尽管我将重点放在了这三个人上，但是同一定律也体现在"第一梯队"所有的队长身上。从尤吉·贝拉在纽约洋基队的新秀赛季里，面对各种嘲笑和辱骂所表现出来的坚忍的忍耐能力，到1996年奥运会上，古巴击败巴西后，米雷亚·路易斯努力制止两队争斗的表现，我们都看到了这一点。

我们永远无法知道这些队长是否天生就拥有这种超级大脑，或者这种自我调节能力是否是他们在实践中所习得的。也许他们对团队这种不同寻常的奉献是某种突变，挤占了他们身上所有其他自我关注的冲动。

然而，我们可以确定的是：有时当他们心中充斥着负面情绪时，这些队长会采取某种调节机制，在这些情绪可能产生有害影响之前将其关闭。换句话说，他们配备了一个切断开关。

本章总结

- 毫无疑问，伟大的队长会用情感驱动自己的球队。但是，与攻击性和冲突一样，情感也有多种形式。它可以被启用，但也可以被禁用。在职业生涯中，"第一梯队"的队长们都会面临一些引发强烈负面情绪的问题——受伤、指责、悲惨的人生经历，甚至是政治上不公的氛围。这些队长不仅在挫折中继续比赛——而且还表现得非常出色。为了服务于团队的利益，他们屏蔽了这些具有破坏性的情绪。

- 在很大程度上，一个人的情绪调节能力取决于其与生俱来的大脑连接方式。然而，我们的基因为我们提供了一些调整空间，而且我们的大脑确实具有随着时间而变化的能力。科学家们也认为，通过忍耐和实践迫使大脑发生改变，这是可能实现的。"第一梯队"队长的案例表明，这个观点可能是真的。大脑表现出消极情绪，并在某一情况下，发展出了一个可以控制消极情绪的切断开关。

第三部分

背道而驰

领导的失误和误解

在每一个拥有稳定电视收视率的国家里，过去 50 年中，收视率最高的现场直播节目一直是两支运动队进行对抗的比赛。赛事可能是超级碗；足球、橄榄球或板球的世界杯决赛；或者是冰球或女子排球的奥运会决赛。观众覆盖美国、加拿大、英国、印度、新西兰或日本等多个国家。具体细节真的不重要。事实是，在人类的赛事历史上，吸引观众人数最多、观众结构最丰富的赛事是两支顶级运动队之间的竞赛。

显然，这不仅仅是单纯的娱乐需要。参加这些锦标赛的球队都处在各自竞技能力的巅峰状态，他们都经过了严格的训练和实战测试，他们在赛场上的表现不仅令观众兴奋，还能唤起人们深深的回忆。我们之所以成为人类，部分原因在于我们渴望参与到集体活动中。这就是我们的大脑能连接在一起的原因。在美国，这是每张一美元钞票上都印着的观点，写在秃鹰用鹰喙叼着的横幅上：E Pluribus Unum，"合众为一"。

在凡事尽力就行了的情况下，大多数人没有太多机会去和优秀团队竞争。在工作团队或健身房里临时凑局的篮球比赛中，我们可能会体验到低端版本的团体竞赛，但仅此而已。为了满足自己合作的欲望，我们转而观看观赏性体育运动。走进体育场馆，我们就走出了生活的狭小空间，进入了一个充满勇气、团结一致追求有价值的目标的地方。

但是，鲜为人知的是这些天文数字级收视率代表的另一个方面。我们渴望加入一个伟大的集体，部分原因在于渴望受到崇高地引领。我们想要得到启发。我们天生会对勇敢、坚定和尽心尽责的领导做出回应——就像我们在伟大的运动队中看到的那样。

正如我们在本书第二部分中所看到的，一位优秀队长所具备的品质都是我们大多数人并不重视的特质。这并不是说它们很神秘——事实上，这些品质是可以预见的，而且非常容易复制，且不受团队运动的类型、参与者所属的国家或运动员性别等因素影响。在历史上最优秀的16支球队中，属于我所描述的稀有物种的队长，他们的出现才是团队团结的唯一要素。

然而，当我写这本书时，我清楚地认识到，我们的世界正在抛弃这个想法。我收集到的事实与体育迷甚至商业专家的看法越来越南辕北辙，关于团队领导力的传统观念正在发生根本性的转变。新兴理念质疑的不仅是我们关于球队构建方式的假设，还延展到球队是否需要队长这一根本问题。

在第三部分中，我将研究三个问题：

1. 为什么这么多团队都会选错队长?
2. 为什么队长这个概念不再流行?
3. 伟大的领导者是天生的还是后天培养出来的?

第 12 章

虚假的偶像

有缺陷的队长及深受爱戴的原因

1999 年，都灵

开球后仅仅六分钟，尤文图斯队的前锋菲利普·因扎吉（Filippo Inzaghi）就打入了第一粒进球，那是一个漂亮的左路传中。五分钟后，他再次射门，这次是越过守门员头顶的一记吊射。比赛开始不久，尤文图斯就以 2∶0 领先于曼联。那时，屠杀还在继续。69 000 名球迷在都灵的阿尔卑球场齐声高呼："尤文，尤文，尤文，尤文！"

对于曼联的忠实球迷来说，这一切都太熟悉了。尽管曼联在 1878 年就已经成立，在英式足球史上有着悠久而辉煌的纪录，并且可以说是世界上所有运动项目中最受欢迎的球队，但是它面临着两个造成其尴尬处境的紧迫问题：首先，曼联从未在意大利客场赢得过一场比赛；其次，自 1968 年以来，曼联从未赢得过欧洲冠军。在四月下旬这个潮湿寒冷的夜晚，曼联的球员们知道前方任务艰巨。这是欧洲冠军联赛的半决赛。要想进军在巴塞罗那举行的决赛，并赢得31年来的首个欧洲冠军，他们必须在全世界最嘈杂的球场里，对阵一支以防守闻名的球队并打入三个进球。

曼联队的队长罗伊·基恩——在爱尔兰出生的27岁中场球员，以前也曾有过这样的经历。两年前，在欧洲冠军联赛半决赛中，曼联以0∶2的总比分输给了德国的多特蒙德队（Borussia Dortmund）。基恩坚信这一次曼联会实现逆转。

在尤文图斯第二次进球后第十三分钟，大卫·贝克汉姆开出角球，基恩猛然冲进禁区，头球破门，将比分改写为2∶1。十分钟后，曼联追平了比分。在比赛的最后七分钟，尤文图斯一次糟糕的解围后，曼联的德怀特·约克（Dwight Yorke）不断突破对方的防守，运球进入得分范围，随后被拉倒，曼联的安迪·科尔（Andy Cole）快速跟上，将球踢入网中，曼联3∶2获胜，实现了这场不可思议的胜利。曼联戏剧性的逆转为它赢得了进入欧冠决赛的门票，或者，用一位电视评论员的话说，"（进入了）足球天堂的大门"。

罗伊·基恩无疑是当晚的英雄。每次摄像机发现他时，他都在奔跑。他封住了每一条传球路线，拦截每一个球，还用精准的传球发起了十几次进攻。当他精疲力竭地离开球场时，出于对他表现的崇敬，意大利球迷们集体起立鼓掌。曼联主教练亚历克斯·弗格森说，基恩在比赛时，"宁愿死也不愿输"。

比赛结束后，曼联球员们涌进昏暗的客队更衣室，他们大喊大叫，相互拥抱，摆出各种姿势拍照。"打得好，兄弟们！"有人喊道。弗格森沉浸在那一刻，甚至忘了脱掉雨衣。当他的队友们交换着用背驮着对方、互扔胶带卷时，罗伊·基恩坐到了他的储物柜前。他咕嘟咕嘟地喝着塑料瓶里的水，什么也没看。他脸上写着心事，眼光随之落到地板上。在他进球九分钟后，基恩对尤文图斯中场球员齐达内进行了一次鲁莽的抢断，因此领到了他在这次联赛中的第三张黄牌。根据欧冠联赛的规则，黄牌意味着他将不能参加下一场比赛——决赛。令人难以置信的是，作为一名球员和队长，基恩所取得的最伟大的成就，发生在他出现最严重判断失误的几分钟之内。

在任何一个欧洲足球论坛上，当谈到队长这个话题时，总会有人提出这样的观点：X 队的问题在于，队员们需要罗伊·基恩这样的队长迅速地敲醒他们。

基恩身高 1.78 米，体重 80 公斤，从身材上看，并不具有威胁性。十几岁的时候，他长得又瘦又小，看起来一副弱不禁风的样子，大多数英国顶级俱乐部甚至都不愿意给他参加试训的机会。16 岁时，他彻底不踢足球了，被迫住在家里，在土豆地里干活。

然而，在奋力晋级与曼联签约后，基恩在球场上的凶猛表现引起了足球界的注意。他成了某种领导力——罗伊·基恩队长学院——的象征。几乎这个男人的一切，从他的样子到他打球的方式，都是"第一梯队"队长的完美复刻。他不是一个伟大的得分手，也不是一个出色的控球者。他不擅长演讲，尽管队友们说他总是不停地说话，而且根据各方面的说法，他在球场上总能给出建设性意见。他讨厌参加俱乐部的活动，也会尽可能地避开媒体，他更喜欢家人的陪伴，也没有耐心维持明星形象，他说"名人、名气都是胡扯"。贝克汉姆和前辣妹组合成员维多利亚·亚当斯（Victoria Adams）结婚的当天晚上，基恩推掉了名人云集的聚会，独自一人去了当地一家名为"血狼"（Bleeding Wolf）的酒吧喝酒。在球场上，按照基恩自己的描述，他是一个从不踩刹车"疯驰的混蛋"。他的教练们被他在球场上跑动的距离惊呆了。

他的内心充满激情，而且他的姿势一直保持紧绷，这让他更像一名拳击手，而不像足球运动员。笔直的眉毛让他看起来很冷酷，乌黑的眼睛会紧紧盯住让他愤怒的对象，有力的下巴上总是留着漆黑的胡茬，他的脸似乎天生就是用来咆哮的。基恩是一位挑衅高手，他曾经说过，在感觉到他的球队变得过于安逸时，他会鲁莽地挑战对手，或者是进行一次会带来瘀伤的抢断，目的只是为了"给比赛注入一些愤怒的紧迫感"。

2005年，在对阵阿森纳的比赛前，发生了一次著名事件，阿森纳的队长帕特里克·维埃拉（Patrick Vieira）想欺负基恩的一名队友，基恩穿过地下通道，冲向维埃拉。"如果我是你的话，我就闭嘴，"他喊道，同时指了指球场，"我们在上面见。"一位裁判挡住他的去路，告诉他要冷静，基恩挺起胸脯，抱怨道，维埃拉"他妈的把嘴给踢掉了"。曼联在他们的队长刺激下，从0∶1扳回比分，最后以 4∶2 获胜，在这场比赛中，几名平时举止温和的曼联球员总共收到了 6 张黄牌和 1 张红牌。"他们是一支强大的球队，在地下通道里他们更强大，"基恩说，"所以我对自己说，'好吧，我们脚下见真章'。挑衅必须以挑衅来反击。"

和"第一梯队"的队长们一样，基恩会毫不犹豫地公然反对一切获胜的障碍——包括对手、裁判、队友、教练，甚至还有曼联越来越富有的球迷，他曾被指责过于关注球迷们的"对虾三明治"，以至于无法为球队提供适当的支持。在 2002 年欧冠半决赛中惨败之后，基恩批评了队友们的表现，甚至还批评了他们在更衣室里对着镜子精心打扮自己的行为。他说，他们被名利所迷惑，以至于"忘记了比赛，失去了让他们得到名表、汽车和豪宅的那种饥饿感"。当基恩成为 2002 年参加世界杯的爱尔兰国家队队长时，球队的训练态度非常懒散，而且爱尔兰足球协会订购的装备质量也很糟糕，这让他感到非常愤怒，他在更衣室里把球队教练痛打了一顿，最后没有继续比赛，而是乘飞机回了家。"你他妈的真是没用，你可以把你的世界杯贴到屁股上。"他说。从表面上看，基恩的好斗本性在精英队长中并不罕见。其不同之处以及脱颖而出的原因，在于他随时会好勇斗狠。在比赛中，他一点就着的脾气不仅引起了裁判的特别关注，还让他成了对方球队的靶子，对方试图激怒他，让他大发脾气。基恩在他的英超联赛职业生涯中共受罚近 70 次，其中包括 13 张红牌，他被罚的原因众多，包括从斥责裁判到踩踏躺在草地上的对手等一系列违规行为。

他有三次行为臭名昭著：用手肘击打对方球员的脸，站在一位守门员身上阻止他站起来，以及用球砸对手的后脑勺。当基恩被激怒时，弗格森写道，"他的眼睛开始眯起来，几乎只露出一点点瞳孔。"看起来很吓人。很多时候，他的身体承受不了他的攻击性打法——这导致了他脚踝多处受伤，赛季末膝盖韧带撕裂，以及2002年进行手术的慢性髋关节疾病。

基恩还有一个在场外惹麻烦的坏习惯。1999年5月，在都灵大获全胜的一个月后，一些曼彻斯特的酒吧常客一直纠缠基恩，他和他们发生了打斗。晚上10点，基恩被塞进一辆警车的后座，因涉嫌袭击而被关了起来。他的球队也付出了代价：在四天后的足总杯决赛中，基恩——后来他承认自己觉得身体不舒服——脚踝受伤，开赛八分钟后，他就一瘸一拐地下了场。此前一年，在亚洲的季前巡回赛中，基恩与队友——丹麦门将彼得·舒梅切尔（Peter Schmeichel）酒后斗殴，后来彼得顶着淤青的眼睛参加了新闻发布会。

毫无疑问，基恩是一位卓有成效的领导者。在他担任队长的八年里，曼联在五个赛季中四次赢得英超冠军，其中包括一次三连冠，从而进入"第二梯队"。在1998—1999赛季，曼联在同一年赢得联赛、足总杯和欧洲冠军联赛冠军，成为英国足球史上唯一一支三冠王球队。

对他的许多支持者来说，基恩是集合了"队长、领袖、传奇人物"这三重特质的典范——一个鼓舞人心的领导者，他对胜利的渴望和对对手的蔑视给了他的球队勇气。他们认为他的辉煌战绩可以让人忽略他频繁爆发的暴躁情绪。"体育运动不适合完美的人。"他的队友加里·内维尔（Gary Neville）写道。他相信基恩的"斗志和激情"有助于他的队友们大步前进。"我从来不会认为，我的榜样应该是一位从未受罚的足球天使。"

基恩的批评者则观点不同。考虑到在他任队长期间曼联的粉丝基数和财力（2000年收入达2.3亿美元，为联盟顶级水平），曼联的历史声望（至2001年共获得14个英国冠军头衔），其传奇教练（弗格森）及其罕见的丰富年轻人才储备（大卫·贝克汉姆、尼基·巴特（Nicky Butt）、瑞恩·吉格斯（Ryan Giggs）、保罗·斯科尔斯（Paul Scholes）、加里和菲尔·内维尔（Phil Neville），他们认为曼联应该取得更大的成就。

罗伊·基恩这个案例很奇怪。据我所知，像他这样身材的队长，从来没有在球场上做过这么多令人震惊的事，也没有在场下惹过这么多麻烦。他似乎没有能力消除自己的负面情绪，缺乏克制又常常给他的团队带来不利影响。我所研究过的顶尖领导者中，没有任何一位像他这样，在受人爱戴的同时，又被广泛地视为一名问题儿童。

大多数运动员都知道，在赛场上，他们进入了另一种"内隐道德"区，在那里，他们可以做一些在文明社会里永远不会做的事情。在这种情况下，攻击性分为两种：一种是"功能型"，其目的不是伤害对手，而是为了进一步实现一些值得称赞的目标；另一种是"敌对型"，当有人想要伤害自己时，不顾后果地进行反击。泛滥的攻击性让罗伊·基恩成了偶像，也让他和"第一梯队"的其他队长区别开来。无论是在场上还是场下，他都无法控制自己暴躁的情绪。在一场激烈的比赛中，他的攻击行为很难说是出于失控的敌意，还是想要强化队伍，抑或两者兼而有之。与莫里斯·理查德相比，基恩真的没有任何合理的借口，理查德的愤怒至少部分源于他觉得自己作为法裔加拿大人所受到的不公平待遇，而基恩几乎每时每刻都充满了怨恨。

在体育运动中，在一名运动员消除他们进攻的所有障碍时，这种行为的文学表达是这个人"表现得很愤怒"。罗格斯大学运动心理学家米奇·艾布拉姆斯（Mitch Abrams）曾经研究过专业运动队，2016年，他决定全面考察他能找到的所有关于"运动中的暴力和攻击行为"的研究，并将其集结到一份意见书中，希望可以借此阐明他对这个问题的看法。艾布拉姆斯首先引用了多项研究，这些研究表明，愤怒的运动员确实可以获得一些好处。"愤怒可以是一种行动的情绪，因为交感神经系统的生理激增可以提升力量、耐力、速度，并降低对疼痛的感知。"他写道。

但从整体来看，艾布拉姆斯发现，这些研究提供了更多的证据证明，愤怒会产生负面结果。不仅仅是因为愤怒会招致裁判的处罚。他写道："由于精细运动协调能力、问题解决能力、决策能力和其他认知进程会受到损伤。"因此，强烈的愤怒情绪也可能损害运动员的表现。

2011年，斯坦福大学和达特茅斯大学的两名研究人员在《体育洞察》(*Athletic Insight*)杂志上发表了一篇研究文章，旨在探究攻击性运动员的竞争优势和劣势。研究人员从 NBA 收集了五个完整赛季的数据，并根据技术犯规的发生率对联盟中的每位球员进行了排名。与常规犯规不同，技术犯规是指球员气势汹汹地越界——或与裁判对峙、打架、辱骂对手，或对对方球员进行过分激烈或明目张胆的触碰。

在控制了诸如位置和上场时间等变量后，研究人员发现，"攻击性"球员——技术犯规率最高的球员——事实上，与他们的队友不同。他们的一些特质是积极的：他们更有可能在需要力量和爆发力的任务上表现出色，比如篮板和盖帽。他们的投篮得分的可能性也更高。研究人员表示，技术犯规所产生的"能量"，或其背后的愤怒情绪，"可能有助于在比赛的某些方面取得成功表现"。然而，数据也显示出，在涉及"精准度和谨慎度"的方面，这些球员的表现并不突出——或者说相当糟糕。虽然他们获得的罚球次数更多，但他们在罚球的转化得分方面却没有更好的表现。在三分球方面，处于"高唤醒状态"的球员们会奋力拼搏。攻击性球员也更容易失误，"攻击性球员更容易鲁莽行事，这与'愤怒的人容易做出冒险的决策'这一研究结论是一致的。"他们说道。

这项研究，以及其他类似的研究，并没有表明"愤怒"是需要避免的。但研究人员确实建议，在人们花更多时间进行相互撞击的体育运动中，避免愤怒情绪可能更有帮助。就像可能是"愤怒"让基恩成了一名更有活力的运动员一样,他从事的运动还需要他将身体力量和精准度结合起来。

基恩很清楚,他的脾气有时会对球队造成影响。他曾经解释说:"从我小时候起,我就会本能地正视危险,而不是视而不见。"由于他生活在持续性的攻击状态中,他认为自己身体里有一个"自爆开关",一旦按下,就会导致一系列负面后果。有时候,是别人按下了这个开关。有时候,是他自己。

当然,不可避免地,"第一梯队"的队长也会出现毁灭性爆发的情况。在他们的资料中,我发现了十几个相关案例,他们让自己的情绪占了上风,通常是在压力很大的情况下。其中,有两个例子非常引人注意——但它们产生的原因不同。

1951年8月28日,纽约洋基队和圣路易斯布朗队(St. Louis Browns)正在进行赛季末的第五局比赛。这次赛果只对洋基队有意义,因为洋基正在争夺美联冠军,而竞争对手的成绩和他们不相上下。

当圣路易斯布朗队击球时,司球裁判埃德·赫利(Ed Hurley)做出了一个看似常规的四球判罚。但是因为垒包已经满垒,这让布朗队跑垒获得一分,将洋基的领先优势缩减到三分。洋基队的捕手尤吉·贝拉对裁判的判罚从未有过异议。然而,这一次,他不仅仅是进行了争辩。他摘下捕手面罩,开始指责赫利。他用胸部撞击赫利,据说他抓住了赫利的胳膊。他的教练和队友们都惊呆了,他们以为贝拉要揍裁判,纷纷冲过去阻止他。

贝拉被罚下场，他的队友和球迷们都担心裁判会在比赛报告中给他记上一笔。贝拉是球队中最不可缺少的一员——他即将获得美国联盟"最有价值球员"奖项。洋基队知道，如果联盟让贝拉停赛，他们将很难进入世界职业棒球大赛。

幸运的是，联盟对贝拉很宽容——他被罚款50美元，但没有被停赛。但是，如果他的队友没有进行干预，贝拉的失控很有可能会彻底毁掉洋基队在整个赛季的努力，并且无法进入"第一梯队"。

"第一梯队"队长情绪爆发的第二个罕见例子发生在1994年世界杯预选赛的尾声，也就是美国女足对战特立尼达和多巴哥时。

在这个时代的女子足球运动中，美国队是少数几个真正具有竞争力的球队之一。因此，美国队把大部分时间都花在了反复训练如何应对强队上。特立尼达和多巴哥队是美国队在预选赛中遭遇到的鱼腩球队之一，但不断的失败开始对球员造成冲击。比赛进行得很顺利，奥维贝克中场控球，一位特立尼达球员追上了她，使出一记有力的飞铲。然后，在她们俩都站了起来之后，这位特立尼达球员打了奥维贝克的后脑勺一拳。奥维贝克和贝拉所面临的情况不同，贝拉的球队当时正处在争夺美国联盟冠军的激烈竞争中，而奥维贝克并没有令人信服的反击理由——当时的比分是10∶0。但这一天，她没有控制住自己的情绪。她不仅打了那个球员的脸，把她扑倒在地，还在地上给了她一顿乱拳。"我失控了，"她告诉我，"我从来没有像那样失控过。"

奥维贝克应该被给予警告，足联官员本可以对她处以停赛处罚，但是比赛裁判似乎对所发生的事情没有太大的把握。最后，奥维贝克与一名试图拉架的队友被驱逐出场。

从表面上看，这些攻击行为似乎和罗伊·基恩的例子完全一致。然而，在仔细观察之后，我发现它们并不相同。区别并不在于冲动之时的行为，而是冲动之后。

比如，和圣路易斯布朗队的比赛一结束，尤吉·贝拉就等在裁判员的更衣室外面，要向埃德·赫利道歉，并明确表示自己并无恶意。赫利接受了道歉并建议从轻处罚。

当我问及与特立尼达球员的打架事件时，卡拉·奥维贝克解释说她情绪透支了；美国队已经连续打了两个月的比赛，令人讨厌的是还要和一支表现不稳定的队伍再打一场资格赛。除此之外，她还说，她对自己的所作所为感到羞愧。"每个人都说，'那太棒了'，而我想说，'不，其实没有那么好。'我为自己的自控力感到自豪。我们站在了这里，以 10∶0 击败她们，我让她冲我来。比赛结束之后我哭了。"

当基恩在球场上情绪失控后，他每次的反应是截然相反的——他很少表现出懊悔，即使是在事情发生很久之后。如果说有什么不同的话，那就是基恩是出了名的爱记仇，一直秉持"君子报仇，十年不晚"的态度。在 2002 年撰写的回忆录中，基恩讲述了他对宿敌——挪威后卫阿尔夫-英奇·哈兰德（Alf-Inge Håland）——进行野蛮铲球背后的动机。四年前，在基恩的膝盖受伤后，挪威后卫阿尔夫-英奇·哈兰德曾在球场上对他冷嘲热讽。"我的想法是滚他妈的蛋，"他写道，"善恶终有报。"我对罗伊·基恩的研究越深入，就越想知道为什么——如果他知道球队因为他的失控而遭受了损失——他没有努力地像莫里斯·理查德那样做：学会在有用的时候，释放愤怒；在无用的时候，屏蔽愤怒。

研究人员花了很多时间研究为什么有些人更具侵略性。他们认为这些人的大脑类型不同，通常患有认知缺陷或不成熟，或者拥有一种"战士基因"，让他们容易做出危险行为。乔治敦大学（George-town University）的心理学家迈克尔·阿普特（Michael Apter）提出了一个理论：攻击性由一种对快感的追求所驱动，这种快感来自看到对手的命运发生逆转。

另一种得到实验支持的观点是，某些人具有长期敌对和易怒的性格——他们具有"敌对偏见"，受此影响，他们会将中立行为视为威胁，并对挑战做出愤怒的反应。有这种偏见的人很难解读他人不带敌意的行为动机，并以非暴力的方式做出回应。

我怀疑罗伊·基恩属于这种情况。

不过，有一个小问题：如果基恩的攻击性是由敌意偏见所驱动，那么该如何解释我在"第一梯队"队长身上偶尔看到的暴力爆发行为呢？

2000年，凯斯西储大学（Case Western Reserve University）的三位研究人员发表的一篇论文，为这个问题提供了一个可能的答案。和理查德·戴维森一样，这些研究人员认为，每个人控制负面情绪的机制生而不同。有些人拥有强大的约束系统，而有些人则没有。但凯斯西储大学的研究人员认为，这种约束力不是某种机械力；它是一种资源——一种人们储备的能量。这些储备的水平不仅因人而异，而且同一个人的储备水平也是变化的。换句话说，在任何时刻，我们的约束力储备库要么是空的，要么是满的，这取决于我们从储备库中获取能量的频率。

这一研究的关键论点是约束力是有限的。我们的自控力使用得越频繁，储备库中的能量就越少；我们拥有的能量越少，抑制暴力冲动的能力就越弱。这个理论是否正确尚不清楚——因为后来的有些实验结论并不能支撑这个观点。但公平地说，尤吉·贝拉、卡拉·奥维贝克和其他"第一梯队"队长在球场上所做的那些丑陋事情可能是反常的。很可能他们有足够的约束力储备，但在那些特殊的时刻，他们的储备库化为乌有。这些队长们和罗伊·基恩的不同之处在于，对他们来说，这些事件极其罕见。

在2001年及2002年，曼联在连续三个赛季中表现出的持续向上势头开始减弱。他们在英超联赛中拿到第三名，未能连续三年进入欧冠决赛。在下个赛季初，基恩开始在臀部注射止痛药。在之后一个赛季开始时，由于他所写的那些关于哈兰德的内容，他被停赛五场，之后，他选择了去做手术。

2002年12月，当基恩回到球队时，他发誓要尽量不在球场上挑衅他人——既是为了自己的身体，也是为了球队的整体表现。"我给自己设定了一个明确的目标，每场比赛都要在场上待满九十分钟，"他解释道，"换句话说，就是要遏制我鲁莽、放纵的本性，从而避免被罚下场以及受伤……我想在肆无忌惮和有节制的攻击之间找到一个平衡点。"最终看来，基恩真的发生了转变，成了一个更加冷静、审慎的球员——在他的领导下，曼联团结一致，赢得了2002—2003赛季的英超冠军。

第二年，大卫·贝克汉姆离开曼联，加盟皇家马德里，曼联开始竭力吸收新鲜血液。突然间，球队里满是像克里斯蒂亚诺·罗纳尔多（Cristiano Ronaldo）这样的年轻球星，基恩逐渐生出了疏离感。他对于新一代球员迷恋服装、发型和豪华汽车感到不满。曼联又一次获得联赛第三名，并在欧洲冠军联赛八分之一决赛被淘汰出局。

到了2005年11月，曼联在困境中苦苦挣扎，基恩的脚也受了伤，他要控制自己脾气的誓言终于被打破了。基恩在一次采访中严厉批评了他的队友，指责他们傲慢自大，自私自利，没有魄力。"好像在这个俱乐部里，表现差劲才会得到奖励，"他说，"也许我归队后就应该这样做，踢得差一些。"

从某种意义上说，基恩只是做了菲利普·拉姆和其他杰出队长会做的事情——坚持自己认为正确的立场。他坚称这次采访是深思熟虑后的决定。但是，尽管说出那些话的动机可能是好的，基恩却展露了另一个不符合"第一梯队"要求的原因，他的评论完全没有针对具体任务，他并没有像拉姆那样对球队的场上战略进行分解。对队友的评价火药味太浓，而且个人针对性太强。他的处境不佳，但他的处理方式让情况变得更加糟糕。

基恩的采访事件发生后，亚历克斯·弗格森觉得自己已经受够了。在"双方同意"的情况下，基恩离开了球队，并在不久之后以球员身份退役。

离开赛场后，除工作之外，基恩还要不断地面对情绪暴躁给他带来的一桩桩麻烦——他因涉嫌一起路怒事件而被送上法庭（他被判无罪），并在爱尔兰一家酒店的酒吧里和一名球迷发生口角。他被指控在一名前球员家门口愤怒地按了15分钟门铃，原因是该球员散布过关于基恩的恶意谣言，基恩要找其对质。以上这些事例说明，他确实具有科学家们所描述的敌对偏见。

作为队长的罗伊·基恩并不失败，一点也不。他拥有非常多适合做队长的特质，所以，受人喜爱也就不足为奇了。然而，毫无疑问，他是一个有缺陷的队长。他缺少控制自己情绪的切断开关，而且他还喜欢对队友进行人身攻击。

对罗伊·基恩来说，更大的问题在于，他性格中最没有用处的部分却最令人钦佩——打架，不知悔悟，一直对身边的人持有敌意。从外部看，这些事情让他看起来与其他队长明显不同，这似乎是他作为一名成功领导者的标志。这些掩盖了他对球队做出的有益的事情：顽强比赛，不计个人得失、为队友打配合，利用自己在表达强烈情感方面无与伦比的才能鼓舞队友。

当球迷们说他们的球队需要一个像罗伊·基恩这样的队长时，

他们真正想说的是，他们在球场上缺少一个能威吓对手的执行者，或者说球员们太软弱、过得太安逸。这些描述在网络论坛上听起来不错，但有证据表明，这种特质并不能让团队成为长盛不衰的"第一梯队"王朝球队。

本书出版之前，每当我告诉人们，这本书的主题是世界上最伟大运动队的队长时，他们的反应出奇的一致："哦，所以你讲的是迈克尔·乔丹和公牛队。"

显而易见，迈克尔·杰弗里·乔丹（Michael Jeffrey Jordan）是一名不可思议的运动员，一个举世无双的跳投者，他好像总是悬浮在篮球场的半空中。但除此之外，乔丹还能抢篮板、防守、控球、空位投篮，他在任何距离都能得分。另一件鲜为人知的事是，他跑得到底有多快。乔丹的大学教练说，他曾经以 4.3 秒的速度跑过 36 米。这种空前的技能组合为他带来了 10 个 NBA 得分王和五个 MVP 奖项。

从表面上看，乔丹的领导力纪录也同样令人印象深刻。在芝加哥公牛队六次夺得 NBA 总冠军期间，他都是球队的联合队长。和罗伊·基恩一样，乔丹也具有很多"顶级队长"的特质。他意志坚强，专注，在球场上顽强不屈，无情地要求自己进行极高强度的比赛和训练。在 1997 年的 NBA 总决赛中，他顶着胃病狂砍 38 分，并命中了关键一球，但在终场哨声响起后就倒下了。乔丹虽然没有基恩那样的暴力记录，但他仍然非常具有攻击性，总是不断试探裁判的底线，尤其是在那些说脏话的对手面前。

毋庸置疑，公牛队是历史上最好的篮球队之一。根据FiveThirtyEight（538）的汇编数据，在1995年至1997年的两个赛季中，乔丹所在的球队创造了NBA历史上最高的两次埃洛排名纪录。

如果民意能起决定作用，那么就不会有争论。迈克尔·乔丹将会是历史上最伟大的队长之一。但有两个有力的理由可以说明情况并非如此。首先，他所在的球队从未进入"第一梯队"；二是乔丹并不符合"顶级队长"的模型。

乔丹在NBA头六年里并无夺冠经历，这个事实经常被人们忽视。尽管他成了联盟中最具活力的球员，最大牌的体育明星，球队中无可争议的领袖，但公牛队并没有进入NBA总决赛。在最开始的三个赛季，公牛队有一次失败记录，在季后赛首轮就被淘汰了。1989年，菲尔·杰克逊执教公牛队，他成为乔丹的第四任教练。作为队长，乔丹的主要领导方式是讽刺和贬低队友，他尖酸刻薄的言辞让队友们长期处于恐惧中。当乔丹对一个球员失去信心时，他会游说管理层不再续用这个球员。

1988年，公牛队购入了老将中锋比尔·卡特莱特（Bill Cartwright）。虽然他比较笨拙，并不耀眼，还有严重的膝盖问题，盖帽得分也不多，除非球直接砸在他的鼻子上，否则他无法接住传球，但是卡特莱特有着出色的步法，而且他知道如何让联盟的顶级大个子无法发挥作用。如果上场，他的场均得分可以达到20分，但在纽约尼克斯队九年的职业生涯中，他和很多NBA球星并肩作战过，知道如何为他们创造空间。所以，他为其他队员打配合也完全没有问题。

卡特莱特在公共场合是安静而疏远的，好像总是在沉思，脸上带着略微悲伤的表情。他从不发表演讲，但对年轻球员来说，他是一位热情的导师，他们称他为老师。正如萨姆·史密斯（Sam Smith）在他的作品《乔丹规则》（*The Jordan Rules*）中所写的那样，卡特莱特拥有极高的职业道德，他从不幻想可以轻而易举地得到一切。正如卡特莱特曾经说过的："你要一直打到没有比赛可打为止。"

乔丹则完全不同。在球场上，他充满激情和活力。在球场下，他和蔼可亲，英俊的外貌和对精裁西装的热衷，让他魅力十足。他相较于"第一梯队"队长的第一个区别是，他对成名的热情。从为耐克做的开创性广告开始，乔丹成为体育界代言产品最多的运动员，每年能给他带来约一亿美元的收入。乔丹不仅仅是喜欢成为名人，他还成了体育名人的榜样。

第二个区别在于他打篮球的方式。乔丹很少为队友提供配合，他总是按照自己的意愿组织公牛队的进攻，从不考虑担任配合角色，他判断球队表现的标准是对他的帮助大小。

1988年，比尔·卡特莱特被交易到公牛队时，乔丹在球队里最亲密的朋友——前锋查尔斯·奥克利（Charles Oakley）——被换走了。乔丹告诉公牛队总经理杰里·克劳斯（Jerry Krause），他坚决反对这一举动。奥克利的离开让乔丹感到愤怒，他想尽办法让卡特莱特觉得自己不受欢迎。在更衣室里，他经常嘲笑卡特莱特，还故意让他听见。有一次，因为持续的膝盖问题，他给卡特莱特取了"医疗法案"（Medical Bill）这个绰号。在球场上，乔丹有时会故意忽视处在空位的卡特莱特。

私底下，卡特莱特向队友们表明，他不是"迈克尔混球"的粉丝。最后，紧张的气氛达到了顶点。据史密斯说，卡特莱特曾当面质问乔丹，因为乔丹说了他的坏话，还告诉其他球员不要把球传给他。"迈克尔可以轻蔑地对待任何人，因为他的天赋实在是太令人赞叹了，"前公牛球探吉姆·斯戴克（Jim Stack）说，"但是比尔坚持了自己的态度。"

1990年，在乔丹职业生涯中的第七个赛季开始之时，公牛队正准备重整旗鼓。他们已经连续三次打入总决赛，但总是铩羽而归。一次比赛开局，球队无精打采，打到7∶6时，菲尔·杰克逊认为应该采取些措施鼓舞士气。他做出了一个惊人的举动，宣布卡特莱特和乔丹共同担任联合队长。分乔丹的权这一决定令人震惊——让卡特莱特来分权的事实让队员们无法理解。

杰克逊告诉《芝加哥论坛报》（Chicago Tribune），他之所以选卡特莱特担任这个角色，是因为他善于与人沟通，能够帮助球队说服其他球员接受他们的角色。"这事关稳定，"卡特莱特告诉我，"我是那种为了训练会早到的人，从不迟到，走得最晚，经常和队员聊天，并会照顾好自己。对于球队来说，他们更多选择的是一个年轻人的榜样。"

卡特莱特担任队长之后，球队立即取得了五连胜。公牛队以61胜21负结束了这个赛季，以15胜2负的战绩横扫季后赛，并最终赢得了他们的第一个NBA总冠军。直到那时，乔丹才终于承认卡特莱特的贡献。"我喜欢查尔斯·奥克利在队里，"乔丹说，"但比尔让球队的表现更精彩。"

20世纪90年代的公牛队被称为迈克尔·乔丹的球队，他带领公牛队走向荣耀，他成了体育迷心目中全球领袖的楷模——在各支运动队和运动员心中也是如此。但事实是，直到比尔·卡特莱特和乔丹一起担任队长之后，公牛队才完成他们的"转变"。是比尔·卡特莱特为队友提供各种配合，投入比赛，并和队友们进行实践沟通。简而言之，他是那种"顶级队长级别"的存在，在他担任队长之前，这是公牛队所没有的。

撇开乔丹的领导能力不谈，公牛队之所以从来没能实现"第一梯队"级别的连胜，还有另外一个原因。1993年，年仅30岁的乔丹在巅峰时期就退役了。尽管18个月后他回到了球队，但乔丹的缺阵让公牛队陷入了困境。在连续三次夺冠后，公牛队在接下来的两个赛季中止步于季后赛次轮。在迈克尔·乔丹所有不符合"第一梯队"队长形象的特质中，这一点最令人困惑，也最难找到答案。他怎么能这么早退役呢？

在他退役时，乔丹正在经历人生中的巨大变故：他的父亲詹姆斯去世了。北卡罗来纳州高速公路休息站发生了一起汽车抢劫案，詹姆斯在这次抢劫中被杀害。乔丹和他的父亲关系很亲密，案件的调查过程迂回曲折，这不断折磨着他。如果乔丹退役是因为他不能集中精力打篮球，这让人很容易理解，但是乔丹没有这样解释。"在我父亲去世之前，我一直在考虑离开，不是辞职，而是退役，因为我有点失去打篮球的动力了。"他说。在另一次采访中，他解释说他会变得"有点无聊"。

对公众来说，这是一个令人困惑的解释。毕竟，没有人比乔丹更爱竞争。不管是在训练后和队友一起骑马，还是打高尔夫、乒乓球、扑克，他都不愿意输。1993年，在接受奥普拉·温弗瑞的采访时，乔丹承认他可能有"竞争强迫症"。

乔丹对胜利的痴迷从未停止过。这是一种长期状态，好像有一种深刻的情感力量在驱动。有一段时间，篮球是他追求胜利一个很好的渠道，但这还不够。退役后，他几乎没有喘气就开始了一项新的挑战：进入美国职业棒球大联盟的芝加哥白袜队（Chicago White Sox）。1994年，乔丹为小联盟的伯明翰男爵队（Birmingham Barons）打了127场比赛，命中率仅0.202，三振114次。直到第二年夏天，棒球队员们开始罢工，乔丹才突然回到了公牛队。

在球场上，"第一梯队"的队长们和乔丹一样，都有着不屈不挠的精神。然而，在球场下，他们基本上都很宅——激烈的竞争似乎是他们日程上的最后一件事情。在职业生涯的早期，比尔·拉塞尔会在比赛结束后躲到地下室玩他的模型火车。莫里斯·理查德几乎把所有的空闲时间都花在了陪伴家人上，有时每晚要睡12个小时。杰克·兰伯特的队友们指责他在公路旅行中不合群，因为他花了太多时间埋头读书。卡尔斯·普约尔不喜欢夜生活,他曾说:"我认为自己是一个非常安静、注重家庭的人。有很多事情会让人注意力不集中,所以我尽量避免这些事情。"

乔丹不是这样的。他被一种无法满足的欲望所控制,每时每刻都要竞争——挑战的难度越大,胜利就越甜蜜。篮球只是这种欲望发泄的出口。当不在球场上时,他就转向了其他的目标——高尔夫球、高赌注的扑克牌局,以及签署代言合同。

迈克尔·乔丹最大的神秘之处,同时也是他的故事如此不同寻常的原因,那就是,为什么这位篮球史上最伟大的球员总是觉得自己需要不断地证明自己。

2009 年 9 月,乔丹的篮球名人堂入选仪式在马萨诸塞州的斯普林菲尔德举行,仪式开始时,播放了一段迈克尔·乔丹的致敬视频。交响乐大厅的灯光渐渐暗了下来,很快,观众就看到了用蒙太奇手法制作的画面,乔丹身着大家熟悉的猩红色球衣,在篮筐前跃起,在锁定比赛的制胜球后挥拳庆祝,当然,还有举起奖杯的镜头。那天,乔丹穿着一套剪裁宽松的油灰色西装,打着黑色领带,胸前佩着一块整洁的白色装饰方巾,当他大步走上演讲台时,他已经泪流满面。"谢谢。"他说着,用大拇指和食指长长地一划,擦干湿润的眼睛。欢呼声一直持续了 80 秒。"我告诉我所有的朋友,我要到这里来道谢,然后离开,"他开始说,"我做不到,没有办法,我有太多人要感谢。"

乔丹首先向他的前队友、教练和他所敬仰的英雄致敬。大约五分钟后,当他谈到自己的兄弟姐妹时,他第一次提到了他的"竞争天性"。在第六分钟的时候,演讲发生了一个奇怪的转折。乔丹讲到了一个他高中教练的故事,他没有让乔丹升入校篮球队。"我想让你明白,"乔丹说,"你犯了个错误,伙计。"观众们笑着鼓掌。乔丹伸出了他那著名的舌头,好像他又回到了比赛状态。

大多数名人堂的入选演讲通常都会遵循一个固定模式。球员们会感谢他的家人,大力称赞队友和教练,感谢上帝给予了他们如此的天赋,让他们能够拥有这样幸运的职业生涯。乔丹很快就脱离了这些套路。他的演讲变成了一长篇的抱怨之词,他挨个儿攻击了那些不尊重他的前 NBA 球员、教练和高管们。这不是一个传奇人物的演讲。这次演讲更像是来自所有人都不看好,但最终取得了胜利的失败者。

对于乔丹演讲的相关评论极为负面。NBA 记者亚德里安·沃诺斯基(Adrian Wojnarowski)把它比作"一个恶霸在学校食堂里用午餐托盘绊倒了书呆子"。他写道,乔丹"揭示了自己奇怪的痛苦"。

四年后,乔丹在一次电视采访中回应了人们对他的批评。"我真的是在向人们解释我的竞争天性,"他说,"大多数人说那是最糟糕的演讲?好吧。那是从你们的角度来看……我会好好想想,'我说了我想说的话'。"

这篇演讲所揭示的是,在他的篮球生涯中,乔丹花了大量的时间回顾他被低估的每一次经历。和罗伊·基恩一样,乔丹在赛场上很愤怒,但他的愤怒并没有把他推向暴力——在球场上他很少情绪失控。乔丹的愤怒是精心设计的。为了发挥出自己的最佳状态,他需要感到被忽视,这反过来又激发了他去证明质疑他的人是错的。"这就是我激励自己的方式,"他曾经说过,"我必须欺骗自己,我要找到一个专注点去释放,这样比赛才能达到一定的水平。"

为了让痛苦之火不断燃烧,乔丹必须挖掘得更加深入。他能记得的所有对他冷嘲热讽的老旧报道或评论专栏文章,都被他清理出来,扔进了火炉。"第一梯队"的队长好像都有一个切断开关,可以阻断负面情绪。乔丹却操纵了他的控制箱,在箱子里面装上了养料。乔丹的做法有一个问题,当比赛结束、赛场灯光熄灭时,他的情感需求并没有消失。他开始寻找另一种游戏,另一种挑战——最好是一种他会被低估的挑战。

在三次赢得 NBA 总冠军后,乔丹在他的全盛时期退役,原因是没有人再敢质疑他。他不是觉得无聊,只是他的燃料耗尽了。到头来,与其说他是一颗恒星,不如说他是一颗流星。当他的愤怒最终消失时,公牛队也就陨落了。

迈克尔·乔丹是体育史上最耀眼的明星。因为,他的表现得到了大量关注,他的个性非常有吸引力,他的球队赢得了许多奖杯,所以,人们认为他是公牛队的领袖,而且做得很棒。事实是,他并不是一个优秀的队长。

1995 年,当乔丹再次回到公牛队时,卡特莱特已经离开了球队。乔丹和斯科蒂·皮蓬(Scottie Pippen)共同担任队长,皮蓬在乔丹的缺席期顶替过他的位置。乔丹说他知道作为一个领导者他还有很多工作要做——但是当球队艰难地维持了一个赛季之后，他又恢复了以往的作风。乔丹的不断指责激怒了老将后卫史蒂夫·科尔（Steve Kerr），他俩在季前赛训练营中打了一架。

之后，公牛队还将赢得三个总冠军，让乔丹在职业生涯中收获六个总冠军。然而，如果没有比尔·卡特莱特——后来的斯科蒂·皮蓬——分担队长的角色，不知道乔丹是否还会赢得胜利。

迈克尔·乔丹卓越的运动能力、对胜利的强烈渴望以及他对名人形象的重新定义都值得称赞。这些都是公平合理的。认为他还是一名精英领袖的观点不仅是错误的，而且有损于队长制度。尽管球迷们很欣赏他们的行为，并将其等同于卓越的领导力，但乔丹和罗伊·基恩都是虚假的偶像。作为领导者，他们不是纯粹的"顶级队长"。对于队友、教练和高管来说，他们任职队长让人头痛不已。

体育史上，最优秀的领导者并不迷人。他们不适合做电视节目。然而，这正是我们所期待的。所以，接下来我们可以得出结论。球队之所以会选择错误的人做领导者，主要原因在于，公众会依照这种无法反映实际情况的表象来评价队长。

在下一章，我们将研究这些错误和误解带来的另一个后果：越来越多的人认为，我们已经不再需要领导力了。

本章总结

- 体育迷们普遍认为，杰出球队的领导者应该在愤怒的氛围中工作。近几十年来，这种逻辑偏见找到了两个代言人：罗伊·基恩和迈克尔·乔丹。这两位队长都被视为领袖的象征。但仔细研究就会发现，他们最广为人知的特点，以及最常被认为是造就他们成为杰出领导者的关键因素，与"第一梯队"队长的形象并不相符。

- 这种有缺陷的领导者的问题在于，他们扭曲了开明领导力的形象。他们设立的标准不仅没有人能够达到，而且也不会产生最佳效果。危险在于，那些负责挑选领导者的人，最终会提拔那些并不合适的候选人。但在失败后，他们想办法彻底取消队长这一角色的可能性也会增加。

第 13 章

队长制度的寒冬

领导力的式微及重振领导力的方法

7 年来，克里斯蒂·兰彭（Christie Rampone）一直担任着美国国家女子足球队的队长，她不知疲倦、无私奉献，是球队的防守核心。她赢得了两枚奥运金牌以及 2015 年世界杯冠军，创造了几乎与卡拉·奥维贝克一样令人印象深刻的纪录。她 40 岁，现在应该把机会让给年轻球员了。

为了接任她的位置，美国队教练吉尔·埃利斯（Jill Ellis）任命了两位队长：世界杯上的新星、中场球员卡莉·劳埃德（Carli Lloyd），以及球队里最稳定的后卫贝基·索尔布伦（Becky Sauerbrunn）。埃利斯说："不管是在比赛还是训练环境中，她们都是非常专业的球员，体现了这个运动项目的精神。"

2016 年 1 月，美国足联在推特上发布这一消息后，收到了大量回复，大多数评论都是对球队新领导者的支持和祝贺。然而，往下看去，我发现有人提出了不同的观点。

"队长？这是什么，还在上高中吗？"

在我开始写这本书的大约同一时间，体育界对队长的看法突然转向。第一个麻烦的迹象出现在 2007 年，当时美国国家橄榄球联盟召集了一个委员会制定联盟的团队领导准则。委员会决定，每支球队的指定队长可以在他们的球衣上印上字母 C，并要求所有球队都必须在季后赛之前选择队长。但是，委员会还规定，球队有权避免在常规赛期间任命队长。果不其然，五年后，联盟里的纽约喷气机队（New York Jets）执行了这一规定。喷气机队的老将马特·斯劳森（Matt Slauson）说，队长的缺阵"让队员们不得不挺身而出，承担起责任"。在前一个赛季打出 8 胜 8 负的战绩后，喷气机队的战绩下降到 6 胜 10 负。

两年后，2014 年，NBA 的波士顿凯尔特人队——比尔·拉塞尔所在的波士顿凯尔特人队——不仅交易了他们的队长，还决定让这个职位保持空缺。三个月后，当德里克·基特退役的时候，纽约洋基队建议取消队长一职。"我们有许多不同的球员，他们都有很高的素质，都可以是非常强有力的领导者，"洋基队总经理布莱恩·凯许曼（Brian Cashman）说，"这并不意味着你必须让他们当队长。"

到了 2016 年时，这一传统彻底消失。那年秋天，NHL 赛季刚开始的时候，有四支球队并没有费心挑选队长，尽管联盟的规则有明确要求。"今天的比赛由核心球员主导，"布鲁克斯·莱希

（Brooks Laich）解释道，他是一名退役中锋，曾效力于突然失去队长的多伦多枫叶队，"这不是由一个人来完成的。"

即使是在长期将队长一职视为重要传统的英格兰，这样的想法也悄悄出现。2016年赛季结束后，切尔西首先拒绝与长期担任队长的约翰·特里（John Terry）续签合同，《卫报》称，这"可能是所有队长、领袖、传奇人物的决定性时刻，他们的存在似乎受到了威胁"。该专栏还宣称，足球队长的价值"有待商榷"。

在此期间，我注意到了另一个令人不安的态势，许多球队开始以与领导能力无关的理由来任命队长。

2011年，阿森纳队在英超联赛中获得第四名之后，其队长塞斯克·法布雷加斯（Cesc Fàbregas）决定离开，转投巴塞罗那队。面对新领袖的任命问题，阿森纳的主教练阿尔塞纳·温格（Arsène Wenger）做出了一个奇怪的举动。当时，球队里最高产的得分手是罗宾·范佩西（Robin van Persie），他的合约只签到下个赛季。温格知道有很多球队都想签下范佩西，而且他也迫切地希望能把范佩西留在球员名单上。他认为他最大的胜算是设法提高范佩西对球队的忠诚度——所以他任命范佩西为队长。

在范佩西的指挥下，阿森纳并没有取得成功。他们在联赛中获得第三名，在欧洲冠军联赛的前几轮中就被淘汰，未能赢得任何奖杯。尽管范佩西被授予了队长袖章，但他不仅在接下来的赛季离开了阿森纳，还投奔了对手曼联。

尽管遭遇了这场失败，温格投机取巧（有些人会认为是有些可笑）的队长观不仅得以幸存，而且开始出现在一些不太可能出现的地方。2014 年，巴西在世界杯上惨败后，国家足球队的新教练决定取消中后卫蒂亚戈·席尔瓦（Thiago Silva）的队长一职，将之授予该国最年轻的球员，22 岁的得分神童内马尔·达·席尔瓦·桑托斯（Neymar da Silva Santos）。当时，巴西队在世界杯上的糟糕表现已经动摇了内马尔的信心。将队长袖章授予最耀眼的年轻球星，而不是一名"挑水工"，这与巴西队在贝利回避这个角色的那些年所秉持的原则背道而驰。"我承认我无法理解这个抉择，"前巴西队队长卡洛斯·阿尔贝托·托雷斯（Carlos Alberto Torres）说，"也许有一天内马尔会成为一名好队长，但不是现在。"

建立球员的忠诚度，或者给他一张信任票是一方面。但在很多情况下，球队犯了一个根本性错误。他们相信，队长一职是具有最高市场价值的球员天然拥有的权利。

以纽约大都会棒球队（New York Mets）为例。2012 年，他们以 1.38 亿美元的价格与明星三垒手大卫·赖特（David Wright）签下多年合同，还让他担任了队长，球队对做出这一决定的原因并没有遮掩。"我记得这件事情在我们跟他签约的时候就已经确定了，"球队的老板杰夫·威尔彭（Jeff Wilpon）说，"当你把这么多钱和资源交给这样一个人，你就要确保他是领导者。"

如果要颁发一个"最令人困惑的队长逻辑奖"，我会选择 NHL 里倒霉的埃德蒙顿加油工队（Edmonton Oilers），2016 年，他们决定将队长一职授了一位名叫康纳·麦克戴维（Connor McDavid）的中锋。并不是说麦克戴维缺乏天赋或者没有潜力成为一个优秀的领导者。令人不安的是，在他接受这份工作的那一天，他还不满20岁（19岁零266天）。他成了NHL历史上最年轻的队长。

对阿森纳队、巴西队、大都会队、加油工队和其他许多球队来说，队长由谁来担任取决于哪位超级巨星的自尊需要呵护，或者哪位球员花球队的钱最多，或者他们希望围绕哪位有前途的年轻人构建球队。哪个球员最适合带队已经不在考虑范围之内。

这种观念上的根本转变，恰逢全球赛事转播时代的到来，世界各地的广播电视、有线电视和卫星电视公司，开始为直播体育赛事的转播权付出高昂的费用。由此产生的巨额收入让球队、联盟和国际体育联合会富得流油——2016年，体育产业收入约为900亿美元，这个数字与全球癌症治疗市场的收入相差无几。

大量资金的涌入改变了企业的根本动机。自有组织的团队运动诞生以来，要获得经济上的成功，最可靠的途径就是获胜。在新经济时代，球队的主要目标是把比赛变成收视保障。

这种新秩序的主要受益者是体育运动中最稀有的商品——人们会观看的那种有号召力的超级明星球员和教练。到2016年，NFL教练的平均工资已飙升至近500万美元，而最高的NFL球员收入超过3 000万美元——二者均为20世纪90年代的五倍左右。在英超联赛中，支出增长更快。据报道，2016年，曼城同意支付给佩普·瓜迪奥拉的年薪为1 600万美元，是2000年曼联主教练亚历克斯·弗格森年薪的九倍。同期，英超收入最高的球员收入增长了六倍以上。

随着这些名人教练和运动员变得越来越富有、越来越受追捧，他们更加需要拿出精彩的表现，于是，他们开始四处施展拳脚。在许多球队中，两个对立的权力中心都在争夺控制权。一个球队如何竞争，甚至于签下谁，这些基本的决定，都变成了必不可少的明星球员和大牌教练之间的拔河比赛。在这个新的模式下，球队里原来的等级制度消失了。

在我研究的"第一梯队"球队中，典型的等级顺序是：教练在上，天才在下，挑水工在中间，充当他们之间的独立调解人。在这个新秩序中，权力与声望齐头并进，中间层的经理角色被挤掉了。除非队长是超级巨星，否则他只是一个旁观者。

同样的力量也出现在商界，在蓬勃发展的人才依赖型行业，许多公司都接纳了一种新的企业文化，弱化等级制，重新设计办公室布局，拆除曾经将管理层和员工分隔开来的墙壁。在硅谷的科技公司中流行的一种新兴的思想流派是，组织应该采用"扁平"结构，管理层的人数应该很少，甚至不存在。根据这一理论，如果给予明星员工自主权以及在决策过程中的发言权，他们的工作效率会更高，也更有可能留下来。一些初创企业已经完全废除了职衔，将员工组织成群策群力的"自我管理团队"，直接向高管汇报工作。

扁平化的支持者表示，这种方式加快了金字塔顶端人员与一线工作人员之间的沟通反馈速度，从而形成一种更快、更敏捷的持续改进文化。不管这种说法正确与否，它无疑为高管直接与明星员工沟通扫清了道路，而无须再额外应付一级管理层。

看到这一切发生的时候，我开始怀疑我是否真的在写颂词。正当我做了大量准备工作，要来介绍那些安静、平凡、具有团队精神、具有匠心的队长们的重要价值，大多数世界上最富有的体育组织，甚至一些最具远见的企业，似乎都在朝着相反的方向全速冲刺。

我对领导力的理解与现实之间的差距，让我想起了在写书之初我第一次思考的一个问题。经历了这么长时间，我们花了这么多精力研究团队领导能力，为什么我们还没有找到答案？为什么我们还在修改公式？

历史学家詹姆斯·麦格雷戈·伯恩斯（James MacGregor Burns）是第一批试图为开明领导力构建复合模型的学者之一。在1978年出版的《领导力》一书中，伯恩斯引用了摩西（Moses）、马基雅维利（Machiavelli）、拿破仑（Napoleon）、圣雄甘地（Mahatma Gandhi）和马丁·路德·金等人物的故事，试图找出他们的共同之处。

伯恩斯总结说，领导有两种不同的类型——一种是"交易型"，另一种是"变革型"。负责人最为关心的是确保下属服从命令，严格维护组织的等级制度，这种属于"交易型"领导。他们通常只是下达一系列的命令，让大家去执行，而不会呼吁大家追求更高的理想。更为理想的模式是"变革型"领导,这类领导关注其追随者的价值、信仰和需求,以领导魅力和感召力吸引他们,激励他们将自己的动机、道德水平和成就提升到更高的层次。"变革型"领导的奥秘在于"人们可以更好地提升自己",伯恩斯写道。管理学专家已经开始接受变革型领导的概念,并扩展了其定义,囊括了更多的属性。正典说,伟大的领袖拥有处理复杂事务的能力,他们努力促进选择自由,言行一致,诉诸理性,通过指导和指引培养追随者,通过真诚地关怀激发人与人之间的合作与和谐关系,并使用"真实的、一致的方式"让人们团结在他们的立场下。

"第一梯队"的队长表现出了许多这样的特质。他们认真负责,有原则,富有感召力,以可以提升表现的方式和队友们沟通。然而,他们领导团队的方式在有些地方又与伯恩斯提出的定义不太一致。这些队长往往缺乏天赋和魅力。他们不愿意出现在幕前,总是避开演讲和聚光灯,在别人看不到的地方做一些费力且不讨好的工作。他们也并非时时刻刻都是完美的道德楷模。

说实话,"变革型领导"就像一个大杂烩,包含了所有人们可以想象到的积极品质。它呈现了一种理想化的领导观,比抱负更难实现。当然,也许这就是问题的关键所在:摩西、甘地和拿破仑这样的领导人如此罕见,任何理智的人都不会期望亲身遇到他们。我们最多能做到设法了解他们,并帮助那些我们勉强接受的领导者逐步改进。

设置如此高的门槛带来的麻烦在于，我们可能会破坏整个领导的概念。过一段时间，如果人们厌倦了等待独角兽走进大楼，他们便会开始寻找新的、根本不需要独角兽的方法组建团队。

总的来说，"第一梯队"的队长们并没有传达出他们天生就是领导者的观点。他们并不具有每个人都能轻松发现的极致天赋。除了领导方式，他们相互之间几乎没有什么共同之处。他们在不同的时期生活在不同的国家，并且有着不同的性别，他们使用的语言、信仰的文化、宗教或肤色也不相同。他们可能很高，很漂亮，也可能很矮，很丑，他们的专业技术可能非常娴熟——或者并不娴熟。他们身上没有任何迹象表明，他们是凤毛麟角的天生领导者——其伟大是由基因决定的领导者。

我开始怀疑，我们之所以无法找到精英团队领导力的核心要素，真正原因是，我们把事情搞得太复杂了。我们一直忙于寻找身穿闪亮盔甲的变革型骑士，却忽略了一个更有可能的事实：我们身边有成千上万潜在的变革型领导者。我们只是缺乏识别他们的能力。

1982年，前以色列陆军上校鲁文·加尔（Reuven Gal）获得了授权，可以查看283名以色列士兵的个人档案，在1973年阿以战争期间，这些士兵都曾在战场上作战，并获得了英勇勋章。他想知道他们有哪些共同的品质。

加尔注意到，在体能、智力、积极性、奉献精神、决断力和毅力方面，获得勋章的士兵比对照组的士兵得分更高。他还注意到一个令人吃惊的数字，他们中 64% 的人是军官，这表明一个人的领导能力与其在枪林弹火中做出勇敢、无私行为的动机之间可能存在联系。

然而，在这些勋章获得者中，最令加尔惊讶的发现是，他们之间并没有太多的共同点。他们有些是老人，有些是年轻人。有些是职业军人，有些是预备役军人。虽然其中有很多人都是军官，但也有一些人级别不高。心理测试表明，他们的个性多种多样。加尔写道："以色列国防军的英雄们没有形成任何不同寻常或反常的群体。当然，他们不是一群'超人'……他们也不是天生的英雄；但他们成了英雄。"加尔和他的研究伙伴对这些结果感到惊讶，但他们也受到了鼓舞。显然，英雄主义并不存在于一个人的基因中，但这似乎与领导能力密切相关。他们认为，通过培养更好的领导者，应该有可能建立一支能够完成更多英勇任务的军队。

在对数十名士兵进行采访后，他们用一个简单的等式解释了他们的发现：领导力 = $P \times M \times D$。

加尔告诉我，第一个变量——P——代表潜力，他将潜力定义为一个人与生俱来的领导才能。他说，这是一种天赋，是无法教授的，而且早在幼儿园时期，这种天赋就会在一个人的行为中显现出来。但也不是特别罕见；一个部队的许多成员可能都具有这些技能。

然而，要成为一名领导者，一个有潜力的人还需要拥有下一个变量：M。"有效的先决条件是动机。"他说。这两个变量是一对孪生集合，有领导潜力的人通常有动力去履行这一角色。但加尔方程中的第三个变量引起了我的注意：D 代表发展。

加尔认为，在这方面，生物学不起作用。任何领导候选人，无论多么有天赋，都必须努力去学习，去证明他们有适合的品质。"随着时间的推移，你必须赢得自己的领导地位，证明你的个人魅力得到了正确的运用，并积极地在群体导向方面发挥作用。"领导者必须学会如何成为一个过滤团队观点的"棱镜"，还要学习如何以一种让他人得到提升的方式操控这些情绪，而不是通过确认他们的恐惧让他们感到不安。"找三个人，让他们处于完全相同的状态，"加尔说，"他们其中一人会感到悲观和绝望。一人会认为感受到了压力但有挑战性。但是第三个人却会觉得这是令人兴奋的绝佳机会。"加尔认为，能够从积极的角度解读自己所处的状态，部分原因在于领导者的性格，但也是经验所起的作用。

将体育队长比作战斗英雄可能听起来有些老套。显然，与输掉一场排球比赛相比，致命伤害带来的威胁会在大多数人心中激起更强烈的反应。然而，加尔对发展的看法似乎与"第一梯队"队长们的故事并不矛盾。

在本书的第二部分，我们看到了尤吉·贝拉如何努力成为一个更好的捕手，并在这个过程中，学会了如何管理和领导投手。我们看到莫里斯·理查德创造出切断开关控制自己的脾气，卡拉·奥维贝克如何通过帮大家搬运行李赢得队友的尊重，瓦列里·瓦西里耶夫如何通过对抗教练赢得队友的忠诚，蒂姆·邓肯如何频繁地在队友间进行实用性沟通，以及巴克·谢尔福德和杰克·兰伯特如何使用非语言行为传递激情。

对这些队长来说，这些举动可能是出于直觉，完全不需要任何技巧。它们是行为带来的作用。

更重要的是，这些"第一梯队"的队长都不是在入队的第一天就被赋予了领导的角色。他们每个人都有一个蛰伏期。他们有机会去聆听，去观察，去试着扮演这个角色。换句话说，他们进步了。

所有这些并不意味着，成为精英队长是件容易的事，或者这种领导阶层是每个人都能企及的。正如我们在第二部分中所看到的，这些队长在竞争中做出了我们大多数人不会考虑去做的事情。通过研究这些队长的领导行为，我认为，公平地说，每个人都有自我提升的能力，能够成为优秀团队领导者的人数比我们认为的要多。"领导者是后天培养的，而不是天生的，"这是文斯·隆巴迪的名言，"领导者是用汗水炼成的，这是我们所有人为了实现一切有价值的目标都必须付出的代价。"

至此，本书的大部分内容都集中在队长领导团队的方式上。当然，还有另外一个重要的组成部分——负责组建这些团队的高管、经理和教练。我们大多数人都是用看待浩瀚太空——神秘而未知——的方式看待团队动力的。我们可以巧妙地设计一个团队，将所有要素精心放置到位，让它在竞争上没有弱点。但是，最后在更衣室里或在球场上发生的一切，我们无法控制。这个团队要么爆发，要么失败。

"第一梯队"的16支球队教给我们的第一件事是，领导力至关重要。这并不是说拥有一位某种类型的队长是一种奖励——这是唯一的共同点。作为一名文字工作者，我能想到的最好的比喻是，队长就像一个句子里的动词。动词不像名词那样容易记忆，不像形容词那样容易唤起感情，也没有标点符号那样强大的表达能力。但是，正是动词完成了繁重的工作——将不同的部分连接起来，并创造出前进的势能。在一个伟大句子的封闭单元中，它是唯一必要的组成部分。

确实有许多运动队都反感这个观点，他们认为队长已经过时了——就像褶裥长裤、旱冰鞋和麸质一样。运动队的组建者已经开始将才能或市场价值与领导能力混为一谈。他们消除了团队中的等级制度，从而也消除了领导者所处的强大的中间管理层。他们害怕选择那些无视传统观念，或者在团队内部制造摩擦、会影响经济收益的领导者。对于体育界和其他领域的团队管理人员，我能给出的最简单的建议就是立即停止做这些事情。

当然，更为重要的问题是如何选择合适的领导人。我在本书第二部分中列出的七个特征，可以作为体育运动方面的指南。在体育之外的领域里，竞争特性不同，各个团队从事的工作各不相同，从开发软件到汽车销售什么都有，所以，没有办法给出统一的原则和建议。

我见过的最好的指导说明——最符合我对"第一梯队"队

长的观察结果——是由已故的哈佛大学社会和组织心理学家理查德·哈克曼花了数十年时间观察各种团队后所编撰的。这些团队有驾驶飞机的，也有演奏古典音乐的，虽然他们的任务目标不同，但哈克曼把关注点聚焦在了比较他们的前期准备以及工作过程对结果的影响上面。这样一来，他拼凑出了一个关于有效团队管理本质的理论框架，或者用他的话说，"（用于）区分优秀团队领导者与领导力较弱的领导者的个人品质"。

哈克曼的理论包括四个原则：

1. 有效的领导者胸有丘壑

最好的团队领导者对于成员茁壮成长所必需的团队内部条件有着深刻的认识。换句话说，他们对事情可能的发展方向有自己的判断。

2. 有效的领导者知道如何做出正确的事情

在"力争表现"的情境下，哈克曼注意到，最有技巧的领导者总能做出正确的行为。无论团队处于何种状况，他们都知道团队当时最重要的"主题"，并且知道如何缩小团队的当前状态与成功之间的差距。

3. 有效的领导者在情感方面应该是成熟的

哈克曼知道，领导一个团队是"一项在情感上充满挑战的任务"。伟大的队长必须在应对他人情绪的同时处理好自己的焦虑情绪。最成熟的领导者不会逃避，或者试图掩盖焦虑。相反，他们会带着学习的态度投入其中——并通过这样做找到化解危机的正确方法。

4. 有效的领导者需要有一定的勇气

哈克曼认为，一个领导者的基本工作，就是带领一个群体摆脱根深蒂固的体制，进入一个更好、更成功的体制。换句话说，领导者的工作就是帮助团队实现转变，走向伟大。他认为，要做到这一点，领导者——从定义上讲——必须"贴近成员当前的喜好，而不是端坐在集体共识的中心"。要推动团队前进，领导者必须打破常规，挑战团队对"正常"的定义。因为这类事情会遭遇阻力，甚至挑起愤怒，所以领导者必须要有勇气站出来——即使他们会为此付出巨大的个人代价。

哈克曼说，这四项原则的"奇怪"之处在于它们所没有包括的那些内容。这些规则里完全没有涉及一个人的个性、价值观或个人魅力，也没有提到他们的天赋才能。有效地领导一个团队不是技巧和吸引力的问题，而是与领导的日常事务息息相关。在哈克曼看来，高级领导者的主要特征不在于他们是什么样的人，而在于他们每天在做什么。

这一观点的问题在于，这样会非常难以辨认出有价值的领导者。就算是花几个小时面试一个人，但直到他们真正开始工作之后，你才会知道他们是否具有这种能力。

选择领导者的第二个挑战——和第一个同样重要——是要知道哪种人不应该选。

黛博拉·格林菲尔德（Deborah Gruenfeld）是斯坦福大学商

学院的社会心理学家，在其职业生涯的大部分时间，她都在研究组织内部的个人角色。她是世界权威的权力心理学专家。

格林菲尔德说，传统观点认为，仅靠个人的成就不足以让他们获得权力。我们大多数人都认为，成为领导者所需要的情感要素和上升潜力在简历上是无法体现的。因此，许多人错误地认为，他们可以"欺骗"别人，让别人认为他们有资格获得组织内的地位，即使他们可能并不具备这样的能力。这是一句老话的延伸："在你成功之前，先假装成功。"

格林菲尔德表示，研究表明，事实正好相反。她说，在现实生活中，人们常常通过弱化自己的能力获得并掌握组织内部的权力。"表现得比实际水平稍弱一些，我们可以更容易、更可靠地获得地位。"

"第一梯队"的队长都不是装腔作势的人。他们不发表演讲，不主动寻求关注或称赞，也不喜欢披着权力的外衣。他们中的大多数人都扮演着从属的角色，为他们的队友提供配合和服务。换句话说，他们的行为和格林菲尔德描述的非常一致。在竭尽所能地证明自己无法胜任领导之职之后，他们反而赢得了在团队中的地位。

2016年，布雷特·斯蒂芬斯（Bret Stephens）在《华尔街日报》的评论版发表了一篇专栏文章，讲述了他与11岁儿子的一次对话。内容是关于名声和英雄主义之间的区别的。他儿子在这个问题上的观点是，名人的行为取决于他在别人心目中的形象。英雄只关心他们是否做对了所有事情。

接着,斯蒂芬斯描述了一种现代现象,在各种形式的传统媒体和社交媒体的推动下,人们投入大量精力吹嘘自己的才华,假装自己才华横溢,即使他们并非如此。他称之为"姿态文化"。

当我读到这篇文章的时候,我意识到这正好与我们看待队长时的心态相同。很多时候,那些自荐为掌权者的人很快就会开始炫耀自己的能力,而做决定的人往往会被他们的人格力量所左右。

事实上,领导是一个永不休止的负担。选择成为领导者的原因不应该是为了自我炫耀,甚至也不是因为拥有超凡的魅力或过人的才能。而应该是因为具有毅力和谦卑的性格,可以做到把荣誉、个人的满足感和幸福感放在一边,为团队服务——不仅仅是在压力重重的时刻,而是在每一天每一刻都这样做。

这种本能不应该与取悦他人的欲望相混淆。科学家们已经证明,一个团队对其工作和领导者效率的看法通常与团队表现无关。一个伟大的领导者会尽其所能地提高成功的可能性,即使那些行为不受欢迎,或有争议,或令人无法容忍,或完全不为他人所知。一个领导者首先必须尽心尽力地把事情做好。

大约在公元前 600 年,中国诞生了一位伟大的哲学家——老子。这个时期,随着新领袖的出现和旧封建制度的瓦解,中国各地的政治独立程度不断提高,这也是一个内战和流血的时代。在动荡中,老子发表了一些关于领导力的观点,让我印象深刻,我觉得可以用来作为一个很好的结尾。

"最好的领导神龙见首不见尾,让下属感觉不到他的存在;较好的领导者,受到人们亲近和称赞;最差的领导者,受到人们的鄙视,"他说,"不尊重别人,别人也会不尊重你。但是一个好的领导者,很少说话,当他的工作完成了,目标实现了,下属们都会说,'这是我们自己完成的。'"[1]

---

[1] 《老子》原文应为"太上,不知有之;其次,亲而誉之;其次,畏之;其次,侮之。信不足焉,有不信焉。悠兮,其贵言。功成事遂,百姓皆谓'我自然'"。——译者注

本章总结

- 在体育运动中，队长已经不再受欢迎。在某些情况下，球队会以此头衔作为建立忠诚度的工具。还有一些情况，他们只是将其授予薪水最高的球员。一些球队已经完全取消了这个角色。这一趋势反映了一种已经在商界扎根的观点，一些公司正在尝试裁减中层管理人员，从而让高层管理人员更加贴近业务骨干。这些想法从实际上回应了人们不断变化的看法和经济形势，但并没有迹象表明这种做法有助于创建精英团队。

- 在找到所有领导者都渴望的积极品质方面，研究领导力的学者们做得非常出色，但他们设置的门槛过高。书中描写的队长们有时候也达不到这样的要求。他们不够有才华或魅力。他们帮助自己的团队成为王朝球队所做的大部分事情，都是行为和经验带来的作用——他们习得的技能以及他们在工作中做出的选择。伟大的领导者不需要魅力四射。他们只需要知道要实现成功应该如何努力，以及一个实现目标的计划。他们不需要提醒人们他们有多伟大。如果需要的话，他们应该给人们留下这样的印象：他们认为自己根本无法胜任领导一职。

后 记

标准的棒球是一个橘子大小的硬质物体，重量至少有 140 克——差不多与台球或一号电池一样重。如果这种重量的物体在高速挥舞后击中人的身体，则可能会引起一些夸张的后果。

2004 年 7 月 24 日，这天下午异常寒冷，波士顿红袜队的投手布朗森·阿罗约（Bronson Arroyo）向纽约洋基队的亚历克斯·罗德里格斯（Alex Rodriguez）投出一球，时速达到 140 公里。这颗 140 克重的球击中了罗德里格斯的肘部，幸运的是，他的肘部戴了一个保护套。他的身体没有受伤，但他的自我意识却未能幸免。

在去一垒的路上，罗德里格斯停了下来，瞪着阿罗约。阿罗约身高 1.93 米，体重 86 公斤，头发又长又乱。"把那个垃圾扔过该死的本垒！"他大喊道，然后又更加激动地重复了一遍，"把那个垃圾扔过该死的本垒！"

和罗德里格斯一样，几乎所有在波士顿芬威球场（Fenway Park）看台上的观众都在猜测阿罗约会怎么做，因为他刚刚在三局比赛中放弃了第三次跑垒，故意将球掷向罗德里格斯。在前一天晚上的一场比赛中，罗德里格斯在决胜局中击出一垒安打，而那天下午他已经得分一次。红袜队在这场比赛中落后洋基队三分，在分区积分榜上落后洋基队 9.5 个胜场，他们可能认为，打击一下洋基队最好的击球员，他们也不会有什么损失。

然而，他们可能有更深层次的动机。

自 1903 年成立以来，洋基队在 39 次世界职业棒球大赛中共夺得 26 个总冠军，成了世界上最成功的球队。然而，红袜队自 1918 年以来从未赢得过总冠军，而且他们找到了好几十种方法羞辱他们最强劲的对手——洋基队。一年前，我坐在新闻记者席观看美国联盟冠军系列赛（American League Championship Series），在第七场比赛进行到第十一局时，洋基队一位名叫亚伦·布恩（Aaron Boone）的内野手来到本垒，尽管他们整个赛季只打出了 6 个全垒打，但还是用一记左线远射送走了波士顿红袜队。

除了身为洋基球员之外，由于其他原因，罗德里格斯成了一个吸引人的目标。在 2004 年赛季之前，他和红袜队草拟了一项交易协议，这提高了波士顿红袜队的夺冠期望。红袜队的球员和球迷非常激动，甚至到了向他表示衷心欢迎的地步。但是，接下来，洋基队采用了他们的典型做法，乘虚而入地签下了罗德里格斯。因此，红袜队再次蒙羞。罗德里格斯一直都想穿上洋基队的细条纹球衣。一夜之间，他成了头号公敌。

当罗德里格斯怒视阿罗约时，红袜队的捕手杰森·瓦立泰克

（Jason Varitek）出现了。捕手的一项职责就是保护他的投手，不让投手受到拿着球棒的愤怒大个头的伤害，所以瓦立泰克径直走到这位比他高的洋基队明星球员面前，并说了句话。"我委婉地跟他说了，让他上一垒。"瓦立泰克说。

罗德里格斯向前走了几步，眼睛眯成了一条缝。"去你妈的！"他咆哮道。这种行为发生在罗德里格斯身上很不寻常，因为他不是一个脾气暴躁的人。瓦立泰克站在原地，然后，罗德里格斯用手指着他。"来呀！"在这种情况下，有 98% 的可能击球手会冷静下来。本垒裁判可能会去找投手和他的教练谈谈，但基本上就是这样。

这个例子属于另外的 2%。

瓦立泰克一怒之下，直接把手挥到了罗德里格斯的脸上，其中一只手还插在捕手的手套里。挥拳的力量，加上罗德里格斯正在向前运动，让他的头猛地后仰，并向后摔倒。当两张长凳上空无一人的时候，罗德里格斯扣住了瓦立泰克的脑袋。其他球员立即聚了过来，随即，这里展开了一场激烈的拳击赛。一名洋基队的投手离开球场时，脸上流着血。

2004 年的波士顿红袜队虽然不是"第一梯队"球队，但对我来说他们很特别。最开始，正是由于他们从一群不着调的废柴变成了有竞争力的强队，我才决定写这本书。所以，在完成研究后，我决定回过头再来看看——只是出于好奇——是否有什么具体事情触发了他们的蜕变。找到这个答案没有花费太多时间。事情发生在 7 月 24 日的下午。

争吵结束后，球场上的能量完全不同了。这场争吵让红袜队的球迷们恢复了活力，他们的球员似乎也变得精力充沛。"大家都感到肾上腺素激增。"红袜队的投手科特·希林（Curt Schilling）说。

统计概率显示，在这种情况下，红袜队只有 25% 的机会赢得比赛。然而在第九局快结束时，红袜队奋力反击，仅落后洋基队一分。这时，红袜队的三垒手比尔·穆勒（Bill Mueller）对上了洋基队传奇的救援投手马里亚诺·里维拉（Mariano Rivera），一人出局，一名跑垒员先发，击出两分全垒打，红袜队赢得了比赛。棒球场上沸腾了。当红袜队庆祝时，看台上爆发出一阵阵雷鸣般的嘘声，"洋基太烂了！"

在众所周知的"拳击事件"之后，我在波士顿红袜队看到的那种浪荡、散漫的氛围消失了，取而代之的是一种明显的目标感。在接下来的 10 场比赛中，红袜队只赢了 4 场，但却比对手多得了 15 分。8 月 7 日，他们大哭了一场——在接下来的 23 场比赛中又取得了 19 次胜利，其中包括一个 10 连胜。在进入季后赛并在美联冠军系列赛中击败洋基之后，他们赢得了 86 年来的第一个世界职业棒球大赛冠军。在"拳击事件"之前，红袜队胜率为 54%。之后，他们的胜率提升为 69%。

在接下来的五个赛季中，红袜队成了最强大的棒球队，四次进入季后赛，并在 2007 年再次获得世界职业棒球大赛冠军。更重要的是，他们终于摆脱了洋基队给他们带来的阴影。

经验主义者并不相信运动中的"势能"概念。他们认为，一个受尊敬的团队成员表达一次情绪，就能产生足以颠覆概率定律的强大感染力，这种想法太过荒谬。他们会告诉你，在像棒球这样的线性竞争中，在一个赛季获胜只不过是一个随机事件，许多球员在赛季统计中，个人表现数据出色，达到预期范围内的最高成绩，也只是因为抽样过程中的运气。虽然我很喜欢统计学，但我知道在这个问题上他们是错的。

2004年赛季开始的时候，波士顿红袜队事实上的领袖是超级明星——游击手诺玛·加西亚帕拉（Nomar Garciaparra），他是球队里最受欢迎的球员。然而，到了7月24日，加西阿帕拉即将离开。伤病、疏远以及不快乐的情绪，让他成了球队里的累赘。一周后，红袜队将他交易了出去。

在32岁的时候，杰森·瓦立泰克进入了职业生涯的低谷。在休赛期，红袜队对他的年龄、数据和前景都持悲观态度，在续约合同上给他报了个低价。他们认为他打不了太久了。虽然瓦立泰克赢得了队友的尊敬，但他缺乏加西亚帕拉的明星魅力。他安静而谦逊，蓄着户外活动者的那种山羊胡子，衣柜里装的全是难看的超大号运动衫。他对投手掌控的很好，在场上表现强硬，而且从来没有对媒体说过任何有趣的事情。

多年之后，瓦立泰克拒绝在"拳击事件"的照片上签名，因为他觉得自己妨碍了比赛，给孩子们做出了不好的示范。他坚持说他只是在做他的工作。"我只是想保护布朗森，"他后来说，"为了保护队友，我愿意付出一切。"

"拳击事件"在波士顿球迷中引发了不同的反应。尽管那天瓦立泰克被罚出场，罚款两千美元，并被停赛四场，但他们仍然认为这是一种英勇的行为——那一刻红袜队终于站起来反抗了给他们带来痛苦的人。在波士顿，到处都能看到这一事件的照片，有的被装裱好、挂在体育酒吧的墙上，有的被夹在出租车的遮光板上。波士顿体育记者丹·肖内西（Dan Shaughnessy）曾在他的专栏里给瓦立泰克写了一封信恭维他，称他是"那个把棒球手套砸到亚历克斯·罗德里格斯脸上，从而扭转了整个赛季的人"。

在球队信心崩溃之际，杰森·瓦立泰克抛弃了文明社会的规则，并展示出自己的攻击性，他的这些行为就像是一位"第一梯队"的队长。事实上，他的一切似乎都符合这个角色的形象。"拳击事件"并不是什么随机事件，而是在一个赛季中几百万个数据点中的一个。这是一位精英领导者的行为。

即使是红袜队——当时棒球界最无情的只看数据的球队——似乎也接受了这一观点。赛季结束后，他们不仅留下了瓦立泰克，还与他签下了一份为期四年、价值 4 000 万美元的续约合同。

他们还任命他为队长。

附　录

第一梯队：精英

为了筛选出有史以来最伟大的体育王朝球队，我一共设计了八项测试，这 16 支球队通过了所有这些测试。

他们都至少有五名成员；在他们从事的运动项目中，运动员必须在比赛中进行互动或配合，同时还要与对手有直接的接触；他们从事的是一项重要的观赏性运动，球迷数量达数百万以上；他们的统治地位至少持续了四年；他们多次参加世界顶级赛事，并在其中脱颖而出；最后，在某些方面，他们的成就有别于其项目运动史上的其他所有队伍。

科林伍德喜鹊队（澳式足球），1927—1930

纽约洋基队（美国职业棒球大联盟），1949—1953

匈牙利队（男子足球），1950—1955

蒙特利尔加拿大人（国家冰球联盟），1955—1960

波士顿凯尔特人队（美国职业篮球联赛），1956—1969

巴西队（男子足球），1958—1962

匹兹堡钢人队（美国职业橄榄球大联盟），1974—1980

苏联队（男子冰球），1980—1984

新西兰全黑队（橄榄球），1986—1990

古巴队（女子排球），1991—2000

澳大利亚队（女子曲棍球），1993—2000

美国队（女子足球），1996—1999

圣安东尼奥马刺队（美国职业篮球联赛），1997—2016

巴塞罗那队（职业足球），2008—2013

法国队（男子手球），2008—2015

新西兰全黑队（橄榄球），2011—2015

"双料"队长

三名杰出的足球队长带领着不止一支队伍进入了"第二梯队"。由于这一成就非常罕见，我在书中特别提到了他们。

弗朗茨·贝肯鲍尔，德国队（1970—1974）及拜仁慕尼黑队（1971—1976）

迪迪埃·德尚，法国队（1998—2001）及马赛队（1988～1993）

菲利普·拉姆，德国队（2010—2014）及拜仁慕尼黑队（2012—2016）

判断要求

本次研究证明，有三种运动最难分析——我被迫做出了一些有争议的决定。第一个是职业足球，这在第一章详细讨论过。另外两个是 NFL 职业橄榄球和国际板球。

在 NFL 中，要找出最独特的成功球队并不难。杰克·兰伯特带领的（1974—1980）匹兹堡钢人队在 6 个赛季中赢得了 4 次超级碗冠军，创造了运动史上最密集的夺冠纪录，这让他们成功进入了"第一梯队"。问题在于是否让另一支球队也进入"第一梯队"。

最显而易见的候选队伍是旧金山淘金者队（1981—1995）和新英格兰爱国者队（2001—2017），这两支球队拥有 NFL 里最长的两次连胜。截至 2017 年 3 月，这两支球队都赢得了 5 次超级碗冠军，在整体胜率和埃洛评分方面表现卓越。多年来，这两支球队出现了多位符合"顶级队长"模型的球员领袖。不同时期的淘金者队队长包括乔·蒙坦纳、罗尼·洛特（Ronnie Lott）、斯宾塞·蒂尔曼（Spencer Tillman）和史蒂夫·杨（Steve Young）；爱国者队的球员领袖有布莱恩·考克斯（Bryan Cox）、罗德尼·哈里森（Rodney Harrison）、德温·麦考蒂（Devin McCourty）和泰德·布鲁奇（Tedy Bruschi）。然而，领导能力最强的是新英格兰爱国者队的长期进攻队长汤姆·布雷迪（Tom Brady），他在 2017 年成了唯——位赢得 5 次超级碗冠军的 NFL 四分卫。

尽管布雷迪是球队中最好的球员，也是 NFL 顶级名人，但不可否认的是，他具有很多"顶级队长"特质。他低调而内向，在球场外过着平静的生活，他对代言很挑剔，也从不为小报提供花边新闻。虽然他会把在更衣室的演讲时间留给教练，但他还是会不断地纠正队友的错误、为他们提供指导，并以在球场上激情四射而闻名——他经常在队友面前以此激励他们。在2016赛季之前，布雷迪与NFL进行了一场漫长而屈辱的法律诉讼，在这个赛季中，他的母亲开始接受化疗，但他从未公开提及此事。尽管如此，他还是带领爱国者队打进了超级碗决赛，并创造了这项运动历史上最伟大的逆转性胜利。

2016年，因涉嫌与球队的装备经理合谋给比赛用球放气（以使球更容易握持），布雷迪被NFL停赛四场，对许多人来说，这一事件给他的形象带来了污点。然而，这种行为完全可以归入"顶级队长"的行为范畴，即积极试探比赛规则的弹性，采用科学家所称的"内隐道德"行为准则（见第6章）。

尽管如此，爱国者队和淘金者队都有让他们无法进入"第一梯队"的负累——他们的履历如此相似，没有任何一队取得了真正独特的成就。如果爱国者队能再赢取一个超级碗冠军，或者以目前的频次继续比赛，他们还是可以入围的。但在撰写本文时，只有钢人队符合要求。

在板球运动中，有三支队伍属于"第一梯队"的候选球队。第一支是克里夫·劳埃德（Clive Lloyd）担任队长的西印度群岛队（1975—1985），他们三次进入世界杯决赛并且两次获得冠军，参加过 27 场国际测试赛，从未失利。另外两支球队都是澳大利亚队，史蒂夫·沃（Steve Waugh）带领的澳大利亚队（1998—2003）赢得了一次世界杯冠军，创下了 16 次获得测试赛冠军的纪录，并在灰烬杯（Ashes）中横扫英格兰队；瑞奇·庞丁（Ricky Ponting）担任队长的澳大利亚队（2003—2008）赢得了两届世界杯冠军，同样也创下了 16 场测试赛连胜的纪录。

这些球队的队长也符合"顶级队长"的模型。在瑞奇·庞丁早期的职业生涯中，他曾因为在酒吧里醉酒斗殴而受到惩罚，所以，后来，他将攻击性转到了对手身上。他的领导方式充斥着鲁莽和竞争热情，经常挑战体育精神和比赛规定。（为了分散对手注意力）辱骂对手成了一种有争议的艺术形式，在赛场上发生冲突并不少见，即使是杠裁判的情况也是有的。在指导执行这种艺术形式时，史蒂夫·沃还能控制住自己的情绪，这为他赢得了"冰人"的绰号。"他在球场上也会加入这种言语攻击，有时候骂着骂着大家就动起手来。"尽管他不是一位天才球员，但他著名的决心让他成了球队中最优秀的击球手和核心球员。在他们的霸主时期，澳大利亚的球队有着交流的传统，他们会固定地在比赛之后举行会议，在这种会议上，球员都还没有换掉白色的运动服，他们一边喝着啤酒，一边做比赛复盘。

然而，在他们当中，西印度群岛的克里夫·劳埃德是最出色的"顶级队长"原型。他不是队里的明星，也不是特别有天赋的球员。他戴着厚厚的眼镜（他小时候眼睛受过伤），在包括维维安·理查兹（Vivian Richards）在内的超级明星队友的衬托下，他显得黯然失色。他冷静、低调、开放的领导风格，让这支由来自许多加勒比国家的球员组成的球队团结一致，他经常坚持原则立场，反抗板球界权威——尤其是在球员薪酬问题上。

在场外，劳埃德在队里实行了严格的宵禁，劝队友们享受枯燥的生活，压抑自己的欲望。然而，在球场上，情况完全不同。虽然他不鼓励队员们辱骂对手，但他会采用富有攻击性和争议性的战术——专门挑选身材高大、运动能力强的"快速"投球手进行车轮战，他们的投球速度超过144公里/小时，对击球手来说，这种球很难控制，而且当他们走神时，更是难以躲避。该战略的目的是制造恐惧（如果不是屠杀的话）。在1976年的系列测试赛中，西印度群岛队的投球手靠投球把几名击球手送进了医院，之后，印度队的队长提前宣布了比赛结果——他们基本上放弃了这次测试赛。有人批评说，这种策略在文雅运动中没有立足之地，对此劳埃德回应道："这是板球，有时你必须接受。"

然而，最终没有任何一支板球队有资格进入"第一梯队"。西印度群岛队在两种运动形式——测试赛和为期一天的国际比赛（ODI）——中都表现出色，但其成绩几乎都被澳大利亚队追平或超越。在测试赛中，史蒂夫·沃的球队可以说是有史以来最优秀的板球队，但在ODI这种形式的比赛中，表现并不突出。庞丁的球队则相反：他们赢得两届世界杯，成了ODI板球赛事的霸主，但在测试赛中的表现却不尽人意。单独来看，这三支球队都应该是历史上最好的球队。然而，综合来看，他们没有任何一项纪录是独一无二的。

第二梯队：决胜者

在全球体育界，一些最知名、最受尊敬的王朝球队没有进入我提出的历史上 16 支最伟大的球队之列。尽管他们都有与众不同的地方，并且都符合我所提出的优秀团队基本构成标准（见第 1 章），但由于一些原因，他们被排除在顶级，或者说"第一梯队"之外。要么是他们缺乏充分证明自己的机会，要么是有另一支同类型球队的成就胜过了他们。在下面的表格中，我列出了这 106 个"第二梯队"球队以及他们的详细信息。

那些最令人印象深刻的队伍，也就是最接近"第一梯队"的队伍，队名后面都标有星号（*）。

失格代码

A.

这 28 支球队缺乏足够的机会证明自己。在他们所处的时代，不同国家的最佳球队很少有切磋的机会，或者重大赛事较少，或者赛事没有涵盖当时世界上所有的顶级球队。有些球队从事的运动赛事较少，而有一些球队参加的联赛不允许他们与另一个有竞争关系的联赛的冠军进行比赛。

B.

这一类别的 66 支队伍的记录虽然非常令人敬佩且不同凡响，但被其他参加同一类型运动比赛的团队所超越。在某些情况下，有几支球队都有理由进入"第一梯队"，但是其中没有任何一支球队的表现明显地比其他球队突出。在一些体育项目中（如女子手球和男子水球），整体成绩最好的球队也不够强大，不能称为霸主，因此也就无法入围。

C.

这 12 支杰出的男子职业足球队都与"第一梯队"的水平相差无几。他们中的许多球队都是他们所在国家历史上最伟大的俱乐部球队。但是他们以细微的差距，或者由于某些可以原谅的原因未能进入顶级梯队。

队名	时间	评价	失格代码
棒球：美国职业棒球大联盟			
费城运动家队	1910—1914	在五个赛季中参加了四次世界职业棒球大赛，获得了四个分区冠军和三个总冠军。	B
波士顿红袜队	1915—1918	在队长杰克·巴里（Jack Barry）和迪克·霍布利兹尔（Dick Hoblitzell）的带领下，在四个赛季中获得了三次世界职业棒球大赛冠军。	B
纽约洋基队*	1936—1941	1939 年之前该队一直由卢·格里克担任队长，连续四次获得世界职业棒球大赛冠军，在六个赛季中五次夺冠，但未能追平五连冠的纪录。	B

续表

队名	时间	评价	失格代码
奥克兰运动家队	1971—1975	连续三次获得世界职业棒球大赛冠军,连续五次获得分区冠军。	B
亚特兰大勇士队	1991—2005	在十五个赛季中获得十四次分区冠军,五次参加世界职业棒球大赛,但只赢得过一次冠军。	B
纽约洋基队	1996—2000	在五个赛季中赢得了四次世界职业棒球大赛冠军,比该队最佳历史纪录少赢一场。这支球队没有指定队长,但许多人表示外野手保罗·奥尼尔（Paul O-Neill）是非正式队长。	B
棒球：黑人国家联盟 / 日本联赛			
匹兹堡克劳福德队	1933—1936	连续四次获得冠军,但未能达到另一支黑人国家联盟球队的纪录。种族隔离让他们无法与职业棒球联盟的顶级全白人球队进行较量。	A
霍姆斯特德灰人队*	1937—1945	在队长巴克·伦纳德（Buck Leonard）的带领下,在九个赛季中赢得了八次冠军,球队胜率为89%,但种族隔离让他们无法与职业棒球联盟的顶级全白人球队进行较量。	A
读卖巨人队（日本）	1965—1973	"V-9"巨人队曾连续九次获得日本棒球联赛冠军,但在他们所处的时代,日本球队没有机会与美国职业棒球大联盟——人们普遍认为的超级联赛——的球队同场竞技。	A
篮球：美国职业篮球联赛			
明尼阿波利斯湖人队	1948—1954	在吉姆·波拉德（Jim Pollard）担任队长的六年时间里,该队赢得了一次全美篮球协会（Basketball Association of America,简称BAA）总冠军和四次NBA总冠军。	B

续表

队名	时间	评价	失格代码
洛杉矶湖人队	1980—1988	在九个赛季中获得了五次NBA总冠军,时任队长卡里姆·阿布杜尔-贾巴尔(Kareem Abdul-Jabbar),但在1981年的季后赛里,他们在第一轮比赛中就失利了。	B
波士顿凯尔特人队	1983—1987	在拉里·伯德的带领下,连续四次进入NBA总决赛并两次获得NBA总冠军。	B
芝加哥公牛队*	1991—1998	在八个赛季中赢得了六个NBA总冠军,夺冠赛季的胜率达79%,时任队长为迈克尔·乔丹、比尔·卡特莱特及斯科蒂·皮蓬,但在1994年和1995年的比赛中,仅获得分区第二名和第三名的成绩,在这两个赛季季后赛止步于东部分区半决赛。	B
迈阿密热火队	2010—2014	连续四次进入NBA总决赛中,两次获得NBA总冠军,在此期间共有包括勒布朗·詹姆斯和德怀恩·韦德(Dwyane Wade)在内的四名队长。	B
篮球:美国女子职业篮球联赛			
休斯顿彗星队*	1997—2000	由伟大的辛西娅·库珀(Cynthia Cooper)担任队长,这支球队连续四次获得美国女子职业篮球联赛(Women's National Basketball Association,简称WNBA)总冠军,但在其中两个赛季,未能与美国篮球联赛——竞争联盟——的冠军球队对战。	A

执行层领导力

续表

队名	时间	评价	失格代码
篮球：男子国家队			
美国队*	1992—1997	"梦之队"最初由拉里·伯德和"魔术师"埃尔文·约翰逊（Earvin Johnson）担任队长，他们连续在六项重大赛事中夺冠，其中包括两个奥运会冠军和一个世界杯冠军。但这支队伍参赛次数不多，球员名单也不稳定。	A
篮球：女子国家队			
美国队*	2008—2016	连续三次获得奥运会冠军，连续两次获得世界杯冠军，时任队长为丽莎·莱斯利（Lisa Leslie）、苏·伯德（Sue Bird）等，但她们很少一起上场。	A
板球：男子国家队			
西印度群岛队*	1975—1985	在传奇人物克里夫·劳埃德的带领下，这支球队在为期一天的国际板球赛中表现出色，赢得了两次世界杯冠军，在第三次冲刺世界杯冠军时失利。该队在国际测试赛中创下了连续二十七场不败的纪录。不过，其在世界杯和国际测试赛中的连胜纪录后来被其他球队超越或追平。	B
澳大利亚队*	1998—2003	史蒂夫·沃带领的这支球队在灰烬杯系列测试中三次击败英格兰队，在1999年至2001年，创造了连续十六次测试赛胜利的纪录，并赢得了1999年世界杯冠军，但三次错失国际板球冠军赛（ICC Champions Trophy）冠军。	B

续表

队名	时间	评价	失格代码
澳大利亚队*	2003—2008	在2003年和2007年获得世界杯冠军，2006年赢得国际板球冠军赛冠军，这让该队在为期一天的国际板球赛事中占据了霸主地位，同时，他们还平了测试赛十六连胜的纪录。然而，队长瑞奇·庞丁所在的这支球队在重大测试赛中表现不稳定，例如，2005年在灰烬杯系列赛中曾输给英格兰队。	B

曲棍球：男子国家队

队名	时间	评价	失格代码
印度队*	1928—1936	该队曾由伟大的迪恩·钱德（Dhyan Chand）担任过一段时间的队长，曾连续三次获得奥运会冠军，但在比赛间隔期解散过很长一段时间，奥运会以外赛事他们很少参加。	A
印度队	1948—1956	在第二次世界大战期间中断比赛后，这支队伍再次实现奥运会三连胜，但在比赛间隔期解散过很长一段时间，奥运会以外赛事他们很少参加。	A
巴基斯坦队	1978—1984	赢得过一个奥运冠军，两个世界杯冠军，两个冠军杯冠军，但他们获得奥运冠军的那一届比赛遭到多国抵制。	B
荷兰队	1996—2000	曾赢得两枚奥运金牌，但只赢得了一届世界杯冠军，在五届冠军杯比赛中赢得三次冠军。	B
澳大利亚队*	2008—2014	曾赢得了两届世界杯冠军，连续赢得两届英联邦运动会（Commonwealth Games）冠军，以及连续赢得五届冠军奖杯冠军，但输掉了2012年奥运会和2014年冠军杯。	B

续表

队名	时间	评价	失格代码
曲棍球：女子国家队			
荷兰队	1983—1987	曾获得一届奥运会冠军，两届世界杯冠军和两届欧洲冠军，但成绩不及澳大利亚队。	B
荷兰队	2009—2012	在队长玛尔杰·鲍曼（Maartje Paumen）的带领下，该队赢得了一次奥运会冠军，一次世界杯冠军，以及连续两次欧洲冠军，但在四次冠军杯比赛中只赢得了一次冠军。	B
橄榄球：澳式足球			
卡尔顿队	1906—1910	五次进入澳足总决赛，其中三次获得冠军，胜率达82%，时任队长为吉姆·弗林（Jim Flynn）和弗雷德·艾略特（Fred Elliott）。	B
墨尔本魔鬼队*	1955—1960	1955年至1960年间，六次参赛并获得五次总冠军。以18分的优势第六次在总决赛中获胜，但未能实现四连冠的历史纪录。	B
橄榄球：美国职业橄榄球大联盟			
克利夫兰布朗队	1946—1950	在队长卢·萨班（Lou Saban）等人的带领下，在五个赛季中赢得了四次全美橄榄球联盟（All-American Football Conference，简称AAFC）冠军，一次NFL冠军，但全美橄榄球联盟的声望不及NFL。	A
绿湾包装工队*	1961—1967	该队由威利·戴维斯和鲍勃·斯科伦斯基（Bob Skoronski）担任队长，在七个赛季中赢得了五次NFL冠军，其中包括一次三连冠，但他们获得前三个冠军时，NFL的冠军尚不能与竞争联盟——美国橄榄球联盟——的冠军进行比赛。	A

续表

队名	时间	评价	失格代码
迈阿密海豚队	1971—1974	该队共赢得了两届超级碗冠军，四次分区冠军，其常规赛胜率为84%，在队长尼克·博尼科蒂（Nick Buoniconti）、鲍勃·格里泽（Bob Griese）和拉里·利特尔（Larry Little）的带领下，创造了现代NFL历史上的第一个不败赛季，但在1971年的超级碗比赛中失利，并在1974年输掉了季后赛。	B
旧金山淘金者队*	1981—1995	截至1995年，共在十四个赛季中赢得了五次超级碗冠军和十一次分区冠军，并创下了现代NFL球队单赛季最高埃洛评分，时任队长包括乔·蒙坦纳、罗尼·洛特、斯宾塞·蒂尔曼和史蒂夫·杨等。未能追平六年内四次夺冠的纪录，与新英格兰爱国者队（2001—2017）保持相似的长期记录，1982年创下3胜6负的惨败纪录。	B
达拉斯牛仔队	1992—1995	在四个赛季中赢得了三个超级碗冠军，同时，创造了NFL历史上连续四个赛季最好的整体埃洛评分纪录。	B

执行层领导力

续表

队名	时间	评价	失格代码
新英格兰爱国者队*	2001—2017	在队长汤姆·布雷迪和包括防守球员布赖恩·考克斯、德文·麦考蒂（Devin McCourty）和泰德·布鲁奇在内的小组领导下，这支球队在十六年中，赢得了五次超级碗冠军和十四次分区冠军，创下了 NFL 历史上连续五个赛季的最高埃洛评分纪录，胜率达 83%。然而，这支球队却未能实现六年内四次夺冠的纪录，错过了 2002 年和 2008 年的季后赛，截至 2017 年 3 月，其纪录未能明显优于旧金山淘金者队（1981—1995）。	B
手球：男子国家队			
瑞典队	1998—2002	连续三次获得欧洲冠军，获得一次世界冠军。	B
手球：女子国家队			
丹麦队*	1994—2000	在卡伦·布勒斯加德（Karen Brødsgaard）和珍妮·科林（Janne Kolling）的带领下，赢得了两次奥运会冠军，两次欧洲冠军，但未能真正成为霸主球队。在三次世界锦标赛中，两次失利，在 2000 年的欧锦赛中名列第十。	B
冰球：男子国家队			
加拿大队	1920—1932	获得四枚奥运金牌，连续六次获得世锦赛冠军，但很少参加除此以外的其他比赛。	A

359　附录

队名	时间	评价	失格代码
苏联队*	1963—1972	对阵业余选手[①]连续三届获得奥运会冠军，连续九次获得世锦赛冠军，但在1972年对战加拿大最好的NHL选手时，输掉了一场系列赛。	B
冰球：国际冰球联盟			
渥太华冰球俱乐部	1903—1906	在队长兼教练阿尔夫·史密斯（Alf Smith）的带领下，连续四年获得斯坦利杯冠军。	B
多伦多枫叶队	1946—1951	在西尔·阿普斯（Syl Apps）和泰德·肯尼迪（Ted Kennedy）的带领下，这支球队在五个赛季中赢得了四个NHL冠军，但却未能实现五连冠的纪录。	B
底特律红翼队	1949—1955	在队长希德·阿贝尔（Sid Abel）和泰德·林赛（Ted Lindsay）的带领下，在六年的时间里获得了四次NHL冠军，不败比率为77%。	B
蒙特利尔加拿大人	1964—1969	让·贝利沃率领的这支球队在五个赛季中赢得了四次斯坦利杯，比最高纪录少一次。	B
蒙特利尔加拿大人*	1975—1979	时任队长伊凡·古诺耶（Yvan Cournoyer），该队连续四次赢得斯坦利杯，不败比率高达86%，但未能达到连续五次夺冠的纪录。	B
纽约岛人队	1979—1983	丹尼斯·波特文（Denis Potvin）率领的这支球队在斯坦利杯赛中取得了四连冠的成绩，距离历史纪录只差一次。	B

[①] 20世纪80年代前的冰球世锦赛或奥运会仅允许业余选手参加。——译者注

续表

队名	时间	评价	失格代码
埃德蒙顿加油工	1983—1990	韦恩·格雷茨基和马克·梅西耶（Mark Messier）带领球队在七个赛季中五次获得斯坦利杯冠军，未追平五连冠获胜的纪录。	B
英式橄榄球联盟			
圣乔治龙 * （澳大利亚）	1956—1966	在队长肯·科尔尼（Ken Kearney）和诺姆·普罗文（Norm Provan）的带领下，该队连续十一次获得国内联赛冠军，创造了世界纪录，但他们很少与国外球队交手，在1960年被一支英国球队彻底击败。	A
维甘武士 * （英格兰）	1986—1995	一开始担任该队队长的是传奇球员埃勒里·汉利，这支球队创纪录地赢得了七个英国冠军，五次参加世界俱乐部挑战赛（World Club Challenges）三次赢得冠军，而当时英格兰在英式橄榄球联盟中占据着统治地位。然而，该队未能进入1989年俱乐部挑战赛决赛，也未能打破圣乔治龙队保持的连续十一次获得国内冠军的世界纪录。	B
英式橄榄球：男子国家队			
新西兰全黑队	1961—1969	最初，该队由威尔逊·怀纳伊（Wilson Whineray）担任队长，这支球队在九年中仅输掉了两场比赛，并在测试赛中取得了十七连胜。这是在世界杯时代到来之前的比赛成绩，之后，他们未能达到后来全黑队的战绩。	A

续表

队名	时间	评价	失格代码
足球：男子职业队			
阿斯顿维拉队（英格兰）	1893—1900	在杰克·德维（Jack Devey）的带领下，这支球队在七年中五次获得英国冠军，两次获得足总杯冠军，但有一个赛季仅获得第六名，而且没有和其他国家最好的球队交过手。	A
校友队（阿根廷）	1900—1911	在十二年的时间里获得了九次联赛冠军，但从未迎战其他顶级国际球队。	A
MTK 布达佩斯队（匈牙利）	1916—1925	连续九次获得联赛冠军，但从未对战过其他国家的顶级俱乐部球队。	A
哈德斯菲尔德队（英格兰）	1923—1928	在队长罗伊·古道尔（Roy Goodall）的带领下，该队在五个赛季中连续三次获得英国足球协会冠军，并两次获得亚军。未能赢得年度足总杯冠军。	B
阿森纳（英格兰）	1930—1935	由汤姆·帕克（Tom Parker）和亚历克斯·詹姆斯（Alex James）担任队长，这支球队在五年内赢得了四次英国冠军和一次亚军，但在足总杯比赛中却一无所获，仅进入了一次决赛。很少和国外的顶级球队同场竞技。	A
尤文图斯（意大利）	1930—1935	在队长维尔吉尼奥·罗塞塔（Virginio Rosetta）的带领下，该队在五年中获得了五个意甲冠军，但很少和国外的顶级球队同场竞技。	A

续表

队名	时间	评价	失格代码
都灵队 （意大利）	1942—1949	在一个顶级国际球队很少碰面的时代，连夺五次联赛冠军（在包括队长瓦伦蒂诺·马佐拉在内的大部分队员于飞机失事中逝世后，其连胜期悲惨地告终）。	A
百万富翁队 （哥伦比亚）	1949—1953	作为哥伦比亚有史以来最好的球队，"蓝色芭蕾"在五次联赛中赢得了四次冠军及一次亚军，但他们的参赛时间早于1960年，而南美的顶级球队在1960年之后才开始参加年度南美解放者杯。	A
河床队 （阿根廷）	1952—1957	在七年的时间里赢得了五次联赛冠军，但参赛时间早于解放者杯的国际赛事时代。	A
皇家马德里* （西班牙）	1955—1960	连续五次赢得欧洲冠军杯（创历史纪录），赢得一次洲际杯冠军，并为埃洛评分历史排名前四名贡献了两次纪录，时任队长为米格尔·穆尼奥斯（Miguel Muñoz）及胡安·阿隆索（Juan Alonso），但在这五个赛季中，有三个赛季未能在西班牙联赛中夺冠。	C
佩纳罗尔* （乌拉圭）	1958—1962	在队长威廉·马丁内斯（William Martínez）的带领下，这支球队连续五次赢得乌拉圭冠军，两次赢得南美解放者杯冠军。在1961年的洲际杯中击败了本菲卡，但在1960年的洲际杯中败于皇家马德里，在1962年的解放者杯中输给了巴西的桑托斯。	C

续表

队名	时间	评价	失格代码
本菲卡 （葡萄牙）	1959—1965	由何塞·阿瓜（Jose Aguas）担任队长的这支球队是葡萄牙有史以来最好的球队，在六年中五次赢得国内冠军，赢得两个国内杯赛冠军，四次进入欧洲冠军杯决赛并两次获得冠军，但未能在相对较弱的国内联赛中占据统治地位，并在1961年的洲际杯中输给了佩纳罗尔。	C
桑托斯* （巴西）	1961—1965	在贝利和队长何塞·伊利·德·米兰达（Jose Ely de Miranda）或"齐托"（Zito）的领导之下，这支球队连续五次赢得巴西塔萨联赛（Taca Brasil league）冠军、五次参加圣保罗州锦标赛（São Paulo state championships）并四次夺冠，获得两次南美冠军、两次洲际杯冠军，两次在单个赛季中获得四项重大赛事的冠军。唯一美中不足的是，该队在1963年的圣保罗州锦标赛中将冠军头衔送给对手帕尔梅拉斯（Palmeiras）。	C
国际米兰* （意大利）	1962—1967	队长阿曼多·皮奇（Armando Picchi）带领的"大国米"在五个赛季中赢得了三次联赛冠军，两次欧洲冠军杯冠军（以及一次入围半决赛和一次亚军），两次洲际杯冠军，在意大利联赛中赢得或打平了70%的比赛。尽管如此，该队在两个赛季中未能赢得国内联赛的冠军，在1966年的欧洲杯中负于凯尔特人，并且在几个关键方面不及巴塞罗那队的纪录。	C

续表

队名	时间	评价	失格代码
皇家马德里 (西班牙)	1965—1969	在队长弗朗西斯科·根托(Francisco Gento)的带领下,该队在五次西班牙联赛中四次获得冠军,赢得一次欧洲冠军杯冠军。	B
凯尔特人* (苏格兰)	1965—1974	苏格兰有史以来最好的球队,由比利·麦克尼尔(Billy McNeill)担任队长,连续九次获得联赛冠军,并在1967年获欧洲冠军杯冠军,但该队参赛的联盟实力较弱,并在1967年的洲际杯上曾经失利。	C
阿贾克斯* (荷兰)	1969—1973	由伟大的约翰·克鲁伊夫担任队长,该队是荷兰有史以来最好的球队,与巴萨的差距微乎其微。赢得或打平92%的比赛,在四个赛季中,除了一个洲际杯冠军和几个国内冠军以外,该队还三次赢得欧洲冠军奖杯(在同一时期,巴萨两次夺冠)。但在1971年的荷兰联赛中未能夺冠,排名第二,其获得的总冠军数少于巴萨,埃洛评分也没有巴萨高。	C
拜仁慕尼黑* (德国)	1971—1976	弗朗茨·贝肯鲍尔所在的这支球队,在五个赛季中,连续三次获得德甲冠军,连续三次获得欧洲冠军杯冠军,但两次未能获得国内联赛冠军,曾经一度排名第十。	C
独立队 (阿根廷)	1972—1975	连续四次获得南美解放者杯冠军,创下历史纪录。赢得一次洲际杯冠军,但在国内联赛中从未获得冠军。	B

续表

队名	时间	评价	失格代码
利物浦*（英格兰）	1975—1984	在埃姆林·休斯（Emlyn Hughes）、菲尔·汤普森（Phil Thompson）和格雷姆·索内斯（Graeme Souness）的带领下，该队在九个赛季中获得了七次英超冠军和四次欧洲赛事冠军，但在1980—1981赛季中，在联赛中排名仅为第五。	C
尤文图斯（意大利）	1980—1986	在六年中赢得四次意大利冠军，两次进入欧洲冠军杯决赛并获得一次冠军，但未能达到其他俱乐部球队的成就。	B
布加勒斯特星（罗马尼亚）	1984—1989	在五年中，五次获得罗马尼亚冠军（包括连续104场的不败纪录），两次进入欧洲冠军杯决赛并获得一次冠军，时任队长图多雷尔·斯托伊卡（Tudorel Stoica）。	B
拜仁慕尼黑（德国）	1984—1990	在六个赛季中赢得了五次国内冠军，但却输掉了其唯一一场欧洲冠军杯决赛。	B
PSV 埃因霍温（荷兰）	1985—1992	在队长路德·古利特（Ruud Gullit）等人的带领下，这支球队在七年中赢得了六次国内冠军、一次欧洲冠军杯冠军和一次三冠王。	B
贝尔格莱德红星（南斯拉夫）	1987—1992	在五个赛季中，连续三次获得南斯拉夫冠军，获得四项赛事的冠军，其中包括一次欧洲冠军杯冠军。	B

续表

队名	时间	评价	失格代码
AC米兰* （意大利）	1987—1996	在传奇人物佛朗哥·巴雷西（Franco Baresi）的带领下，这支不朽之师在九个赛季中赢得了三次欧洲冠军杯/冠军杯决赛，同时赢得了五个意大利冠军和两个洲际杯冠军。1991—1992赛季，在58场比赛中保持不败。但这支球队在两个赛季中仅在意大利名列第三和第四，有一个赛季没有获得任何奖杯。其最高的埃洛评分也未能进入前十五名。	C
马赛队* （法国）	1988—1993	在迪迪埃·德尚的带领下，该球队连续获得五个法甲联赛冠军（但因贿赂丑闻被取消一个），成为获得欧冠联赛冠军的第一支法国球队。	C
巴塞罗那队 （西班牙）	1990—1994	队长安东尼·苏比萨雷塔（Andoni Zubizarreta）带领球队连续四次赢得西班牙联赛冠军，两次闯入欧冠决赛并获得一次冠军。	B
阿贾克斯 （荷兰）	1993—1998	在五年中，四次赢得荷兰冠军（其中包括一次三连冠），两次进入欧冠决赛并获得一次冠军，时任队长丹尼·布林德（Danny Blind）。1996—1997赛季，该队在联赛中排名第四。	B
尤文图斯 （意大利）	1994—1998	在四届意甲联赛中，三次获得冠军，在冠军联赛中获得一次冠军，两次亚军。	B

续表

队名	时间	评价	失格代码
曼联* （英格兰）	1995—2001	在罗伊·基恩的带领下，这支球队获得了五次联赛冠军和两次足总杯冠军，除了一个赛季外，在其他所有赛季都至少进入了冠军联赛的1/4决赛，在其中一个赛季，赢得冠军联赛冠军并成为英国的首个三冠王。但由于未能赢得第二个冠军联赛冠军，所以无法匹敌其他精英球队的纪录。	C
拜仁慕尼黑 （德国）	1998—2003	在五年中获得四次德国联赛冠军，两次赢得德国杯冠军，两次进入欧冠决赛并获得一次冠军。	B
皇家马德里 （西班牙）	1999—2003	在四次西班牙联赛中两次获得冠军，但其他赛季，仅在国内联赛中获得第三和第五名。	B
博卡青年队 （阿根廷）	2000—2004	在四次南美解放者杯赛中获得三次冠军，一次亚军，两次获得洲际杯冠军，但在十次国内赛事中仅获得两次冠军。	B
国际米兰 （意大利）	2005—2010	哈维尔·萨内蒂（Javier Zanetti）带领的这支球队在一个赛季中获得了五次国内冠军和一次欧洲冠军联赛冠军，其中还包括了一个三冠王，但未能获得第二个欧洲冠军联赛冠军。	B
拜仁慕尼黑 （德国）	2012—2016	队长菲利普·拉姆率领球队赢得了四次德甲冠军、一次欧冠冠军以及一些其他赛事的冠军。	B
足球：男子国家队			
意大利队*	1933—1938	连续赢得世界杯冠军，赢得一次奥运会冠军，但该队夺冠的这些比赛，许多顶级球队和明星球员并没有参加。	A

续表

队名	时间	评价	失格代码
巴西队*	1968—1973	在队长卡洛斯·阿尔贝托·托雷斯（Carlos Alberto Torres）的带领下，该队在1970年的世界杯赛事中，只输了一场比赛，占据了统治地位。但未能赢得第二个世界杯冠军，也没有超过匈牙利队的获胜总场数和埃洛排名评分。	B
西德队	1970—1974	在队长弗朗茨·贝肯鲍尔的带领下，该队赢得了一个世界杯冠军，在另一次世界杯上获得第三名，还赢得了一次欧洲杯冠军。	B
法国队	1998—2001	在迪迪埃·德尚的带领下，赢得了一次世界杯、一次欧洲锦标赛冠军和一次联合会杯（Confederations Cup）冠军。	B
西班牙队*	2008—2012	在队长伊克尔·卡西利亚斯（Iker Casillas）的带领下，这支球队赢得了一个世界杯冠军，连续两次获得欧洲杯冠军，但未能赢得第二个世界杯冠军。	B
德国队	2010—2014	这支由菲利普·拉姆担任队长的球队赢得了一次世界杯冠军，取得了连续28场不败的成绩，并创造了国际男足有史以来最高的埃洛评分，但未能赢得2016年的欧洲杯冠军。	B
足球：女子国家队			
德国队*	2003—2007	在队长贝蒂娜·维格曼（Bettina Wiegmann）和比尔吉特·普林茨（Birgit Prinz）的带领下，连续两次赢得世界杯冠军，但在2004年奥运会上仅获得了一枚铜牌。	B

续表

队名	时间	评价	失格代码
美国队*	2012—2015	曾获得一枚奥运金牌和一次世界杯冠军，在队长克里斯蒂·兰彭（Christie Rampone）的带领下，赢得或打平91%的比赛，但未能改写美国队（1996—1999）的纪录。	B
排球：男子国家队			
苏联队*	1977—1983	在维亚切斯拉夫·泽耶采夫（Vyacheslav Zaytsev）的带领下，这支队伍赢得了一枚奥运金牌，连续两次赢得世界冠军，连续两次赢得世界杯冠军，连续四次赢得欧洲冠军（曾经未败一局）。但许多强队抵制了1980年的奥运会。	A
意大利队	1990—1998	在队长安德里亚·加迪尼（Andrea Gardini）的带领下，赢得了一次世界杯冠军，六次世界联赛冠军以及两次欧洲冠军，但未能赢得奥运会冠军。	B
巴西队*	2002—2007	曾获得一枚奥运金牌、两届世界杯冠军、两届世锦赛冠军以及五次世界联赛冠军，时任队长纳伯特·比滕古特（Nalbert Bitencourt），但未能超越苏联队的成绩。	B
排球：女子国家队			
苏联队	1949—1960	在女子排球成为奥运会比赛项目之前，该队曾获得三次世锦赛冠军，五次参加欧洲联赛并四次获得冠军。	A

执行层领导力

续表

队名	时间	评价	失格代码
日本队	1962—1968	在队长河西昌枝（Masae Kasai）的带领下，曾获得一枚奥运金牌，两届世界锦标赛冠军，以及两次亚洲冠军，但未能追平古巴队的纪录。	B
苏联队	1968—1973	柳德米拉·布尔达科娃（Lyudmila Buldakova）率领球队赢得了两枚奥运金牌，一个世界锦标赛冠军，一个世界杯冠军以及一个欧洲冠军。	B
水球：男子国家队			
匈牙利队	1926—1938	在世界杯和世锦赛时代开启之前，该队曾三次参加奥运会并赢得两枚奥运金牌，连续五次获得欧洲冠军。	A
匈牙利队*	1952—1964	该队队长是传奇人物德兹索·乔尔玛蒂（Dezső Gyarmati），这支球队赢得了三枚奥运金牌，连续三次获得欧洲冠军，但在其所处的时代，国际赛事极为罕见。	A
匈牙利队	1973—1979	该队曾获得过一次奥运会冠军，两次欧洲冠军，一次世界杯冠军和一次世锦赛冠军，但未能在这项运动中占据主导地位。	B
南斯拉夫队	1984—1991	在队长伊戈尔·米拉诺维奇（Igor Milanovic）的带领下，该队曾获得两枚奥运金牌、两届世界杯冠军和一届欧洲冠军，但其成就无法与之前的匈牙利水球王朝球队相匹敌。	B
意大利队	1992—1995	该队曾获得一枚奥运金牌，一届世界锦标赛冠军，一届世界杯冠军以及两届欧洲冠军，但许多顶级球队没有参加1992年的奥运会。	A

续表

队名	时间	评价	失格代码
水球：女子国家队			
荷兰队	1987—1993	在女子水球成为奥运项目之前，该队曾获得三次欧洲冠军、四次世界杯（两年一度）冠军和一次世锦赛冠军。	A
美国队*	2007—2016	在队长布伦达·比利亚（Brenda Villa）和她的继任者玛吉·斯蒂芬斯（Maggie Steffens）的带领下，曾连续两次获得奥运会冠军、两次世界杯冠军，十次参加世界联赛并获得八次冠军，但迄今为止，未能追平荷兰创造的世界杯四连冠纪录。	B

致　谢

撰写这本关于世界上最伟大团队的书的经历，让我对自己的团队更为感激。

本书的创作始于我的妻子，聪明美丽而且具备"顶级队长"特质的克里斯蒂·弗莱彻（Christy Fletcher），她不仅帮我仔细阅读本书的草稿，还亲手修改其中的逻辑错误——与此同时，她还要打理公司，照顾两个聪明可爱的孩子。关于顽强、无私、情绪控制、有原则的异议、功能型领导以及实用性沟通，她教给我的要远远多于我所了解到的内容。

尽管爸爸很少有时间陪伴你们（他很高兴终于可以开始为此做出弥补了），但在很长一段时间里，格斯（Gus）和西尔维（Sylvie）还是一直带着无限的好心情在继续进步。我的哥哥马克斯（Max）让我跟着他参加体育运动，在我心中播下了这些运动的种子。而我的母亲琳达（Linda）总是劝我多睡一会儿，更多的睡眠让我的语言更加生动。海伦（Helene）和文森特·麦克卡伦（Vincent McCarren）不仅给予了我温暖，还向我分享了很多他们的洞察；每当有棘手的事情需要处理时，安妮塔·福塞尔（Anita Fussell）非常乐意登上飞机去帮我解决；而坚不可摧的珍妮特·埃博拉（Janet Ebora）总是面带微笑，把一切都打理得井井有条。

每个人都需要优秀的编辑。这本书的幕后智囊团成员包括安德鲁·古德费洛（Andrew Goodfellow）、墨尔本的本·鲍尔（Ben Ball）和巴塞罗那的米格尔·阿吉拉尔（Miguel Aguilar），他们想尽一切办法优化本书的内容。兰登书屋的安迪·沃德（Andy Ward）无人能及，他那支邪恶的蓝色钢笔写出的修改要求让我受尽折磨，但我很高兴他这样要求我。他是一个天才，一个正直的人，一个彻彻底底的"第一梯队"队长。我愿意加入他组建的所有团队。

我的经纪人艾丽丝·切尼（Elyse Cheney），用她可以媲美激光的专注力，推动我完成了目标，而亚历克斯·雅各布斯（Alex Jacobs）和娜塔莎·费尔韦瑟（Natasha Fairweather）把我的想法翻译成了许多种不同的语言，并用适合不同体育文化的方式进行了表达。做事脚踏实地的安德鲁·比顿（Andrew Beaton）翻阅了各种档案文件，帮我计算数据，做采访，即使是在寻找关于匈牙利水球运动的晦涩书籍时，他也显得非常从容。我的同事约书亚·罗宾逊（Joshua Robinson）、马修·弗特曼（Matthew Futterman）和本·科恩（Ben Cohen）为我提供了受访人的联系方式，帮我阅读草稿，并同意在自己的采访中随机问一些关于队长的问题。足智多谋的本·费兰（Ben Phelan）启发我理清事实真相，尼尔·巴斯科姆（Neal Bascomb）和贝丝·拉什鲍姆（Beth Rashbaum）为本书的结构提供了支持。

我曾经效力过的最好的团队是《华尔街日报》。我非常感谢格里·贝克（Gerry Baker）允许我请假写这本书，并在巨人队 6 胜 10 负的时候继续支持我们的体育报道。

最后，我要衷心感谢两位杰出的同事：罗伯特·汤姆森（Robert Thomson），他是世界上最伟大的导师，他富有感染力的热情、智慧的火花、丰富的幽默感，以及澳式足球的即兴表演，都给我带来了深刻的影响，让我变得更好；马修·罗斯（Matthew Rose），《华尔街日报》孜孜不倦的梦想家，他邀请我加入他辉煌的事业，在我忙于完成这本书时对我鼎力支持。我很自豪地说，我的大脑有一半是他们大脑的延伸。

图书在版编目（CIP）数据

执行层领导力 /(美)萨姆·沃克著；王娟译. -- 北京：九州出版社，2020.11
 ISBN 978-7-5108-9352-0

Ⅰ.①执… Ⅱ.①萨… ②王… Ⅲ.①领导学—研究 Ⅳ.①C933

中国版本图书馆CIP数据核字(2020)第153474号

Copyright © 2017 by Samuel Walker
published by arrangement with The Cheney Agency, through The Grayhawk Agency Ltd.
All rights reserved.
Simplified Chinese translation copyright 2020 by Ginkgo(Beijing) Book Co., Ltd.

著作权合同登记号：01-2020-5932

执行层领导力

作　　者	[美]萨姆·沃克 著　王　娟 译
责任编辑	周　昕
封面设计	墨白空间·陈威伸
出版发行	九州出版社
地　　址	北京市西城区阜外大街甲35号（100037）
发行电话	（010）68992190/3/5/6
网　　址	www.jiuzhoupress.com
电子信箱	jiuzhou@jiuzhoupress.com
印　　刷	北京天宇万达印刷有限公司
开　　本	889 毫米 × 1194 毫米　　32 开
印　　张	12.25
字　　数	230 千字
版　　次	2020 年 11 月第 1 版
印　　次	2020 年 11 月第 1 次印刷
书　　号	ISBN 978-7-5108-9352-0
定　　价	58.00元

★ 版权所有　侵权必究 ★